क़िस्सा चार दरवेश

KISSA CHAR DARVESH

(Urdu Classic)

by MEER AMMAN DEHLAVI

edited by Dr. Krishan Dev Jhari

Edition : 2025

Price : Rs. 525.00

Publisher : **PARAG PRAKASHAN**
ISBN- 978-81-7468-106-5
L-69A, Basement, Malviya Nagar
New Delhi-110017,

Contact : 011 4171 88 88, 875011 88 88

email : *paragprakashan@yahoo.com*

ISBN- 978-81-7468-106-5

प्रकाशक : **पराग प्रकाशन,** एल-69ए, मालवीय नगर, नई दिल्ली-110017, शब्द-संयोजन : पराग प्रिंटिंग सर्विस, नई दिल्ली-110048 द्वारा एवं बालाजी ऑफसेट, दिल्ली-110032 में मुद्रित।

फारसी लिपि और उर्दू-शैली में रचित हिन्दी साहित्य-माला-

क़िस्सा चार दरवेश

मीर अम्मन देहलवी

•

सम्पादक

डॉ० कृष्णदेव झारी

पराग प्रकाशन

मीर अम्मन देहलवी

मीर अम्मन देहलवी न-केवल उर्दू-हिन्दी के प्रसिद्ध गद्य-लेखक थे, अपितु शायर भी थे । उर्दू के मान्य शायरों से वह दूर ही रहे । 'किस्सा चार दरवेश' की रचना करने की वजह से तो वह 'उर्दू-ए-मुअल्ला' के ठेकेदारों से बिल्कुल कट से गए थे ।

मीर अम्मन का मुहम्मद शाहीकाल–1720 से 1748 ई. में किसी समय जन्म हुआ था और लगभग 70 साल की आयु में, सन् 1802 ई. में उनकी मृत्यु हुई ।

मीर अम्मन ने अठारहवीं शती के उत्तरार्द्ध के दिल्ली सलतनत के हालात को अपनी आँखों देखा और अनुभव किया था । उन्होंने स्वयं अपनी रचना में उस समय की परिस्थितियों का उल्लेख किया है। अपने बारे में लिखा है–"मेरे बुजुर्ग हुमायूँ बादशाह के अहद से हरेक बादशाह की रकाब में पुश्त- ब-पुश्त जांफशानी बजा लाते और जागीर व मनसब पाते रहे । सूरजमल जाट ने जागीर को जब्त कर लिया और अहमदशाह दुर्रानी ने घर-बार तबाह किया । ऐसी-ऐसी तबाही खाकर वैसे शहर (दिल्ली) से कि वतन और जन्मभूमि मेरा है और आंवल-नाल यहीं गड़ा है, जलावतन हुआ । बड़ी मुसीबतें सहता हुआ आखिर कलकत्ता पहुँचा और फोर्ट विलियम कॉलेज में नौकरी पाकर कुछ राहत महसूस की ।"

कहाँ क्या है ?

अर्ज़ी मीर अम्मन दिल्ली वाले की

साहिबान-ए-वालाशान, नजीबों के क़द्रदानों को खुदा सलामत रक्खे । इस बेवतन ने हुक्म इश्तिहार का सुनकर चार दरवेश के क़िस्से को हज़ार जद्द-ओ-कद से उर्दू-ए-मुअल्ला की जुबान में 'क़िस्सा चार दरवेश' बनाया। फ़जल-ए-इलाही से सब साहिबों के सैर करने के बाइस सर-सब्ज़ हुआ । अब उम्मीदवार हूं कि इसका फल मुझे भी मिले तो मेरा गुंचा-ए-दिल मानिन्द गुलके खिले । बक़ौल हकीम फिरदौसी के कि शाहनामे में कहा है–

बसे रंज बुर्दम दरीं साल-ए-सी
अजम ज़िन्दाकरदम ब ईं पारसी
सो उर्दू की आरास्ता कर जुबान
किया मैंने बंगाला हिन्दोस्तान ।

ख़ाविन्द, आप क़द्रदान हैं, हाजत अर्ज़ करने की नहीं। इलाही ! तारा इक़बाल का चमकता रहे ।

–अर्ज़ी मीर अम्मन दिल्ली वाले की

सम्पादकीय

फारसी लिपि और उर्दू शैली में रचित **'क़िस्सा चार दरवेश'** हिन्दी की वह ऐतिहासिक महत्त्वपूर्ण पुस्तक है, जो इस तथ्य का ऐतिहासिक सबूत पेश करती है कि उर्दू को अरबी-फारसी के भारी-भरकम शब्दों और शैली से क्लिष्ट बनाना जन-मानस के विरुद्ध था और सरल और स्वाभाविक भाषा-शैली अर्थात् सरल सलीम उर्दू भाषा ही जन-मानस की व्यावहारिक भाषा थी और फारसी लिपि में होने की वजह से ही इसे हिन्दी से पृथक उर्दू नाम दिया गया । अन्यथा सरल हिन्दी और सरल उर्दू में मूलतः कोई भेद नहीं, कोई अंतर नहीं ।

10 जुलाई, सन् 1800 ई. को कलकत्ता में फोर्टविलियम कॉलेज की स्थापना की गई थी । इस कॉलेज में हिन्दुस्तानी भाषाओं के अध्ययन की व्यवस्था की गई । डॉक्टर सर जॉन गिलक्रिस्ट हिन्दुस्तानी भाषाओं के प्रोफेसर नियुक्त हुए । इन जॉन गिलक्रिस्ट की कोशिशों से इस कॉलेज में हिन्दी और उर्दू भाषा के शिक्षण की व्यवस्था हुई । उर्दू और हिन्दी गद्य की पाठयपुस्तकों की रचना का प्रश्न सामने आया । सर जॉन गिलक्रिस्ट ने हिन्दी गद्य की पुस्तक रचना के लिए लल्लू लाल और उर्दू गद्य की पुस्तक रचने के लिए मीर अम्मन लुफ्त देहलवी को नियुक्त किया । और इस तरह मीर अम्मन देहलवी ने फारसी की पुस्तक 'चहार दरवेश' को 'क़िस्सा चार दरवेश' के नाम से सरल-सलीम उर्दू शैली में रचा और यह प्रसिद्ध पुस्तक उर्दू की पाठय पुस्तक बन गई । इस पुस्तक का साहित्यिक महत्त्व तो यही है कि यह फारसी के प्रसिद्ध किस्से का उर्दू या हिन्दी रूपांतर है और रुचिकर कथा-साहित्य है, किन्तु ऐतिहासिक और भाषा-शास्त्रीय महत्त्व अक्षुण्ण है ।

इस संदर्भ में यह जानना जरूरी है कि इस पुस्तक 'क़िस्सा चार दरवेश' से पहले सन् 1775 ई. में फारसी के इसी क़िस्से को इटावा (उत्तर प्रदेश) के मीर मुहम्मद हुसैन अता खान तहसीन उर्दू में अनुवाद कर चुके थे जिसकी भाषा भारी-भरकम फारसी-अरबी के शब्दों और वाक्यों से भरी हुई उर्दू-ए-मुअल्ला ही कही जा सकती है । सर जॉन गिलक्रिस्ट ने इस उर्दू-अनुवाद को क़तई अस्वीकार करके ही मीर अम्मन साहब से कहा था कि वह इस क़िस्से को बोलचाल की व्यावहारिक उर्दू भाषा में लिखें ताकि फोर्ट विलियम कॉलेज के अंग्रेज तथा अन्य अफ़्सर विद्यार्थी उर्दू गद्य की एक अच्छी किताब पढ़ने के लिए पा जायें । इस तरह 1215 हिजरी के अंत अर्थात् सन् 1801 ई. के शुरू में मीर अम्मन ने यह किताब तैयार करनी शुरू की और 1217 हिजरी

के आरंभ यानी सन् 1802 के बीच यह पुस्तक पूरी तैयार हुई। शुरू में इसका नाम 'क़िस्सा चहार दरवेश' ही था और पहली बार इसके 102 पृष्ठ इसीनाम से सर जॉनगिल क्राइस्ट के एक संग्रह हिन्दी मैनुअल में सन् 1802 में ही छपकर सम्मिलित हुए थे। पूरी किताब 'बाग़-ओ-बहार' नाम से सन् 1803 में हिन्दुस्तानी प्रैस कलकत्ता में मुद्रित और प्रकाशित हुई थी और इसी नाम से प्रसिद्ध और प्रचलित हुई।

फारसी में 'चहार दरवेश' और हिन्दी-उर्दू में सीधा और सरल अनुवाद 'चार दरवेश' नाम होने पर भी मीर अम्मन ने अपनी पुस्तक का नाम 'बाग़-ओ-बहार' क्यों रखा ? यह प्रश्न एकदम हरेक के ज़हन में उठता है। लेखक के ही कथनानुसार इसकी पहली वजह तो यही है कि अपनी रचना का ख़सूसी वजूद रखने के लिए हर लेखक को अपनी रचना का पृथक् नाम रखना ही रुचिकर होता है। यह तो निश्चित है कि फारसी की 'चहार दरवेश' का आधार होते हुए भी मीर अम्मन का उद्देश्य उसका हूबहू अनुवाद प्रस्तुत करना नहीं था। यही वजह है कि मीर अम्मन ने जगह-जगह अपनी आज़ादाना तबीअत का परिचय देते हुए रचना में काफ़ी भाषा-शैलीगत ही नहीं,विषयगत भी फेर-बदल किए हैं। स्वयं लेखक ने रचना के अंत में कहा है—जब यह किताब फ़ज़ले-इलाही से इख़्तिताम को पहुँची, जी में आया कि इसका नाम भी ऐसा रखूं कि उसी में तारीख़ निकले। जब हिसाब किया तो बारह सौ पंद्रह हिजरी के आखिर साल में कहना शुरू किया था। बाइसे-अदम-फुर्सत के बारह सौ सत्रह सन् की इब्तिदा में अंजाम हुई। इस फ़िक्र में था कि दिल ने कहा—'बाग़-ओ-बहार' अच्छा नाम है कि हमनाम व हम-तारीख इसमें निकलती है (अरबी की अबजद प्रणाली-द्वारा) तब मैंने यही नाम रक्खा। जो कोई इसको पढ़ेगा, गोया बाग़ की सैर करेगा, बल्कि बाग़ को आफ़त ख़िज़ां की भी है और इसको नहीं। यह हमेशा सरसब्ज़ रहेगा—

मुरत्तब हुआ जब यह 'बाग़-ओ-बहार'
थी सन् बारह सौ सत्रह दर-शुमार
करो सैर अब इसकी तुम रात-दिन,
कि है नाम-ओ-तारीख़ बाग़-ओ-बहार !

× × × × ×

मुझे भूल जावेंगे सब बाद-ए-मर्ग,
रहेगा मगर यह सुख़न यादगार।
इसे जो पढ़े याद मुझको करे,
यही क़ारियों से मेरा है क़रार।

मीर अम्मन ने अपनी रचना की भाषा को उर्दू-ए-मुअल्ला बनाने से भरसक गुरेज़ किया है और यह एक आश्चर्यजनक बात है कि फारसी के शेख़ सअदी, हाफ़िज़, अमीर खुसरो आदि तथा उर्दू-ए-मुअल्ला के मीर दर्द आदि प्रसिद्ध शायर का कोई कलाम या कोई शेर अपनी रचना में

कहीं नहीं रक्खा। ज़ाहिर है कि उर्दू-फारसी कवियों को उन्होंने जानबूझकर दूर रक्खा क्योंकि उनका उद्देश्य उर्दू-नस्र का एक नया सरल और आम-फ़हम व्यावहारिक नमूना पेश करना था। स्वयं मीर अम्मन ने कहा है—"लेकिन फ़क़त फारसी के हूबहू मानी कहने में कुछ लुत्फ़ और मज़ा न देखा, इसलिए उसका मतलब लेकर अपने मुहावरे में सारा अहवाल बयान किया और जिस तरह शेख़ सअदी शीराज़ी की गुलिस्तान ब सबब फारसी के मकतब में पहले काम आयी है वैसे ही मैंने भी उर्दू-ए-मुअल्ला की ज़बान को बेपेच-ओ-रुकाब जिसे बादशाह से लेकर उमराव और उसके मुलाजिम बोलते हैं, बोला। अरबी और फारसी की लुग़तें, इस्तिलाहें चाहता तो बहुत-सी भर देता लेकिन यह जुबान कुछ कैफियत न पाती बल्कि आमेज़िश पाकर कुछ जुबान और की हो जाती।"

मीर अम्मन को यही आदेश था कि "इस क़िस्से को ठेठ हिन्दुस्तानी गुफ़्तगू में जो उर्दू के लोग हिन्दू-मुसलमान, औरत-मर्द, लड़के-बाले, ख़ास-ओ-आम आपस में बोलते-चालते हैं, तर्जमा करो।"

लिपि-भेद के कारण खड़ी बोली हिन्दी या हिन्दुस्तानी भाषा के जो दो पृथक नाम—हिन्दी और उर्दू प्रचलित हो रहे थे, अंग्रेजी शासकों और ईस्टइंडिया कंपनी ने उसी को हवा दी और उर्दू और हिन्दी में अलग-अलग पाठ्य-पुस्तकें तैयार कराई गईं। तभी हिन्दी और उर्दू पृथक्-पृथक् कठघरों में बंद हो गईं। काश! कि ऐसा न होता और हिन्दी या हिन्दुस्तानी नाम से दोनों ही लिपियों में हिन्दी-उर्दू एक ही भाषा का रूप लेकर प्रचलित होती और दोनों का साहित्य सम्मिलित निधि माना जाता। उर्दू के एक विद्वान लेखक मुमताज़ हुसैन का कथन यहां उद्धृत करना अप्रासंगिक न होगा। 'बाग़-ओ-बहार' की भूमिका में उन्होंने लिखा है—"क़िस्सा यह है कि उर्दू ज़बान अपनी असल में हिन्दी है और वह हिन्दी है जो दिल्ली और उसके नवाह (आसपास) में बोली जाती थी। उसे उर्दू-ए-मुअल्ला का लक़ब (ख़िताब) शहजानाबाद में मिला जब ब-क़ौल-ए-मीर अम्मन शाही लश्कर का बाज़ार शहर में दाखिल हुआ। इस वक़्त से उर्दू ज़बान सही मानों में परवान चढ़ी और उसका रोज़मर्रा और मुहावरा मुतैय्यन होने लगा। इस हक़ीक़त से किसी को दिल छोटा करने की ज़रूरत नहीं है क्योंकि हर ज़बान का एक मरकज़ हुआ करता है जहां से वह फैलती है। जब नादिरशाही और अबदाली हमलों से दिल्ली उजड़ने लगी तो जहां मुल्क के और हिस्सों में वहां के शौअरा, उलमा-औ-फ़ुज़ला (विद्वान) जाकर आबाद होने लगे वहां उनका एक बहुत बड़ा गिरोह लखनऊ में भी जाकर आबाद हो गया। उस वक़्त से लखनऊ भी उर्दू का एक मरकज़ बना लेकिन चूंकि वहां के मजाफ़ात में खड़ी बोली नहीं बल्कि अवधी बोली जाती थी, इसलिए उर्दू बोलने वालों के लहजे में फर्क़ आया। इसी फर्क़ को छुपाने के लिए वे ग़ैर शऊरी तौर से अरबी और फारसी के फिकरे ज़्यादा से ज़्यादा इस्तेमाल करने लगे। इसमें कुछ दख़ल इस बात को भी था कि वह उस वक़्त अरबी और फारसी तालीम का एक बहुत बड़ा मरकज़ (केन्द्र) भी था और जिस हद तक उनकी तहज़ीब में ईरानी कल्चर की नक़्क़ाली ने

जगह बनाई और वे तसन्निअ और तकल्लुफ़ की तरफ़ मायल हुए। उनके तरज़-ए-तहरीर और शेर-शायरी में भी रिआयते-लफ़्ज़ी ने ज़ोर पकड़ा कि उसका ताल्लुक़ बनावट और सजावट से तो है लेकिन मानी आफ़रीनी (अर्थवत्ता) से नहीं है।"

'बाग़-ओ-बहार' हिन्दी-उर्दू गद्य-भाषा और शैली के विकास की एक ऐतिहासिक कड़ी है। हिन्दी-उर्दू गद्य-भाषा के मानक वर्तमान रूप के विकसित होने से पहले आरंभिक रूप का यह रचना सही दिग्दर्शन कराती है। बेशक मानक व्याकरण की कसौटी पर परखने से इस रचना में व्याकरण की अनेक त्रुटियां पाई जाती हैं, पर उन्नीसवीं सदी के आरंभ में जबकि हिन्दी और उर्दू में गद्य-भाषा और साहित्य का प्रायः अभाव हो था, यह रचना हिन्दी-उर्दू साहित्य की अमूल्य निधि है। हिन्दी-उर्दू के आरंभिक गद्यकारों—लल्लूलाल, सदलमिश्र, इंशाअल्लाखां आदि के साथ-साथ मीर अम्मन का ऐतिहासिक महत्त्व अक्षुण्ण है।

'बाग़-ओ-बहार' में उर्दू-फारसी शब्दावली और शैली के साथ-साथ हिन्दी शब्दावली और शैली का भरपूर मिश्रण इस रचना की ऐसी विशेषता है जो इसे पूरी तरह उर्दू-हिन्दी की सांझी निधि सिद्ध करती है। खेद है कि फारसी लिपि में होने के ही कारण हिन्दी जगत् इस रचना से अपरिचित और वंचित ही रहा। 'बाग़-ओ-बहार' को 'उर्दू-ए-मुअल्ला' से भरसक दूर रखने के प्रयत्न के बावजूद, खेद है कि मीर अम्मन 'उर्दू-ए-मुअल्ला' के प्रभाव से अछूते नहीं रह सके। यही वजह है कि न चाहते हुए भी इस रचना में सैंकड़ों शब्द और वाक्य फारसी-अरबी के ऐसे क्लिष्ट आ गए हैं जो आम बोलचाल में प्रचलित हरगिज़ नहीं माने जा सकते। मुन्तअरिज, मुतनफ़्स, मिसकाल, मुजव्विज़, मुहस्सिल, मुरफ्फाअलहाल, मुशकाब, मुग़र्रक़, मुक़लबुलक़लूब, गुरमाबा, ख़िश्त, अलीअलतलाक़, सानेआ, शुक़्क़ा, साक़े-उरूस, दादो दिहश, तोकफ़, सानी-उलहाल, तफाउत, तरक़ीम, तक़य्यद, तमल्लुक़, बूक़लमूं, बदतालेआ, बुशरा, अव्वलुलअज़्म, इन्सराम, असाग़िर, अकाबिर, उलाक, अलजू, इस्तादे, नाकतखुदा नैयर-ए-आज़म आदि शब्द ऐसे ही हैं। इसी प्रकार कुछ फारसी मुहावरे और कहावतें भी हैं जैसे 'अयां रा चे बयान', 'अज़ ईं चे बेहतर', शायदकिबाशद आदि। बाग़-ओ-बहार की अधिकतर शब्दावली देशी बोलचाल के हिन्दी शब्दों से भरपूर है। भाग (भाग्य), भगना (भाई), भसम, भभूत, भार, बूंट, बीर, बीरन, बयाकुल, बिपता, बारह अभरन, बतियाना, बत-कहाव, बचन, बिस, हलाहल, बिगानी तिरिया, बसीख, आज्ञा, अनबोल, आंचल, अनचित, अनूठी, औसर, बाट, आठों जाम, अजान, अधार (आधार), अस्थान, आसन, पत, पोखर, पीत (प्रीत), तुरत, तुमसार (तुम जैसा), जायी (बेटी), जटाधारी, टुक, थल, जस, जूही, जोगनी, जोगा (योग्य), चरन, चारदांग, चाव, चकमक, छाप, छार, छलावा हो जाना, दुविधा, दारू, दिसा, सवेरे, रैन, सुरत, सिंघासन, सीस, सहायी, सूर, कब (कवि), कन्या आदि हजारों देशज हिन्दी शब्द मिलते हैं। इसी प्रकार हजारों प्रचलित बोलचाल के उर्दू शब्द पाये जाते हैं। उर्दू-हिन्दी का यह लगभग फिफ्टी-फिफ्टी रूप मिलीजुली भाषा का बढ़िया नमूना है। 'बाग़-ओ-बहार' में कबीर का दोहा, हिन्दी कवित्त आदि भी मीर अम्मन ने

उद्धृत और रचित किये हैं । छाती पर साँप फिरना, जिसकी न फटी हो बुआई, क्या जाने पीर पराई, औसर चूकी डूमनी, गावे ताल बेताल, ऊंट चढ़े, कुत्ता काटे, बैल न कूदा, कूदी गौन, यह तमाशा देखे कौन, किस बिरते पर तत्ता पानी, केंचुली सी डाल दी, कमाऊ की पगड़ी कायम है, घर घालना, घर में रहे न तीरथ गये, मुंडमुंडा फजीहत भए, वारी-फेरी होना आदि मुहावरे और लोकोक्तियां भी खूब प्रयुक्त हुई हैं ।

चरण बरदारी जैसे उर्दू- हिन्दी के मिश्रित शब्द भी कहीं-कहीं प्रयुक्त हुए हैं । पूर्वी, ब्रज और अवधी जैसी क्षेत्रीय बोलियों का प्रभाव भी मीर अम्मन की भाषा पर दिखाई देता है । कुछ शब्दों का प्रयोग बोलियों का प्रभाव साफ ज़ाहिर करता है, जैसे 'उसके पास' के स्थान पर 'उस पास' उन ने (उसने), उस सार का (उस जैसा), वोंही (तुरंत), आप (स्वयं) । शब्द-रचना ही नहीं, वाक्य-रचना पर भी अनेक जगह फारसी शैली का प्रभाव नज़र आता है, जैसे दस्तरखान मजीद किया (बढ़ाया), इन्तजार खींचा, दस्तगीर करके लाये, मेरा किस्सा दूर-ओ-दराज़ है आदि ।

इस फारसी क़िस्से के सभी प्रसंग, घटनाएं भारत के बाहर के मध्य-पूर्व एशियायी मुस्लिम देशों की हैं और प्रायः सभी पात्र भी इस्लामी बाहरी देशों के हैं जो भारतीय रीति-रिवाजों से अपरिचित ही कहे जा सकते हैं । फिर भी मीर अम्मन ने चारों दरवेशों के क़िस्से इस रोचकता और आत्मीयता के साथ बयान किए हैं कि लगता है, जैसे ये सब प्रसंग और घटनाएं इसी देश में घटी हैं । मीर अम्मन ने भारतीय रीति-रिवाजों और सभ्यता तथा संस्कृति का रंग देने की भरसक कोशिश की है । कुछ स्थानों के नाम भी भारतीय ही रख दिए गए हैं जैसे 'जौनपुर का पुल' । पात्रों के व्यवहार और आचरण में भी भारतीयता की झलक पाई जाती है, जैसे पहले दरवेश की बहन भारतीय घरेलू और सुघड़ नारी प्रतीत होती है । वह हिन्दुस्तांनी रस्मोरिवाज निभाती है । भाई के स्वागत में वह मंगल कामना करती हुई काले टके और माष का सदका देती है, विदाई के समय दही का टीका माथे पर लगाती है । गैर-मुल्की पात्रों से कबीर के दोहे और हिन्दी कवित्त में हिन्दुस्तानी संतों और फकीरों का वर्णन किया गया है—

नख बिन कटा देखे, सीस भारी जटा देखे,
जोगी कन फंटा देखे, छार लाये तन मैं ।
मौनी अनबोल देखे, सीवरासर छूल देखे,
माया के पूर देखे, बनखण्डी बन मैं ।--आदि ।

इसी प्रकार बलाएं लेना, अच्छा मुहूर्त्त देखकर सफर के लिए निकलना, शादी का मुहूर्त्त निकलवाना, चांद-सितारों यानी नक्षत्रों का ज्योतिष मानना, शुभ-अशुभ विचारना, शादी-ब्याह के रीति-रिवाज आदि अनेक व्यवहार और आचरण हिन्दुस्तानी तहज़ीब के अनुरूप प्रकट हुए हैं । हिन्दू राजकुमारियों और नारियों को ब्याहकर कलमा पढ़वाना और धर्म-परिवर्तन कराना इस्लामी धार्मिक साम्प्रदायिक प्रभाव का ही सूचक है ।

ऐसा प्रतीत होता है कि फारसी का यह किस्सा 'चहार दरवेश' इश्क़-मजाज़ी से

इश्क़-हक़ीक़ी पाने का धार्मिक ग्रंथ बन गया था। इसकी रचना का आधार भी धार्मिक है। स्वयं मीर अम्मन ने लिखा है—"जो साहब दाना और हिन्दुस्तान की ज़बान बोलने वाले हैं, उनकी ख़िदमत में गुज़ारिश करता हूं कि यह क़िस्सा चार दरवेश का इब्तिदा में अमीर ख़ुसरो देहलवी ने इस तक़रीब से कहा कि हज़रत निज़ामुद्दीन औलिया जरीजरबख़्श, जो उनके पीर थे, और दरगाह उनकी दिल्ली में किले से तीन कोस, लाल दरवाजे के बाहर, मटिया दरवाजे से आगे, लाल बंगले के पास है, उनकी तबीअत मांदी हुई। तब मुरशिद के दिल बहलाने के वास्ते, अमीर ख़ुसरो यह क़िस्सा हमेशा कहते और बीमारदारी में हाज़िर रहते। अल्लाह ने चंद रोज में शिफ़ा दी। तब उन्होंने गुस्ले-सेहत के दिन यह दुआ दी कि जो कोई इस क़िस्से को सुनेगा, ख़ुदा के फ़ज़्ल से तन्दुरुस्त रहेगा। जब से यह क़िस्सा फारसी में मुरव्विज हुआ।"

ज़ाहिर है कि यह क़िस्सा हज़रत निज़ामुद्दीन औलिया की दुआ से धार्मिक किस्सा बन गया। यद्यपि क़िस्सा चार दरवेश लौकिक काल्पनिक लोकरंजन की कथा है—फेयरी टेल यानी परी कथा है, वैसी ही जैसी अलिफ़लैला की अनेक कथाएं हैं, पर भारत में लोकरंजन के साथ-साथ इस क़िस्से का धार्मिक महत्त्व जुड़ गया और इस क़िस्से का कहना-सुनना सवाब यानी पुण्य-प्राप्ति का द्योतक हो गया। नामुरादों की मुरादें जिस प्रकार इस क़िस्से में बर आयीं, उसी प्रकार इस क़िस्से के कहने-सुनने वाले भी अपनी मुराद पा जाते हैं—ऐसा माना जाने लगा।

मीर अम्मन का ज़माना गुज़रे अभी दो सौ साल भी नहीं हुए हैं, पर खेद है कि उनके जीवन का कोई अधिकृत उल्लेख और बाह्य साक्ष्य कहीं नहीं मिलता। केवल अन्तः साक्ष्य से उनके बारे में कुछ जानकारी मिलती है। मीर अम्मन अपने जीवन के अंतिम तीन वर्षों में ही फोर्ट विलियम कॉलेज़ के तत्त्वावधान में बाग़-ओ-बहार की रचना करके उर्दू-हिन्दी के गद्य लेखक प्रसिद्ध हुए। पर इससे पूर्व वह शायर भी थे, यद्यपि नम्रतापूर्वक उन्होंने कहा है कि मैं शायर नहीं हूँ।* संभवतः इसका बड़ा कारण यह है कि मीर अम्मन अपने समय के 'उर्दू-ए-मुअल्ला' के शायरों और उस्तादों से दूर ही रहे थे। 'बाग़-ओ-बहार' की रचना करके तो वह उर्दू के प्रतिष्ठित शायरों और उस्तादों से बिल्कुल कट गए थे। यही वजह है कि उर्दू शायरों के तज़किरों (कवि-चरितों) में मीर अम्मन का कहीं कोई उल्लेख नहीं मिला। उर्दू गद्य-भाषा और साहित्य के इतिहासकारों ने भी अम्मन के जीवन पर किसी प्रकार की खोज या शोध करना जरूरी नहीं समझा। कुछ इतिहासकारों का कहना है कि मीर अम्मन का असली नाम अमान था और अम्मन तख़ल्लुस था। लेकिन विद्वान लेखक ममताज़ हुसैन ने उर्दू ट्रस्ट प्रकाशन कराची द्वारा प्रकाशित 'बाग़-ओ-बहार' की प्रस्तावना में कहा कि उनका नाम ही अम्मन था और मुहम्मद शाही के काल (1720 से 1748ई.) में किसी समय उनका जन्म हुआ था और लगभग 70 साल की आयु में सन् 1802ई. में उनकी मृत्यु हुई। मीर अम्मन ने अठारहवीं सदी के उत्तरार्द्ध के दिल्ली सलतनत के

* मीर अम्मन ने अपनी अन्य रचना 'गुलशन-ए-ख़ूबी' की प्रस्तुति में कहा है कि वह "न तो शायर थे, न शायर का भाई, लेकिन अपनी तबा आज़माई कर रहे थे।"

हालात को अपनी आंखों देखा और अनुभव किया था। मुग़लिया सलतनत टूट रही थी, पूर्वी भारत और दक्षिण में अंग्रेज़ों और महाराष्ट्र और मध्य भारत में मराठों की ताकत बढ़ रही थी। अंग्रेज़ों ने अपनी शक्ति और प्रभाव इतना बढ़ा लिया था कि सौ साल के अन्दर ही उन्होंने पूरे मुल्क भारत पर कब्जा कर लिया था। दिल्ली उजड़ रही थी, राजनीतिक, सामाजिक और धार्मिक अराजकता सब तरफ फैली हुई थी। अशांति और गड़बड़ी के माहौल को ख़त्म करके शांति स्थापना करने का श्रेय अंग्रेज़ी हुकूमत को मिल रहा था। राष्ट्रीय भावनाओं अथवा समाज-कल्याण आदि कार्यों का सर्वथा अभाव था।

मीर अम्मन ने स्वयं अपनी रचना 'बाग़-ओ-बहार' में इन परिस्थितियों का संक्षिप्त उल्लेख किया और अपने बारे में यों लिखा है—"पहले अपना अहवाल यह आसी, गुनहगार मीर अम्मन दिल्ली वाला बयान करता है कि मेरे बुजुर्ग हुमायूं बादशाह के अहद से, हरेक बादशाह की रकाब में, पुश्त-ब-पुश्त जांफ़शानी बजा लाते रहे। और वो भी परवरिश की नज़र से क़द्रदानी जितनी चाहिए, फरमाते रहे। जागीर व मनसब और ख़िदमात की इनायात से सरफ़राज़ कर कर, मालामाल और निहाल कर दिया। और ख़ानाज़ाद-ए-मौरूसी और मनसबदार-ए-क़दीमी, जुबान-ए-मुबारक से फरमाया। चुनांचे यह लक़ब बादशाही दफ्तर में दाख़िल हुआ।

"जब ऐसे घर की (कि सारे घर उस घर सबब आबाद थे) यह नौबत पहुंची कि जाहिर है, अयां रा चे बयान, तब सूरजमल जाट ने जागीर को ज़ब्त कर लिया और अहमद शाह दुर्रानी ने घर-बार ताराज किया। ऐसी-ऐसी तबाही खाकर, वैसे शहर से (कि वतन और जन्मभूम मेरा है और आंवल-नाल वहीं गड़ा है) जलावतन हुआ। और ऐसा जहाज़ (कि जिसका नाखुदा बादशाह था) ग़ारत हुआ, मैं बेकसी के समन्दर में ग़ौते खाने लगा। डूबते को तिनके का आसरा बहुत है। कितने बरस बलद अज़ीमाबाद में दम लिया। कुछ बनी, कुछ बिगड़ी, आखिर वहां से भी पांव उखड़े। रोज़गार ने मुआफ़क़त न की। अयाल-ओ-अतफ़ाल को छोड़कर, तनतिन्हा किश्ती पर सवार हो, अशरफुल-बिलाद कलकत्ते में आब-ओ-दाने के ज़ोर से आ पहुंचा। चंदे बेकारी गुज़री। इतिफाक़न नवाब दिलावर जंग ने बुलवाकर, अपने छोटे भाई मीर मुहम्मद काज़मखां की अतालीक़ी के वास्ते मुकर्रर किया। क़रीब दो साल के वहां रहना हुआ। लेकिन निबाह अपना न देखा। तब मुंशी मीर बहादुर अली जी के वसीले से, हुज़ूर तक जॉनगिल क्रिस्ट साहब बहादुर दाम इक़बाल के रसाई हुई। बारे तालेअ की मदद से ऐसे जवांमर्द का दामन हाथ लगा है, चाहिये कि दिन कुछ भले आवें, नहीं तो यह भी गनीमत है कि एक टुकड़ा खाकर, पांव फैलाकर सो रहता हूं। और घर में दस आदमी छोटे-बड़े परवरिश पाकर दुआ उस क़द्रदान की करते हैं। खुदा क़बूल करे।"

उर्दू ज़बान के आरंभ के सम्बन्ध में मीर अम्मन ने यों लिखा है—"हक़ीक़त उर्दू की जुबान की बुज़ुर्गों के मुंह से यों सुनी है कि दिल्ली शहर हिन्दुओं के नज़दीक चौजुगी है। इन्हीं के राजा-प्रजा क़दीम से वहां रहते थे और अपनी भाका (भाखा) बोलते थे। हजार बरस से

मुसलमानों का अमल हुआ। सुल्तान महमूद ग़ज़नवी आया। फिर ग़ौरी और लोदी बादशाह हुए। इस आमद-ओ-रफ़्त के बाइस, कुछ ज़ुबानों ने हिन्दू-मुसलमान की आमेज़िश पाई। आख़िर अमीर तैमूर ने, जिनके घराने में अब तलक नाम निहाद सल्तनत का चला जाता है, हिन्दुस्तान को लिया। उनके आने और रहने से लश्कर का बाजार शहर में दाखिल हुआ। इस वास्ते शहर का बाज़ार उर्दू कहलाया। फिर हुमायूँ बादशाह, पठानों के हाथ से हैरान होकर चले गए। आख़िर वहां से आनकर पसमांदों को गोशमाली दी, कोई मुफ़सिद बाकी न रहा कि फ़ितना-ओ-फ़साद बरपा करे।

जब अकबर बादशाह तख्त पर बैठे, तब चारों तरफ के मुल्कों से सब क़ौम, क़द्रदानी और फ़ैज़रसानी इस खानदान-ए-लासानी की सुनकर, हुज़ूर में आकर जमा हुए। लेकिन हरेक की गोयाई और बोली जुदी-जुदी थी। इकट्ठे होने से आपस में लेन-देन, सौदा-सुल्फ़, सवाल-जवाब करते एक ज़ुबान उर्दू की मुकर्रर हुई।

"जब हज़रत शाहजहां साहब-ए-क़िरान ने क़िला मुबारक और जामा मसजिद और शहरपनाह तामीर करवाया और तख़्त-ए-ताऊस में जवाहर जुड़वाया और दल-बादल-सा ख़ेमा, चोबों पर इस्ताद कर तनाबों से खिंचवाया और नव्वाब अली मरदान खां नहर को लेकर आया, तब बादशाह ने खुश होकर जश्न फरमाया और शहर को अपना दारुलखिलाफ़त (राजधानी) बनाया। तब से शाहजहानाबाद मशहूर हुआ (अगरचे दिल्ली-जुदी है। वह पुराना शहर और यह नया शहर कहलाता है)। और वहां के बाज़ार को उर्दू-ए-मुअल्ला ख़िताब दिया।

"अमीर तैमूर के अहद से मुहम्मद शाह की बादशाहत, बल्कि अहमदशाह और आलमगीर सानी के वक़्त तक, पीढ़ी-ब-पीढ़ी सलतनत यकसां चली आई। निदान ज़ुबान उर्दू की मंजते-मंजते ऐसी मंजी कि कसो शहर की बोली उससे टक्कर नहीं खाती। लेकिन क़द्रदान मुनसिफ़ चाहिए जो तजवीज़ करे। सो अब खुदा ने बाद मुद्दत के जॉन गिलक्रिस्ट साहब-सा दाना, नुकतारस पैदा किया कि जिन्होंने अपने ज्ञान और तलाश-ओ-मेहनत से, क़ायदों की किताबें तसनीफ़ कीं। इस सबब से हिन्दुस्तान की ज़ुबानों का मुल्कों में रिवाज हुआ और नये सिर से रौनक ज़्यादा हुई।"

"जब अहमदशाह अब्दाली काबुल से आया और शहर को लुटवाया, शाहआलम पूरब की तरफ थे। कोई वारिस और मालिक मुल्क का न रहा। शहर बेसर हो गया। सच है, पादशाहत के इक़बाल से शहर की रौनक़ थी, एकबारगी तबाही पड़ी। रईस वहां के—मैं कहीं तुम कहीं होकर जहां जिसके सींग समाये, वहां निकल गए। जिस मुल्क में पहुंचे, वहां के आदमियों की साथ-संगत से बातचीत में फर्क आया। और बहुत ऐसे हैं कि दस-पांच बरस कसो सबब से दिल्ली में गये और रहे। वो भी कहां तलक बोल सकेंगे, कहीं-न-कहीं चूक ही जायेंगे। और जो शख़्स सब आफ़तें सहकर, दिल्ली का रोड़ा होकर रहा, और दस-पांच पुश्तें उसी शहर में गुज़रीं, और उसने दरबार उमराओं के, और मेले-ठेले, अर्स छड़ियां, सैर-तमाशा और कूचागर्दी उस शहर

की मुद्दत तलक की होगी, और वहां से निकलने के बाद अपनी जुबान को लिहाज़ में रक्खा होगा, उसका बोलना अलबत्ता ठीक है। यह आजिज़ भी हरेक शहर की सैर करता और तमाशा देखता, यहां तलक पहुंचा है।"

इस प्रकार मीर अम्मन ने उर्दू को मूलतः दिल्ली की भाषा माना है और इस बात पर फ़ख़ ज़ाहिर किया है कि दिल्ली में जन्मा और दिल्ली का रोड़ा होने के कारण उसकी उर्दू ज़ुबान ऐन सही है। दूसरे लोग जो दिल्ली छोड़कर चले गए या दिल्ली में नहीं रहे, उनकी ज़ुबान में आमेज़िश होने के कारण सही उर्दू ज़ुबान के धनी नहीं हो सकते।

निस्संदेह सन् 1801ई. में जिस हिन्दुस्तानी भाषा या सरल सलीस उर्दू अथवा सरल बोलचाल की हिन्दी भाषा का जो नमूना मीर अम्मन ने अपनी रचना 'बाग़-ओ-बहार' में पेश किया वह 18वीं-19वीं शताब्दी में विकसित होने वाली हिन्दू-मुस्लिम मिली-जुली भारतीय सभ्यता और संस्कृति तथा मिली-जुली हिन्दू-मुस्लिम हिन्दी-उर्दू प्रचलित व्यावहारिक साहित्यिक भाषा का एक आदर्श नमूना है जिसे सौ-डेढ सौ साल बाद महात्मा गांधी जैसे राष्ट्रनेता ने हिन्दुस्तानी भाषा और स्वतंत्र भारत के संविधान-निर्माताओं ने राष्ट्रभाषा हिन्दी नाम देकर प्रतिष्ठित किया। मीर अम्मन के बाद के उर्दू लेखकों ने उसे उर्दू-ए-मुअल्ला बना दिया और हिन्दी लेखकों और साहित्यकारों ने संस्कृत-निष्ठ साहित्यिक क्लिष्ट हिन्दी बना दिया या फिर इंशाअल्ला खां (रानी केतकी की कहानी) जैसे कुछ ऐसे गद्य-निर्माता भी आए जिन्होंने ठेठ हिन्दी का ठाठ तो रचा, पर भाषा की साहित्यिक क्षमताओं का ध्यान न रखा अथवा लल्लूलाल जैसे गद्य-लेखक हुए जिनकी भाषा में ग्राम्य बोलियों और पंडिताऊपन का पुट बना रहा। राजा शिव प्रसाद सितारे हिन्द ने अवश्य मीर अम्मन का रास्ता अपनाना बेहतर समझा, पर वह भी उस पर साबित क़दम न रह सके। हिन्दी के विद्वानों और संस्कृत-गर्भित हिन्दी के हिमायतियों ने उन्हें उखाड़ फेंका। शायद हिन्दी (देवनागरी) में उस वक्त अगर मीर अम्मन भी आते और हिन्दी गद्यकार बनते तो हिन्दी के पण्डित उन्हें भी उखाड़ फेंकते। पर वह हिन्दी का वैसा ही दुर्भाग्य होता जैसा हिन्दी के शिवप्रसाद, भारतेंदु, प्रेमचन्द, उपेन्द्रनाथ अश्क जैसे हज़ारों साहित्यकारों को उर्दू से बाहर रखकर उर्दू का दुर्भाग्य रहा है।

—कृष्णदेव झारी

झारी विला
भूलभुल्लैयां रोड, महरौली,
नयी दिल्ली-110030

सुब्हानाल्लाह! क्या सानिअ है कि जिसने एक मुट्ठी खाक से क्या-क्या सूरतें और मिट्टी की मूरतें पैदा कीं! बावजूद दो रंग के एक गोरा, एक काला, और यही नाक, कान, हाथ-पाँव सबको दिये हैं; तिस पर रंग-बरंग की शकलें जुदी-जुदी बनायीं कि एक की सजधज से दूसरे का डील-डौल मिलता नहीं। करोड़ों खलकत में जिसको चाहिए पहचान लीजिए! आसमान उसके दर्याए-वहदत का एक बुलबुला है और ज़मीन पानी का बताशा, लेकिन यह तमाशा है कि समुंदर हज़ारों लहरें मारता है, पर, उसका बाल बीका नहीं कर सकता। ज़िसकी यह क़ुदरत और सकत हो उसकी हम्दो-सना में ज़ुबान इनसान की गोया गूँगी है! कहे तो क्या कहे? बेहतर यों है कि जिस बात में दम न मार सके, चुपका हो रहे :

अर्श से ले फर्श तक जिसका कि यह सामान है,
हम्द उसकी गर लिखा चाहूँ तो क्या इमकान है?
जब पयंबर ने कहा हो "मैंने पहचाना नहीं",
फिर जो कोई दावा करे इसका, बड़ा नादान है।
रात-दिन ये मेहरो-मह फिरते हैं सनअत देखते,
पर हर इक वाहिद की सूरत दीदए-हैरान है।
जिस का सानी और मुक़ाबिल है, न होवेगा कभी,
ऐसे यकता को, खुदाई सब तरह शायान है।
लेकिन इतना जानता हूँ, खालिक व राज़िक है वह,
हर तरह से मुझ पर लुत्फ़ और अहसान है।

और वूरूद उसके दोस्तपर 'जिसकी खातिर जमीनो आसमान को पैदा किया',

और दर्जा-ए-रिसालत का दिया—

जिस्मे पाके मुस्तफा, अल्लाह का इक नूर है
इसलिए परछाईं उस क़द की न थी, मशहूर है।
हौसला मेरा कहाँ इतना जो नअत उसकी कहूँ
पर सखुनगोयों का यह भी क़ाइदा, दस्तूर है
और उसकी आल पर सलवातो सलाम जो हैं बारह इमाम।
हम्दे हक़ और नअते अहमद को यहाँ कर इनसिराम
अब मैं आग़ाज़ उस को करता हूँ जो है मंजूर काम।
या इलाही! वास्ते अपने नबी की आलके
कर यह मेरी गुफ्तगू, मक्बूले तबए खासो आम।

मन्शा इस तालीफ़ का यह है कि सन् एक हज़ार दो सौ पन्द्रह बरस हिजरी, और अठारह से एक साल ईसवी, मुताबिक एक हज़ार दो सौ सात सने फसली के, अहद में अशरफ-उल-अशराफ मार्क्विस वेलस्ली गवरनर जनरल लार्ड मार्निंगटन साहब के (जिन की तअरीफ में अक्ल हैरान और फहम सिर-गर्दान है जितने वस्फ सरदारों को चाहिएं उनकी ज़ात में खुदा ने जमा किए है। ग़रज़ क़िसमत की खूबी इस मुल्क की थी जो ऐसा हाकिम तशरीफ लाया, जिसके क़दमों के फ़ैज़ से एक आलम ने आराम पाया। मजाल नहीं कि कोई कसो पर ज़बरदस्ती कर सके; शेर और बकरी एक घाट पानी पीते हैं, सारे ग़रीबोगुरबा दुआ देते हैं और जीते हैं।) चर्चा इल्म का फैला। साहबाने ज़ीशान का शौक हुआ कि उर्दू की जुबान से वाक़िफ़ होकर हिन्दुस्तानियों से गुफ्तोशनूद करें और मुल्की काम को ब आगाही-ए-तमाम अंजाम दें, इस वास्ते कितनी किताबें इसी साल ब मोजिबे फरमायश के तालीफ़ हुईं।

जो साहब दाना और हिन्दुस्तान की जुबान बोलने वाले हैं उनकी खिदमत में गुज़ारिश करता हूँ कि यह क़िस्सा चार दरवेश का इब्तदा में अमीर खुसरो देहलवी ने इस तक़रीब से कहा कि हज़रते निज़ामुद्दीन औलिया ज़री ज़रबख्श, जो उन के पीर थे, और दरगाह उनकी दिल्ली में किले से तीन कोस, लाल दरवाज़े के बाहर, मुडिया दरवाज़े से आगे, लाल बंगले के पास है, उन की तबीअत माँदी हुई। तब मुर्शिद के दिल बहलाने के वास्ते, अमीर खुसरो यह क़िस्सा हमेशा कहते और बीमारदारी में हमेशा हाज़िर रहते। अल्लाह ने चंद रोज़ में शिफ़ा दी। तब उन्होंने ग़ुसले-सेहत के दिन यह दुआ दी, कि जो कोई इस क़िस्से को सुनेगा खुदा के फ़ज़ल से तन्दुरुस्त रहेगा। जब से यह क़िस्सा फारसी में मुरव्विज हुआ।

अब खुदाबन्दे नेमत, साहबे मुरव्वत, नजीबों के क़दरदान जान गिलक्रिस्ट

साहब ने (कि हमेशा इक़बाल उनका जियादह रहे, जब तलक गंगा-जमना बहे) लुत्फ़ से फरमाया कि इस किस्से को ठेठ हिन्दुस्तानी गुफ्तगू में, जो उर्दू के लोग हिन्दू-मुसलमान, औरत-मर्द, लड़केबाल, खासो-आम आपस में बोलते-चालते हैं, तर्जुमा करो। मुआफ़िक हुक्मे हुज़ूर के, मैंने भी, इसी मुहावरे से लिखना शुरू किया, जैसे कोई बातें करता है।

पहले अपना अहवाल यह आसी गुनहगार, मीर अम्मन दिल्लीवाला बयान करता है कि : मेरे बुजुर्ग हुमायूँ बादशाह के अहद से, हर एक पादशाह की रिकाब में, पुश्त-ब-पुश्त जाँ-फ़शानी बजा लाते रहे और वह भी परवरिश की नज़र से क़द्रदानी जितनी चाहिए, फरमाते रहे। जागीरो मनसब और खिदमात की इनायात से सरफराज़ करकर मालामाल और निहाल कर दिया और खानाज़ादे मोरूसी और मनसबदारे क़दीमी, जुबाने मुबारक से फरमाया। चुनाँचे यह लक्ब पादशाही दफ्तर में दाखिल हुआ।

जब ऐसे घर की (कि सारे घर उस घर के सबब आबाद थे) यह नौबत पहुँची कि ज़ाहिर है, अयाँ रा चे बयान? तब सूरजमल जाट ने जागीर को ज़ब्त कर लिया और अहमदशाह दुर्रानी ने घरबार ताराज किया। ऐसी-ऐसी तबाही खाकर वैसे शहर से (कि वतन और जनमभूमि मेरा है और आंवलनाल वहीं गड़ा है) जलावतन हुआ और ऐसा जहाज़ (कि जिसका नाखुदा पादशाह था) ग़ारत हुआ मैं बेकसी के समंदर में गोते खाने लगा। डूबते को तिनके का आसरा बहुत है, कितने बरस बल्दए अज़ीमाबाद में दम लिया। कुछ बनी, कुछ बिगड़ी। आखिर वहाँ से भी पाँव उखड़े। रोज़गार ने मुआफिक़त न की। अयालो अतफाल को छोड़कर, तन-तनहा कश्ती पर सवार हो, अशरफुल बिलाद कलकत्ते में आबो दाने के ज़ोर से आ पहुँचा। चन्दे बेकारी गुज़री। इत्तिफाक़न् नव्वाब दिलावर जंग ने बुलवा कर अपने छोटे भाई मीर मुहम्मद काज़िम खाँ की अतालीक़ी के वास्ते मुक़र्रर किया। क़रीब दो साल के वहाँ रहना हुआ लेकिन निबाह अपना न देखा। तब मुँशी मीर बहादुर अलीजी के वसीले से हुज़ूर तक जान गिलक्रिस्ट साहब बहादुर दाम इक़बालहु के रसाई हुई। बारे ताले की मदद से ऐसे जवाँमर्द का दामन हाथ लगा है, चाहिए कि दिन कुछ भले आवें, नहीं तो यह भी ग़नीमत है कि एक टुकड़ा खाकर, पाँव फैलाकर सो रहता हूँ और घर में दस आदमी छोटे-बड़े परवरिश पाकर, दुआ उस क़दरदान को करते हैं, खुदा क़बूल करे।

हक़ीक़त उर्दू की ज़ुबान के बुजुर्गों के मुँह से यों सुनी है कि दिल्ली शहर हिन्दुओं के नज़दीक चौजुगी है। इन ही के राजा-प्रजा क़दीम से वहाँ रहते थे और अपनी भाषा बोलते थे। हज़ार बरस से मुसलमानों का अमल हुआ, सुलतान

महमूद ग़ज़नवी आया, फिर ग़ौरी और लोदी बादशाह हुए। इस आमदो-रफ्त के बाइस कुछ ज़बानों ने हिन्दु-मुसलमान की आमेज़िश पाई। आखिर अमीर तैमूर ने (जिन के घराने में अब तलक नाम-निहाद सलतनत का चला जाता है) हिन्दुस्तान को लिया। उनके आने और रहने से, लश्कर का बाज़ार शहर में दाखिल हुआ। इस वास्ते शहर का बाज़ार उर्दू कहलाया। फिर हुमायूँ बादशाह पठानों के हाथ से हैरान होकर चले गये। आखिर वहाँ से आकर पसमान्दों को गोशमाली दी, कोई मुफ़सिद बाक़ी नहीं रहा कि फ़ितना-ओ-फ़साद बरपा करे।

जब अकबर बादशाह तख्त पर बैठे, तब चारों तरफ के मुल्कों से सब क़ौम क़द्रदानी और फैज़रसानी इस खानदाने लासानी की सुनकर, हुजूर में आकर जमा हुए। लेकिन हर एक की गोयाई और बोली जुदी-जुदी थी। इकट्ठे होने से आपस में लेनदेन, सौदासुलफ, सवाल-जवाब करते, एक जुबान उर्दू की मुक़र्रर हुई।

जब हज़रत शाहजहाँ साहबे क़िरान ने किलए मुबारक और जामा मसजिद और शहरपनाह तामीर करवाया और तख्ते ताऊस में जवाहर जड़वाया और दल-बादल-सा खैमा चोबों पर इस्ताद कर तनाबों से खिंचवाया और नव्वाब अली मरदान खाँ नहर को लेकर आया तब बादशाह ने खुश होकर जशन फरमाया और शहर को अपना दारूलखिलाफत बनाया। तब से शाहजहानाबाद मशहूर हुआ (अगर-चे दिल्ली जुदी है; वह पुराना शहर और यह नया शहर कहलाता है) और वहाँ के बाज़ार को उर्दू-ए-मुअल्ला खिताब दिया।

अमीर तैमूर के अहद से मुहम्मद शाह की बादशाहत बल्कि अहमद शाह और आलमगीर सानी के वक्त तक, पीढ़ी-ब-पीढ़ी सलतनत यकसाँ चली आयी। निदान जुबान उर्दू की मँजते-मँजते ऐसी मँजी कि कसू शहर की बोली उससे टक्कर नहीं खाती। लेकिन क़द्रदाने मुनसिफ चाहिए जो तजवीज़ करे। सो अब खुदा ने बाद मुद्दत के जान गिलक्रिस्ट साहब-सा दाना, नुक्तारस पैदा किया कि जिन्होंने अपने ज्ञान और उक्त से और तलाशो-मेहनत से काइदों की किताबें तसनीफ़ कीं। इस सबब से हिन्दुस्तान की जुबान का मुल्कों में रिवाज हुआ और नये सिर से रौनक़ ज्यादह हुई। नहीं तो अपनी दस्तारो-गुफ्तारो-रफ्तार को कोई बुरा नहीं जानता। अगर एक गँवार से पूछिए तो शहरवाले को नाम रखता है और अपने तईं सब से बेहतर समझता है। खैर "आक़िलां खुद मीदानंद!"

जब अहमदशाह अबदाली काबुल से आया, और शहर को लुटवाया, शाह आलम पूरब की तरफ थे, कोई वारिस और मालिके मुल्क का न रहा। शहर बेसर हो गया। सच है पादशाहत के इक़बाल से शहर की रौनक़ थी। एकबारगी तबाही पड़ी। रईस वहाँ के, मैं कहीं तुम कहीं होकर जहाँ जिस के सींग समाये वहाँ

निकल गये। जिस मुल्क में पहुँचे वहाँ के आदमियों की साथ-संगत से बातचीत में फ़र्क़ आया। और बहुत ऐसे हैं कि दस-पाँच बरस कसू सबब से दिल्ली में गये और रहे। वे भी कहाँ तलक बोल सकेंगे? कहीं-न-कहीं चूक ही जाएँगे, और जो शख़्स सब आफतें सह कर, दिल्ली का रोड़ा होकर रहा और दस-पाँच पुश्तें उसी शहर में गुज़रीं और उसने दरबारे उमरावों के, और मेले-ठेले, उर्स-छड़ियाँ, सैर-तमाशा और कूचागर्दी उस शहर की मुद्दत तलक की होगी और वहाँ से निकलने के बाद अपनी ज़ुबान को लेहाज़ में रक्खा होगा उस का बोलना अलबत्ता ठीक है। यह आजिज़ भी हर एक शहर की सैर करता और तमाशा देखता, यहाँ तलक पहुँचा है।

—मीर अम्मन देहलवी

शुरू क़िस्से का

अब आग़ाज क़िस्से का करता हूँ, ज़रा कान धर कर सुनो और मुनसफी करो। सैर में चार दरवेश की यों लिखा है और कहने वाले ने कहा है कि आगे रूम के मुल्क में कोई शाहंशाह था कि नोशेरवाँ की-सी अदालत और हातिम की-सी सखावत उसकी ज़ात में थी। नाम उसका आज़ादबख़्त और शहर क़ुसतुनतुनिया (जिस को इस्तंबूल कहते हैं) उस का पाएतख़्त था। उसके वक़्त में रईअत आबाद, खजाना मामूर, लश्कर मुरफ़्फ़ा, ग़रीब-गुरबा आसूदा ऐसे चैन से गुज़रान करते और खुशी से रहते कि हर एक के घर में दिन ईद और रात शबेबरात थी और जितने चोर-चकार, जेबकतरे, सुबहखेज़े, उठाईगीरे, दग़ाबाज़ थे सब को नेस्तोनाबूद करकर नामोनिशान उनका अपने मुल्क-भर में न रक्खा था। सारी रात दरवाज़े घरों के बन्द न होते थे और दुकानें बाज़ार की खुली रहतीं। राही मुसाफिर जंगल-मैदान में सोना उछालते चले जाते, कोई न पूछता कि तुम्हारे मुँह में कै दाँत हैं और कहाँ जाते हो।

उस बादशाह के अमल में हज़ारों शहर थे और कई सुलतान नालबन्दी देते। ऐसी बड़ी सलतनत! पर एक साअत अपने दिल को खुदा की याद और बँदगी से ग़ाफिल न करता। आराम जो दुनिया को चाहिए सब मौजूद था लेकिन फरज़न्द जो ज़िन्दगानी का फल है उसकी क़िसमत के बाग़ में न था। इस खातिर अक्सर फिक्रमन्द रहता और पाँचों वक़्त की नमाज़ के बाद अपने करीम से कहता कि " ऐ अल्लाह! मुझ आजिज़ को तूने अपनी इनायत से सब-कुछ दिया लेकिन एक इस अन्धेरे घर का दिया न दिया। यही अरमान जी में बाक़ी है कि मेरा नामलेवा और पानीदेवा कोई नहीं और तेरे खज़ान-ए-ग़ैब में सब-कुछ मौजूद है, एक बेटा

जीता-जागता मुझे दे, तो मेरा नाम और इस सलतनत का निशान क़ायम रहे।''

इसी उम्मीद में बादशाह की उम्र चालीस बरस की हो गयी। एक दिन शीशमहल में नमाज़ अदा करकर वज़ीफ़ा पढ़ रहे थे; एकबारगी आईने की तरफ खयाल जो करते हैं तो सफेद बाल मूंछों में नज़र आया कि मानिन्द तारे-मुक़ैश के चमक रहा है। बादशाह देखकर आबदीदा हुए और ठंडी सांस भरी। फिर दिल में अपने सोच किया कि अफसोस! तूने इतनी उम्र नाहक़ बरबाद की और इस दुनिया की हिर्स में एक आलम को ज़ेरोजबर किया। इतना मुल्क जो लिया, अब तेरे किस काम आवेगा? आखिर यह सारा मालो-असबाब कोई दूसरा उड़ा देगा। तुझे तो पैग़ाम मौत का आ चुका, अगर कोई दिन जिये भी तो बदन की ताक़त कम होगी। इससे यह मालूम होता है कि मेरी तक़दीर में नहीं लिक्खा कि वारिस छत्र और तख्त का पैदा हो। आखिर एक रोज़ मरना है आरै सब-कुछ छोड़ जाना है, इससे यही बेहतर है कि मैं ही इसे छोड़ दूँ और बाक़ी ज़िन्दगी अपने खालिक़ की याद में काटूं।

यह बात अपने दिल में ठहरा कर पाईंबाग में जाकर, सबा मुजराइयों को जवाब देकर फरमाया कि कोई आज से मेरे पास न आवे। सब दीवाने-आम में आया-जाया करें और अपने काम में मुस्तैद रहें—यह कहकर आप एक मकान में जा बैठे और मुसल्ला बिछाकर इबादत में मशग़ूल हुए। सिवाए रोने और आह भरने के कुछ काम न था। इस तरह बादशाह आज़ादबख्त को कई दिन गुज़रे। शाम को रोज़ा खोलने के वक्त एक छुहारा खाते और तीन घूँट पानी पीते और तमाम दिन-रात जा-ए-नमाज़ पर पड़े रहते। इस बात का बाहर चर्चा फैला। रफ्ता-रफ्ता तमाम मुल्क में खबर गई कि बादशाह ने बादशाहत से हाथ खींच कर गोशानशीनी इख्तियार की। चारों तरफ ग़नीमों और मुफ़्सिदों ने सिर उठाया और क़दम अपनी हद से बढ़ाया। जिसने चाहा मुल्क दबा लिया और सरंजाम सरकशी का किया। जहाँ कहीं हाकिम थे उनके हुक्म में खलले-अज़ीम पैदा हुआ। हर एक सूबे से अर्ज़ी बदअमली की हुजूर में पहुँची। दरबारी-उमरा जितने थे, जमा हुए और सलाह-मसलहत करने लगे।

आखिर यह तजवीज़ ठहरी कि नवाब वज़ीर आक़िल और दाना है और बादशाह का मुक़र्रब और मोतमिद है और दरजे में भी सबसे बड़ा है, उसकी खिदतम में चलें, देखें वह क्या मुनासिब जानकर कहता है। सब उमरा, अमीर, वज़ीर के पास आये और कहा : बादशाह की यह सूरत और मुल्क की वह हक़ीक़त! अगर चंदे और तग़ाफुल हुआ तो इस मेहनत का मुल्क लिया हुआ मुफ्त में जाता रहेगा। फिर हाथ आना बहुत मुश्किल है। वज़ीर पुराना, क़दीम, नमकहलाल और अक्लमंद,

नाम भी खिर्दमंद इस्म-बा मुसम्मी था, बोला, 'अगरचेबादशाह ने हुजूर में आने को मना किया है लेकिन तुम चलो। मैं भी चलता हूँ। खुदा करे बादशाह की मर्जी आवे, जो रूबरू बुलावे।' यह कहकर सबको अपने साथ दीवाने-आम तक लाया। उनको वहाँ छोड़कर, आप दीवाने-खास में आया और बादशाह की खिदमत में महल्ली के हाथ कहला भेजा कि यह पीर ग़ुलाम हाज़िर है। कई दिनों से जमाले जहाँआरा नहीं देखा; उम्मीदवार हूँ कि एक नज़र देखकर क़दमबोसी करूँ तो खातिर जमा हो। यह अर्ज़ वज़ीर की बादशाह ने सुनी, अज़ बस क़दामत और खैरख्वाही और तदबीर और जांनिसारी उसकी जानते थे और अक्सर उसकी बात मानते थे, बाद तअम्मुल के फरमाया, 'खिर्दमंद को बुला लो।' बारे, जब परवानगी हुई, वज़ीर हुजूर में आया, आदाब बजा लाया और दस्तबस्ता खड़ा रहा। देखा तो बादशाह की अजब सूरत बन रही है कि ज़ार-ब-ज़ार रोने और दुबलापे से. आँखों में हलक़े पड़ गये हैं और चेहरा ज़र्द हो गया है।

खिरदमंद को ताब न रही। बे-इख्तियार दौड़कर कदमों पर जा गिरा। बादशाह ने हाथ से सिर उसका उठाया और फरमाया, "लो! मुझे देखा? खातिरजमा हुई? अब जाओ, ज्यादा मुझे न सताओ। तुम सलतनत करो।" खिरदमंद सुनकर, डाढ़ मारकर रोया और अर्ज़ की, "ग़ुलाम को आपके तसद्दुक़ और सलामती से हमेशा बादशाहत मुयस्सर है लेकिन जहाँपनाह की यक-ब-यक इस तरह की गोशागीरी से तमाम मुल्क में तहलका पड़ गया है और अंजाम इसका अच्छा नहीं। यह क्या खयाल मिज़ाजे-मुबारक में आया? अगर इस खानाज़ादे मौरूसी को भी महरम इस राज़ का कीजिए तो बेहतर है। जो कुछ अक्लेनाक़िस में आवे, इल्तिमास करे। ग़ुलामों को जो ये सरफराज़ियाँ बख्शी हैं, इसी दिन के वास्ते कि बादशाह ऐशो-आराम करे और नमकपरवर्दे तदबीर में मुल्क की रहें। खुदा-नख्वास्ता, जब फिक्र मिज़ाजे-आली के लाहक हुई तो बन्दहाए पादशाही किस दिन काम आवेंगे?" बादशाह ने कहा, "सच कहता है, पर जो फिक्र मेरे जी के अन्दर है सो तदबीर से बाहर है।"

"सुन ऐ खिरदमन्द! मेरी सारी उम्र इसी मुल्कगीरी के दर्देसर में कटी। अब यह सिनोसाल हुआ, मौत बाक़ी है, सो इसका भी पैग़ाम आया कि सियाह बाल सफेद हो चले। वह मसल है: सारी रात सोए अब सुबह को भी न जागें? अब तलक एक बेटा पैदा न हुआ जो मेरी खातिरजमा होती। इसलिए दिल सख्त उदास हुआ और मैं सब कुछ छोड़ बैठा। जिसका जी चाहे मुल्क ले, अमाल ले, मुझे कुछ काम नहीं। बल्कि कोई दिन मैं यह इरादा रखता हूँ कि सब छोड़-छाड़कर जंगल और पहाड़ों में निकल जाऊँ और मुँह अपना कसू को न दिखाऊँ। इसी

तरह यह चंद रोज़ की ज़िंदगी बसर करूँ। अगर कोई मकान खुश आया तो वहाँ बैठकर बंदगी अपने माबूद की बजा लाऊँगा। शायद आक़िबत बखैर हो। और दुनिया को तो खूब देखा, कुछ मज़ा न पाया।" इतनी बात बोलकर और एक आह भरकर बादशाह चुप हुए।

खिरदमन्द उनके बाप का वज़ीर था। जब यह शहज़ादे थे तब से मुहब्बत रखता था। अलावा दाना और नेक-अन्देश था। कहने लगा, "खुदा की जानिब से नाउम्मीद होना हरगिज़ मुनासिब नहीं। जिसने हीजदह-हजार आलम को एक हुक्म में पैदा किया, तुम्हें औलाद देनी उसके नज़दीक क्या बड़ी बात है? किब्लाए आलम! इस तसव्वुरे-बातिल को दिल से दूर करो, नहीं तो तमाम आलम दरहमबरहम हो जाएगा। और यह सलतनत किस-किस मेहनत और मुशक्क़त से तुम्हारे बुजुर्गों ने और तुमने पैदा की है? एक ज़रा में हाथ से निकल जाएगी और बेखबरी से मुल्क बीरान हो जाएगा। खुदा-न-ख्वास्ता बदनामी हासिल होगी। इस पर भी बाज़पुर्स रोज़े, क़यामत की हुआ चाहे कि "तुझे बादशाह बनाकर अपने बन्दों को तेरे हवाले किया था, तू हमारी रहमत से मायूस हुआ और रईयत को हैरान-परेशान किया?" इस सवाल का क्या जवाब दोगे? पस इबादत भी उस रोज़ काम न आवेगी, इस वास्ते कि आदमी का दिल खुदा का घर है और पादशाह फक़त अदल के वास्ते पूछे जाएँगे। ग़ुलाम की बेअदबी माफ़ हो। घर से निकल जाना और जंगल-जंगल फिरना काम जोगियों और फक़ीरों का है न कि बादशाहों का। तुम अपने जोगा काम करो, खुदा की याद और बन्दगी जंगल, पहाड़ पर मोक़ूफ नहीं। आपने यह बैत सुनी होगी--

"खुदा इस पास, यह ढूँढे जंगल में
ढिंढोरा शहर में, लड़का बग़ल में!"

अगर मुनसफ़ी फरमाइए और इस फिदवी की अर्ज़ कुबूल कीजिए तो बेहतर यों है कि जहाँपनाह हरदम और हर साअत ध्यान अपना खुदा की तरफ लगाकर दुआ माँगा करें। उसकी दरगाह से कोई महरूम नहीं रहा। दिन को बन्दोबस्त मुल्क का और इंसाफ, अदालत ग़रीबो-गुरबा की फरमावें तो बंदे खुदा के दामने-दौलत के साये में अमनो-आमान खुश गुजराँ रहें। और रात को इबादत कीजिए और विरुदे पैगंबर की रूहे-पाक का नयाज़ कर कर, दरवेशे-गोशानशीन मुतवक्कलों से मदद लीजिए। और रोज़ रातिब यतीम, असीर, अयालदारों, मुहताजों और राँड-बेवाओं को कर दीजिए। ऐसे अच्छे कामों और नेकनीयतों की बरकत से, खुदा चाहे तो उम्मीद क़वी है कि तुम्हारे दिल के मक़सद और मतलब सब पूरे हों और जिस वास्ते मिज़ाज आली मुकद्दर हो रहा है वह आरजू बर आवे और खुशी खातिरे-

शरीफ को हो जावे। परवरदिगार की इनायत पर नज़र रखिए कि वह एक दम में जो चाहता है सो करता है।'' बारे, खिरदमंद वज़ीर के ऐसी-ऐसी अर्ज़ो-मारूज़ करने से आज़ादबख्त के दिल को ढ़ाढस बंधी। फरमाया : ''अच्छा, तू जो कहता है, भला यह भी कर देखें; आगे जो अल्लाह की मर्ज़ी है सू होगा।''

जब बादशाह के दिल को तसल्ली हुई तब वज़ीर से पूछा और सब अमीरो-दबीर क्या करते हैं? और किस तरह हैं? उसने अर्ज़ की ''सब अरकाने-दौलत क़िब्लए-आलम के जानोमाल को दुआ करते हैं। आप की फिक्र से सब हैरानो-परेशान हो रहे हैं, जमाले-मुबारक अपना दिखाइए तो सब की खातिर जमा होवे। चुनाँचे इस वक्त दीवाने-आम में हाज़िर हैं।'' यह सुनकर बादशाह ने हुक्म किया, ''इँशा-अल्लाताला, कल दरबार करूँगा। सब को कह दो, हाज़िर रहें।'' खिरदमंद यह वादा सुनकर खुश हुआ और दोनों हाथ उठाकर दुआ दी कि जब तलक ये ज़मीनो-आसमाँ बरपा हैं तुम्हारा ताजो-तख्त क़ायम रहे। और हुज़ूर से रुखसत होकर खुशीखुशी बाहर निकला और यह खुशखबरी उमराओं से कही। सब अमीर हँसी-खुशी घर को गये। सारे शहर में आनंद हो गई। रईअत-प्रजा मगन हुई कि कल बादशाह दरबारे आम करेगा। सुबह को सब खानाज़ाद, आला-ओ-अदना और अरकाने दौलत छोटे-बड़े अपने-अपने पाए और मरतबे पर आकर खड़े हुए और मुंन्तज़िर-जल्वए-बादशाही के थे।

जब पहर दिन चढ़ा, एकबारगी पर्दा उठा और बादशाह ने बरआमद होकर तख्ते मुबारक पर जुलूस फरमाया। नौबतखाने में शादियाने बजने लगे। सभों ने नज़रें मुबारकबादी की गुज़राईं और मुजरेगाह में तसलीमात कोरनिशात बजलाए। मुवाफ़िके-क़द्रो मंज़िलत के हर एक को सरफराज़ी हुई। सब के दिल को खुशी और चैन हुआ। जब दोपहर हुई, बरखास्त होकर अंदरूने महल दाखिल हुए। खासा नोशजान फरमाकर, ख्वाबगाह में आराम किया। उस दिन से बादशाह ने यही मुक़र्रर किया कि हमेशा सुबह को दरबार करना और तीसरे पहर किताब का शुग़ल या वीर्द वज़ीफा पढ़ना और खुदा की दरगाह में तौबा और इस्तिग़फ़ार करकर अपने मतलब की दुआ माँगनी।

एक रोज़ किताब में भी लिखा देखा कि अगर कसू शख्स को ग़म या फिक्र ऐसी लाहिक़ हो कि उसका इलाज तदबीर से न हो सके तो चाहिए कि तक़दीर के हवाले करे और आप गोरिस्तान की तरफ रजू करे, वुरूद तुफैल पैगंबर की रूह के, उनको बख्शे और अपने तईं नेस्तोनाबूद समझकर दिल को इस गफ़लते दुनियावी से हुशियार रक्खे और इब्रत से रोवे और खुदा की क़ुदरत को देखे कि मुझ से आगे कैसे-कैसे साहिबे मुल्को-खज़ाना इस ज़मीन पर पैदा हुए! लेकिन

आसमान ने सबको अपनी गरदिश में लाकर खाक में मिला दिया। यह कहावत है :

चलती चक्की देख कर दिया कबीरा रोय
दो पाटन के बीच आ साबित गया न कोय।

अब जो देखिए, सिवाए एक मिट्टी के ढेर के उनका कुछ निशान बाक़ी नहीं रहा और सब दौलते-दुनिया, घरबार, आल-औलाद, आशना-दोस्त, नौकर-चाकर, हाथी-घोड़े छोड़कर अकेले पड़े हैं। ये सब उनके कुछ काम आया बल्कि अब कोई नाम भी नहीं जानता कि ये कौन थे। और क़ब्र के अन्दर का अहवाल मालूम नहीं कि कीड़े-मकोड़े, चिउँटे, साँप उनको खा गए या उन पर क्या बीती और खुदा से कैसी बनी ? ये बातें अपने दिल में सोचकर, सारी दुनिया को पेखने का खेल जाने तब उसके दिल का गुँचा हमेशा शिगुफ्ता रहेगा, कसू हालत में पज़मुर्दा न होगा। यह नसीहत जब किताब में मुताला की, बादशाह को खिरदमंद वज़ीर का कहना याद आया और दोनों को मुताबिक पाया। यह शौक़ हुआ कि इस पर अमल करूँ। लेकिन सवार होकर और भीड़भाड़ लेकर बादशाहों की तरह से जाना और फिरना मुनासिब नहीं। बेहतर यह है कि लिबास बदलकर रात को अकेले मक़बरों में या किसी मर्दे-खुदा गोशानशीन की ख़िदमत में जाया करूँ, और शब बेदार रहूँ, शायद इन मर्दों के वसीले से दुनिया की मुराद और आक़िबत की नजात मुयस्सर हो।

यह बात दिल में मुकर्रर करकर एक रोज़ रात को मोटे-झोटे कपड़े पहनकर कुछ रुपये-अशरफी लेकर, चुपके किले से बाहर निकले और मैदान की राह ली। जाते-जाते एक गोरिस्तान में पहुँचे। निहायत सिदक़े दिल से वुरूद पढ़ रहे थे और उस वक्त बादे-तुन्द चल रही थी बल्कि आँधी कहा चाहिए। एकबारगी बादशाह को दूर से एक शोलासा नज़र आया कि मानिंद सुबह के तारे के रौशन है। दिल में अपने खयाल किया कि इस आँधी और अँधेरे में यह रौशनी खाली हिकमत से नहीं। या यह तिलिस्म है कि अगर, फिटकरी और गंधक को चिराग़ में बत्ती के आस-पास छिड़क दीजिए तो कैसी ही हवा चले, चिराग़ गुल न होगा। या कसू वली का चिराग़ है कि जलता है। जो कुछ हो सो हो, चल कर देखा चाहिए। शायद इस शमा के नूर से मेरे भी घर का चिराग़ रौशन हो और दिल की मुराद मिले। यह नियत करके उस तरफ को चले। जब तज़दीक पहुँचे, देखा तो चार फक़ीर बेनवा कफ़नियाँ गले में डाले और सिर ज़ानू पर धरे आलमे-बेहोशी में खामोश बैठे हैं और उनका यह आलम है जैसे कोई मुसाफिर अपने मुल्क और कौम से बिछुड़कर बेकसी और मुफ़लिसी के रंजोग़म में गिरफ्तार होकर हैरान

रह जाता है। इसी तरह से ये चारों नक़्शे-दीवार हो रहे हैं और एक चिराग़ पत्थर पर धरा टिमटिमा रहा है। हरगिज हवा उसको नहीं लगती गोया फानूस उसकी आसमान बना है कि बेखतरे जलता है।

आज़ादबख्त को देखते ही यक़ीन आया कि मुक़र्रर तेरी आरज़ू इन मरदाने-खुदा के क़दम की बरकत से बर आवेगी और तेरी उम्मीद का सूखा दरख्त इनकी तवज्जुह से हरा होकर फलेगा। उनकी खिदमत में चलकर अपना अहवाल कह और मजलिस का शरीक हो, शायद तुझ पर रहम खाकर दुआ करें जो बेनयाज़ के यहाँ कुबूल हो। यह इरादा करकर चाहा कि क़दम आगे धरे, वहीं अक़्ल ने समझाया कि ऐ बेवकूफ! जल्दी न कर। ज़रा देख ले। तुझे क्या मालूम है कि ये कौन हैं और कहाँ से आये हैं और किधर जाते हैं? क्या जानें ये देव हैं या ग़ोले-बयाबानी हैं कि आदमी की सूरत बन कर, बाहम मिल बैठे हैं। बहरसूरत जल्दी करना और उनके दरमियान जाकर मुखिल होना खूब नहीं। अभी एक गोशे में छुपकर हक़ीक़त इन दरवेशों की जानना चाहिए। आखिर बादशाह ने यही किया कि एक कोने में उस मकान के चुपका जा बैठा कि कसू को उसके आने की आहट की खबर न हुई। अपना ध्यान उनकी तरफ लगाया कि देखिए आपस में क्या बातचीत करते हैं।

इत्तिफ़ाकन् एक फकीर को छींक आई। शुक्र खुदा का किया, वो तीनों कलंदर उसकी आवाज़ से चौंक पड़े। चिराग़ को उकसाया, ठीप तो रौशन था। अपने-अपने बिस्तरों पर हुक्के भर कर पीने लगे। एक उन आज़ादों में से बोला, "ऐ याराने हमदर्दो-रफ़ीक़ाने जहाँगर्द! हम चार सूरतें आसमान की गर्दिश से और लैलो-निहार के इंक़िलाब से दर-ब-दर खाक बसर एक मुद्दत फिरीं। अलहमदुलिल्लाह! कि ताले की मदद और क़िस्मत की यावरी से आज इस मुक़ाम पर बाहम मुलाक़ात हुई और कल का अहवाल कुछ मालूम नहीं कि क्या पेश आवे। एक गमत रहें या जुदाजुदा हो जावें। रात बड़ी पहाड़ होती है, अभी से पड़-पड़ रहना खूब नहीं। इससे यह बेहतर है कि अपनी-अपनी सरगुज़िश्त जो इस दुनिया में जिस पर बीती हो (बशर्ते कि झूठ उसमें कौड़ी-भर न हो) बयान करे तो बातों में रात कट चले। जब थोड़ी शब बाक़ी रहे तब लोट-पोट रहेंगे।" सभों ने कहा, "या हादी! जो कुछ इर्शाद होता है हमने क़बूल किया। पहले आप ही अपना अहवाल (जो देखा है) शुरू कीजिए तो हम मुस्तफ़ीद हों।" ●●

सैर पहले दरवेश की

पहला दरवेश दोज़ानू हो बैठा और अपनी सैर का क़िस्सा इस तरह से कहने लगा। या माबूदल्ला! ज़रा इधर मुतवज्जेह हो, और माजरा इस बे सरोपा का सुनो—

यह सरगुज़श्त मेरी ज़रा कान धर सुनो।
मुझको फलक ने कर दिया ज़ेरोज़बर सुनो।
जो कुछ कि पेश आयी है शिद्दत मेरे तईं।
उसका बयान करता हूँ तुम सरबसर सुनो।

ऐ याराँ! मेरी पैदाइश और वतन बुजुर्गों का मुल्के-यमन है। वालिद इस आजिज़का मलिकलत्तुज्जार ख्वाजा अहमद नाम, बड़ा सौदागर था। उस वक्त में कोई महाजन या बेपारी उनके बराबर न था। अक्सर शहरों में कोठियाँ और गुमाश्ते खरीदो-फरोख्त के वास्ते मुक़र्रर थे और लाखों रुपये नक़्द और जिन्स मुल्क-मुल्क की, घर में मौजूद थी। उनके यहाँ दो बच्चे पैदा हुए। एक तो यही फक़ीर, जो कफ़नी-सीली पहने हुए मुर्शिदों की हुजूरी में हाज़िर और बोलता है। दूसरी एक बहन जिसको क़िब्लागाह ने अपने जीते-जी और शहर के सौदागर बच्चे से शादी कर दी थी। वह अपनी सुसराल में रहती थी। ग़रज़ जिसके घर में इतनी दौलत और एक लड़का हो उसके लाड़-प्यार का क्या ठिकाना है? मुझ फक़ीर ने बड़े चावचोबूज़ से माँ-बाप के साये में परवरिश पायी, और पढ़ना-लिखना सिपाहगिरी का कसबो-फ़न, सौदागरी का बहीखाता, रोज़नामा सीखने लगा। चौदह बरस तक निहायत खुशी और बेफिक्री में गुज़रे, कुछ दुनिया का अन्देशा दिल में न आया। यक-ब-यक एक ही साल में वालिदैन कज़ाए इलाही से मर गये।

अजब तरह का ग़म हुआ जिसका बयान नहीं कर सकता। एकबारगी यतीम

हो गया। कोई सर पर बूढ़ा-बड़ा न रहा। इस मुसीबते-नागहानी से रात-दिन रोया करता। खाना-पीना सब छूट गया। चालीस दिन जों-तों कर कटे। चिहलुम में अपने-बेगाने, छोटे-बड़े जमा हुए। जब फातिहा से फ़राग़त हुई सबने फ़क़ीर को बाप की पगड़ी बँधवाई और समझाया : "दुनिया में सबके माँ-बाप मरते आये हैं और अपने तईं भी एक रोज़ मरना है। पस सब्र करो। अपने घर को देखो। अब बाप की जगह तुम सरदार हुए। अपने कारोबार, लेन-देन से होशियार रहो।" तसल्ली देकर वो रुखसत हुए। गुमाश्ते, कारोबारी नौकर-चाकर जितने थे, आन कर हाज़िर हुए; नज़रें दीं और बोले, "कोठे नक़्दो-जिन्स के अपनी नज़रे-मुबारक से देख लीजिए।" एकबारगी जो उस दौलते-बे-इंतिहा पर निगाह पड़ी, आँखें खुल गईं। दीवानखाने की तैयारी को हुक्म किया। फर्राशों ने फर्श-फुरूश बिछाकर छत, पर्दे, चिलवनें तकल्लुफ की लगा दीं और अच्छे-अच्छे खिदमतगार, दीदारू नौकर रक्खे, सरकार से ज़र्क़बर्क़ पोशाकें बनवा दीं। फ़क़ीर मसनद पर तकिया लगाकर बैठा। वैसे ही आदमी गुंडे, फांकड़े, मुफ्त पर खाने-पीने वाले, झूठे, खुशामदी आकर आशना हुए और मुसाहिब बने। उनसे आठ पहर सोहबत रहने लगी। हर कहीं की बातें और ज़टल्लें वाही-तबाही इधर-उधर की करते और कहते, "इस जवानी के आलम में केतकी की शराब या गुलेगुलाब खिंचवाइए। नाज़नीन माशूकों को बुलवाकर उनके साथ पीजिए और ऐश कीजिए।"

ग़रज़, आदमी का शैतान आदमी है। हर दम के कहने-सुनने से अपना भी मिज़ाज बहक गया। शराब, नाच और जूए का चर्चा शुरू हुआ। फिर तो यह नौबत पहुँची कि सौदागरी भूल कर तमाशबीनी का और देने-लेने का सौदा हुआ। अपने नौकर और रफ़ीक़ों ने जब यह ग़ुफलत देखी, जो जिसके हाथ पड़ा, अलग किया। गोया लूट मचा दी। कुछ खबर न थी कितना रुपया खर्च होता है, कहाँ से आया और किधर जाता है। माले-मुफ्त दिले-बेरहम! इस दरखर्ची के आगे अगर गंज क़ारून का होता तो भी वफ़ा न करता। कई बरस के अर्से में एकबारगी यह हालत हुई कि फ़क़त टोपी और लंगोटी बाक़ी रही। वो आशना (जो दाँत-काटी रोटी खाते थे और चमचा-भर खून अपना हर बात में जुबान से निसार करते थे) काफ़ूर हो गये, बल्कि राह-बाट में अगर कहीं भेंट-मुलाक़ात हो जाती तो आँखें चुराकर मुँह फेर लेते। और नौकर-चाकर, खिदमतगार, बहलिये, ढलयत, खासबरदार, साबितखानी—सब छोड़कर किनारे लगे। कोई बात का पूछनेवाला न रहा जो कहे: "यह क्या तुम्हारा हाल हुआ?" सिवाए ग़म और अफ़सोस के कोई रफ़ीक़ न ठहरा।

अब दमड़ी की ठुड्डियाँ मुयस्सर नहीं जो चबाकर पानी पीऊँ। दो-तीन फ़ाक़े

कड़ाके खींचे। ताब भूख की न ला सका। लाचार, बेहयाई का बुर्क़ा मुँह पर डालकर यह क़सद किया, बहन के पास चलिए। लेकिन यह शर्म दिल में आती थी कि क़िब्लागाह की वफ़ात के बाद न बहन से कुछ सलूक किया, न खाली खत लिखा। बल्कि उसने दो-एक खत-खतूत मातमपुरसी और इश्तियाक़ के जो लिखे उनका भी जवाब इस ख्वाबे-खरगोश में न भेजा। इस शरमिन्दगी से जी तो न चाहता था, पर सिवाय उस घर के और कोई ठिकाना नज़र में न ठहरा। जों-तों पा-पियादा, खाली हाथ, गिरता-पड़ता हज़ार मेहनत से वो कई मंजिलें काटकर, हमशीर के शहर में जाकर, उसके मकान पर पहुँचा।

वह मांजाई मेरा यह हाल देखकर, बलाएँ ले और गले मिलकर, बहुत रोई। तेल, माश और काले टिक्के मुझ पर से सदक़े किए। कहने लगी, "अगरचे मुलाक़ात से दिल बहुत खुश दुआ लेकिन भैय्या! तेरी यह क्या सूरत बनी ?" उसका ज़वाब मैं कुछ न दे सका। आँखों में आँसू डबडबा कर चुपका हो रहा। बहन ने जल्दी खासी पोशाक सिलवा कर हमाम में भेजा। नहा-धोकर व कपड़े पहने। एक मकान अपने पास बहुत अच्छा तकल्लुफ का मेरे रहने को मुक़र्रर किया। सुबह को शरबत और लौज़ियात, हलुआ सोहन, पिस्ता मग़ज़ी नाश्ते को, और तीसरे पहर मेवे खुश्को-तर, फलफलारी, और रात दिन दोनों वक्त पुलाव, नान, क़लिये कबाब तुहफा-तुहफा मज़ेदार मँगवा कर अपने रूबरू खिलाकर जाती। सब तरह खातिरदारी करती। मैंने वैसी तसदीअ के बाद जो यह आराम पाया, खुदा की दरगाह में हज़ार-हज़ार शुक्र बजा लाया। कई महीने इस फराग़त से गुज़रे कि पाँव उस खलवत से बाहर न रक्खा।

एक दिन वह बहन (जो बजाए वालिदा के मेरी खातिर रखती थी) कहने लगी, "ऐ बीरन, तू मेरी आँखों की पुतली और माँ-बाप की मूई मिट्टी की निशानी है। तेरे आने से मेरा कलेजा ठंडा हुआ। जब तुझे देखती हूँ, बाग़-बाग़ होती हूँ। तूने मुझे निहाल किया, लेकिन मर्दों को खुदा ने कमाने के लिए बनाया है। घर में बैठे रहना उनको लाज़िम नहीं। जो मर्द निखट्टू होकर घर सेता है, उसको दुनिया के लोग ताना-मेहना देते हैं। खुसूस इस शहर के आदमी, छोटे-बड़े बे सबब तुम्हारे रहने पर कहेंगे, 'अपने बाप की दौलते-दुनिया खो-खा कर बहनोई के टुकड़ों पर आ पड़ा।' यह निहायत बेग़ैरती और मेरी-तुम्हारी हँसाई और माँ-बाप के नाम को सबब लाज लगने का है। नहीं तो मैं अपने चमड़े की जूतियाँ बनाकर तुझे पहनाऊँ और कलेजे में डाल रखूँ। अब यह सलाह है कि सफर का क़सद करो। खुदा चाहे तो दिन फिरें और उस हैरानी और मुफ़लिसी के बदले खातिर-जमई और खुशी हासिल हो।"

यह बात सुनकर मुझे भी ग़ैरत आयी। उसकी नसीहत पसंद की। जवाब दिया, "अच्छा! अब तुम माँ की जगह हो। जो कहो सू करूँ।" यह मेरी मरज़ी पाकर, घर में जाके पचास तोड़े अशरफी के असील और लौंडियों के हाथों में लिवाकर मेरे आगे ला रक्खे और बोली, "एक क़ाफ़िला सौदागरों का दमिश्क़ को जाता है। तुम इन रुपयों से जिंस तिजारत की खरीद करो! एक ताजिर ईमानदार के हवाले करके, दस्तावेज़ पक्की लिखवा लो और आप भी क़सदे दमिश्क़ का करो। वहाँ जब खैरियत से जा पहुँचो, अपना माल मय मुनाफा समझ-बूझ लीजो या आप बेचियो।" मैं वह नक़द लेकर बाज़ार में गया। असबाब सौदागरी का खरीद करकर एक बड़े सौदागर के सिपुर्द किया। नोश्तो-खांद से खातिर जमा कर ली। वह ताजिर दर्या की राह से ज़हाज़ पर सवार होकर रवाना हुआ। फक़ीर ने खुश्की की राह चलने की तैयारी की। जब रुखसत होने लगा, बहन ने एक सिरे-पाव भारी और एक घोड़ा जड़ाव साज से तवाज़ुअ किया और मिठाई-पकवान एक खासदान में भरकर हरने से लटका दिया। और छागल पानी की शिकारबंद में बँधवा दी। इमाम ज़ामिन का रुपया मेरे बाजू पर बाँधा। दही का टीका माथे पर लगा कर, आँसू पीकर बोली, "सिधारो! तुम्हें खुदा को सौंपा। पीठ दिखाए जाते हो। इसी तरह जल्द अपना मुँह दिखाइयो।" मैंने फातह खैर की पढ़कर कहा, "तुम्हारा भी अल्लाह हाफ़िज़ है। मैंने क़बूल किया।" वहाँ से निकलकर घोड़े पर सवार हुआ और खुदा के तवक्कल पर भरोसा कर के दो मँज़िल की एक मँज़िल करता हुआ दमिश्क के पास जा पहुँचा।

गरज़ जब शहर के दरवाज़े पर गया, बहुत रात जा चुकी थी। दरबान और निगाहबानों ने दरवाज़ा बंद किया था। मैंने बहुत मिन्नत की कि मुसाफिर हूँ, दूर से धावा मारे आता हूँ, अगर किवाड़ खोल दो, शहर में जाकर दाने-घास का आराम पाऊँ। अंदर से घुड़ककर बोले, "इस वक़्त दरवाज़ा खोलने का हुक्म नहीं। क्यों इतनी रात गए तुम आये?" जब मैंने जवाबे साफ उनसे सुना, शहरपनाह की दीवार के तले, घोड़े पर से उतर, ज़ीनपोश बिछाकर बैठा। जागने की खातिर इधर-उधर टहलने लगा। जिस वक़्त आधी रात इधर और आधी रात उधर हुई, सुनसान हो गया, देखता क्या हूँ कि एक सन्दूक़ क़िले की दीवार पर से नीचे चला आता है। यह देखकर मैं अचम्भे में हुआ कि यह क्या तिलिस्म है! शायद खुदा ने मेरी हैरानी और सरगरदानी पर रहम खाकर खजान-ए-ग़ैब से इनायत किया। जब वह सन्दूक ज़मीन पर ठहरा, डरते-डरते मैं पास गया। देखा तो काठ का सन्दूक है। लालच से उसे खोला। एक माशूक, खूबसूरत, कामिनी-सी औरत, जिसके देखने से होश जाता रहे, घायल, लहू में तरबतर, आँखें बंद किये पड़ी कुलबुलाती है,

आहिस्ता-आहिस्ता होंठ हिलते हैं और यह आवाज़ मुँह से निकलती है, "ऐ कमबख्त बेवफ़ा! ऐ ज़ालिम, पुरजफ़ा! बदला उस भलाई और मुहब्बत का यही था जो तूने किया? भला! एक जख्म और भी लगा! मैंने अपना-तेरा इन्साफ खुदा को सौंपा।" यह कहकर उसी बेहोशी के आलम में दुपट्टे का आँचल मुँह पर ले लिया। मेरी तरफ ध्यान न किया।

फ़कीर उसको देखकर और यह बात सुनकर सुन हुआ! जी में आया, किसी बेहया ज़ालिम ने क्यों ऐसे नाज़नीन सनम को ज़ख्मी किया? क्या उस के दिल में आया? और हाथ इस पर क्योंकर चलाया? इसके दिल में तो मुहब्बत अब तलक बाक़ी है जो इस जानकंदनी की हालत में उसको याद करती है! मैं आप ही आप यह कह रहा था। आवाज़ उसके कान में गई। एक मर्तबा कपड़ा मुँह से सरकाकर मुझ को देखा। जिस वक्त उसकी निगाहें मेरी नज़रों से लड़ीं, मुझे ग़श आने और जी सनसनाने लगा। बज़ोर अपने तईं थांबा। जुरअत करके पूछा, "सच कहो, तुम कौन हो और यह क्या माजरा है? अगर बयान करो तो मेरे दिल को तसल्ली हो।" यह सुनकर, अगरचे ताक़त बोलने की न थी, आहिस्ते से कहा, "शुक्र है! मेरी हालत ज़ख्मों के मारे यह-कुछ हो रही है, क्या खाक बोलूँ? कोई दम की महमान हूँ। जब मेरी जान निकल जावे तो खुदा के वास्ते जवाँमर्दी करके मुझ बदबख्त को इसी सन्दूक़ में किसी जगह गाड़ दीजो। तो मैं भले-बुरे की ज़बान से नजात पाऊँ और तू दाखिल सबाब के हो।" इतना बोलकर चुप हुई।

रात को मुझसे कुछ तदबीर न हो सकी। वह सन्दूक अपने पास उठा लाया और घड़ियाँ गिनने लगा कि कब इतनी रात तमाम हो तो फ़जर को शहर में जाकर जो कुछ इलाज इसका हो सके ब-मक़दूर अपने करूँ। वह थोड़ी-सी रात ऐसी पहाड़ हो गई कि दिल घबरा गया। बारे, खुदा-खुदा कर सुबह जब नज़दीक हुई, मुर्ग बोला, आदमियों की आवाज़ आने लगी। मैंने फ़ज़र की नमाज़ पढ़कर सन्दूक को खुरजी में कसा। जूँ ही दरवाजा शहर का खुला, मैं शहर में दाखिल हुआ। हर एक आदमी और दुकानदार से हवेली किराए की तलाश करने लगा। ढूँढ़ते-ढूँढ़ते एक मकान खुश-क़तअ़, नया, फ़राग़त का, भाड़े लेकर जा उतरा। पहले उस माशूक को सन्दूक से निकाल कर, रुई के पहलों पर मुलायम बिछौना करके एक गोशे में लिटाया और आदमी ऐतबारी वहाँ छोड़कर फक़ीर जर्राह की तलाश में निकला। हरेक से पूछता फिरता था कि इस शहर में जर्राह कारीगर कौन है और कहाँ रहता है? एक शख्स ने कहा, "एक हज्जाम जर्राही के कसब और हकीमी के फ़न में पक्का है और इस काम में निपट पक्का है। अगर मुर्दे को उसके पास ले जाओ, खुदा के हुक्म से ऐसी तदबीर करे कि एक बार वह भी

जी उठे। वह उस मुहल्ले में रहता है और ईसा नाम है।

मैं यह मुज़्दा सुनकर बेइख्तियार चला। तलाश करते-करते पते से उसके दरवाज़े पर पहुँचा। एक मर्द सफेद-रेश को दहलीज़ पर बैठा देखा और कई आदमी मरहम की तैयारी के लिए कुछ पीस-पास रहे थे। फ़क़ीर ने मारे खुशामद के अदब से सलाम किया और कहा, "मैं तुम्हरा नाम और खूबियाँ सुनकर आया हूँ। माजरा यह है कि मैं अपने मुल्क से तिजारत के लिए चला। क़बीले को बसबबे मुहब्बत के साथ लिया। जब नज़दीक इस शहर के आया, थोड़ी-सी दूर रहा था जो शाम पड़ गई। अनदेखे मुल्क में रात को चलना मुनासिब न जाना, मैदान में एक दरख्त के तले उतर पड़ा। पिछले पहर डाका आया। जो कुछ माल-असबाब पाया, लूट लिया। गहने के लालच से उस बीबी को भी घायल किया। मुझसे कुछ न हो सका। रात जो बाक़ी थी जों-तों कर काटी। फ़जर ही शहर में आनकर एक मकान किराये लिया। उन को वहाँ रखकर मैं तुम्हारे पास दौड़ा आया हूँ। खुदा ने तुम्हें यह कमाल दिया है। इस मुसाफिर पर मेहरबानी करो, ग़रीबखाने तशरीफ ले चलो, उसको देखो। अगर उसकी ज़िंदगी हुई तो तुम्हें बड़ा जस होगा और मैं सारी उम्र ग़ुलामी करूँगा।" ईसा जर्राह बहुत रहमदिल और खुदापरस्त था। मेरी ग़रीबी पर तरस खाकर मेरे साथ उस हवेली तक आया। जख्मों को देखते ही मेरी तसल्ली की। बोला कि खुदा के करम से इस बीबी के जख्म चालीस दिन में भर आयेंगे। ग़ुस्ल शिफ़ा का करवा दूँगा।

ग़रज़ उस मर्दे-खुदा ने सब जख्मों को नीम के पानी से धो-धाकर साफ़ किया। जो लायक टाँकों के पाए उन्हें सिया। बाक़ी घावों पर अपने खीसे से एक डिबिया निकाल कर, कितनों में बत्ती रखी और कितनों पर फाए चढ़ाकर पट्टी से बाँध दिया और निहायत शफ़क़त से कहा, "मैं दोनों वक्त आया करूँगा। तू खबरदार रहियो, ऐसी हरकत न करे जो टाँके टूट जाएँ। मुर्ग का शोरबा बजाए ग़िज़ा उसके हल्क में चुआइयो और अक्सर अरक़-ए-बैद, मुश्क-गुलाब के साथ दिया कीजियो जो कुव्वत रहे।" यह कहकर रुखसत चाही। मैंने बहुत मिन्नत की और हाथ जोड़कर कहा, "तुम्हारे तशफ़्फ़ी देने से मेरी भी जिंदगी हुई। नहीं तो सिवाय मरने के कुछ सूझता न था। खुदा तुम्हें सलामत रक्खे।" इत्र-पान देकर रुखसत किया। मैं रात-दिन खिदमत में उस परी की हाज़िर रहता। आराम अपने ऊपर हराम किया। खुदा की दरगाह से रोज़-रोज़ उसके चंगे होने की दुआ माँगता।

इत्तिफ़ाकन, वह सौदागर भी आ पहुँचा और मेरा माले-अमानत मेरे हवाले किया। मैंने उसे औने-पौने बेच डाला और दारू-दरमन में खर्च करने लगा। वह मर्दे-जर्राह हमेशा आता-जाता। थोड़े अर्से में सब जख्म भरकर अंगूर करलाये।

बाद कई दिन के ग़ुस्ल शिफ़ा का किया। अजब तरह की ख़ुशी हासिल हुई। खिलअत और अशर्फ़ियां ईसा हज्जाम के आगे धरीं और उस परी को मुकल्लफ़ फर्श बिछाकर मसनद पर बिठाया। फ़क़ीर-ग़रीबों को बहुत-सी खैर-खैरात की। उस दिन गोया बादशाहत हफ्ते-इकलीम की इस फक़ीर के हाथ लगी। और उस परी का शिफ़ा पाने से ऐसा रंग निखरा कि मुखड़ा सूरज के मानिंद चमकने और कुंदन की तरह दमकने लगा। नज़र की मजाल न थी जो उसके जमाल पर ठहरे। फ़क़ीर बसरोचश्म उसके हुक्म में हाज़िर रहता। जो फरमाती सो बजा लाता। वह अपने हुस्न के ग़ुरूर और सरदारी के दिमाग़ में जो मेरी तरफ कभी देखती तो फरमाती, "खबरदार! अगर तुझे हमारी खातिर मंजूर है तो हरगिज़ हमारी बात में दम न मारिओ! जो हम कहें सो बिला उज्र किये जाइओ। अपना किसी बात में दख्ल न करियो। नहीं तो पछतावेगा।" उसकी वज़ा से यह मालूम होता था कि हक़ मेरी खिदमतगुजारी और फरमाँबरदारी का उसे अलबत्ता मँज़ूर है। फ़क़ीर भी उसकी बेमर्ज़ी एक काम न करता। उसका फरमान बसरो-चश्म बजा लाता।

एक मुद्दत इसी राज़ो-नयाज़ में कटी। जो उसने फरमायश की वोही मैंने लाकर हाज़िर की। इस फक़ीर के पास जो कुछ जिन्स और नक्द, अस्लो-नफ़ा का था, सब सर्फ हुआ। उस बेगाने मुल्क में कौन ऐतिबार करे जो क़र्ज दाम से काम चले? आखिर तकलीफ रोज़मर्रे के खर्च की होने लगी। इससे दिल बहुत घबराया। फिक्र से दुबला होता चला। चेहरे का रंग कल्झुवाँ हो गया। लेकिन किससे कहूँ? जो कुछ दिल पर गुज़रे सो गुज़रे--"क़हरे दरवेश बर जाने-दरवेश।" एक दिन उस परी ने अपने शऊर से दर्याफ्त करके कहा, "ऐ फलाने! तेरी खिदमतों का हक़ हमारे जी में नक़्शे कालहज़र है। पर उसका एवज़ बिल्फैल हम से नहीं हो सकता। अगर वास्ते खर्चे ज़रूरी के कुछ दरकार हो तो अपने दिल में अंदेशा न कर। एक टुकड़ा कागज़ और दवात-क़लम हाज़िर कर।" मैंने तब मालूम किया, किसी मुल्क की पादशाहज़ादी है जो इस दिलो-दिमाग़ से गुफ्तगू करती हैं। बिल्फौर क़लमदान आगे रख दिया। उस नाज़नीन ने एक रुक्क़ा दस्तखते-खास से लिखकर मेरे हवाले किया और कहा, "किले के पास तिरपुलिया है, वहाँ उस कूचे में एक हवेली बड़ी-सी है। उस मकान के मालिक का नाम सैयदी बहार है। तू जाकर इस रुक्क़े को उस तलक पहुँचा दे।"

फक़ीर मुआफिक़ फरमाने उसके उसी नामो निशान पर मँजिले मक़सूद तक जा पहुँचा। दरबान की ज़बानी कैफ़ियत खत की कहला भेजी। वोंही सुनते ही एक हब्शी जवान, खूबसूरत, एक फेंटा तरहदार सजे हुए बाहर निकल आया। अगरचे रंग साँवला था, पर, गोया तमाम नमक भरा हुआ। मेरे हाथ से खत ले लिया,

न बोला, न कुछ पूछा। उन्हीं क़दमों फिर अन्दर चला गया। थोड़ी देर में ग्यारह कश्तियाँ सरबमुहर, ज़रबफ्त के तुर्रापोश पड़े हुए गुलामों के सिर पर धरे बाहर आया। कहा, ''इस जवान के साथ जाकर चौगोशे पहुँचा दो।'' मैं भी सलाम कर रुखसत हो अपने मकान में लाया। आदमियों को दरवाज़े के बाहर से रुखसत किया। दो कश्तियाँ अमानते-हुजूर में उस परी के गुज़रानियाँ। देखकर फरमाया, ''ये ग्यारह बदरे अशरफियों के ले और खर्च में ला। खुदा रज़्ज़ाक़ है।'' फ़क़ीर उस नक्द को लेकर ज़रूरियात में खर्च करने लगा। अगरचे खातिर जमा हुई पर दिल में यह खलिश रही! या इलाही, यह क्या सूरत है! बग़ैर पूछे-गूछे, इतना माल नाआशना सूरत अजनबी ने, एक पुरज़े काग़ज़ पर मेरे हवाले किया। अगर उस परी से यह भेद पूछूं तो उसने पहले ही मना कर रखा था। मारे डर के दम नहीं मार सकता था।

बाद आठ दिन के वह मअशूक़ा मुझ से मुखातिब हुई कि ''हक्क़े-ताला ने आदमी को इन्सानियत का जामा इनायत किया है कि न फटे, न मैला हो। अगरचे पुराने कपड़े से उसकी आदमियत में फर्क़ नहीं आता पर ज़ाहिर में खल्कुल्लाह की नज़रों में ऐतिबार नहीं पाता। दो तोड़े अशरफी के साथ लेकर चौक के चौराहे पर यूसुफ सौदागर की दुकान में जा और कुछ रक़म जवाहर की बेशक़ीमत और दो खिलअतें ज़र्कबर्क़ की मोल ले आ।'' फकीर वों ही सवार होकर उसकी दुकान पर गया। देखा तो एक जवान शकील, जाफ़रानी जोड़ा पहने गद्दी पर बैठा है और उसका यह आलम है कि एक आलम देखने के लिए दुकान से बाज़ार तक खड़ा है। फ़क़ीर कमाले-शौक से नज़दीक जाकर सलामुलेक करकर बैठा और जो-जो चीज़ मतलूब थी तलब की। मेरी बातचीत उस शहर के बाशिन्दों की सी न थी। उस जवान ने गर्मजोशी से कहा, ''जो साहब को चाहिए मौजूद है, लेकिन यह फरमाइए, किस मुल्क से आना हुआ? और इस अजनबी शहर में रहने का क्या बाइस है? अगर इस हक़ीकत से मुत्तलै कीजिए तो मेहरबानी से बईद नहीं।'' मेरे तईं अपना अहवाल ज़ाहिर करना मँजूर न था। कुछ बात बनाकर और जवाहर पोशाक लेकर और कीमत उसकी देकर रुखसत चाही। उस जवान ने रूखे-फीके होकर कहा, ''ऐ साहिब! अगर तुम को ऐसी ही ना आशनाई करनी थी तो पहले दोस्ती इतनी गरमी से करनी क्या ज़रूर थी? भले आदमियों में साहब-सलामत का पास बड़ा होता है।'' यह बात इस मज़े और अंदाज़ से कही, बेइख्तियार दिल को भाई और बेमुरव्वत होकर वहाँ से उठना इन्सानियत के मुनासिब न जाना। उसकी खातिर फिर बैठा और बोला, ''तुम्हारा फ़रमाना सिर-आँखों पर, मैं हाज़िर हूँ।''

इतने कहने से बहुत खुश हुआ। हँसकर कहने लगा, ''अगर आज के दिन

ग़रीबखाने पर करम कीजिए तो तुम्हारी बदौलत मजलिस खुशी की जमाकर दो-चार घड़ी दिल बहलावें और कुछ खाने-पीने का शग़ल बाहम बैठकर करें। फ़क़ीर ने उस परी को कभी अकेला न छोड़ा था। उसकी तनहाई याद करकर चंद-दर-चंद उज्र किए पर उस जवान ने हरगिज़ न माना। आखिर वादा उन चीज़ों को पहँचाकर, मेरे फिर आने का लेकर और क़सम खिलाकर रुखसत दी। मैं दुकान से उठकर जवाहिर और खिलअतें उस परी की खिदमत में लाया। उसने क़ीमत जवाहिर की और हक़ीक़त जौहरी की पूछी। मैंने सारा अहवाल मोलतोल का और मेहमानी के बजिद होने का कह सुनाया। फरमाने लगी, "आदमी को अपना क़ौल-क़रार पूरा करना वाजिब है। हमें खुदा की निगहबानी में छोड़कर अपने वाइदे को बफाकर। ज़ियाफत क़ुबूल करनी सुन्नत-रसूल की है।" तब मैंने कहा, "मेरा दिल चाहता नहीं कि तुम्हें अकेला छोड़कर जाऊँ और हुक्म यों होता है, लाचार जाता हूँ। जब तलक आऊँगा दिल यहीं लगा रहेगा।" यह कहकर फिर उस जौहरी की दुकान पर गया। वह मूँढे पर बैठा मेरा इन्तिज़ार खींच रहा था। देखते ही बोला, "आओ मेहरबान! बड़ी राह दिखाई।"

वोंही उठकर मेरा हाथ पकड़ लिया और चला। जाते-जाते एक बाग़ में ले गया। वह बड़ी बहार का बाग़ था। हौज़ और नहरों में फ़व्वारे छूटते थे। मेवे तरह-ब-तरह के फल रहे थे। हर एक दरख्त मारे बोझ के झूम रहा था। रंगबरंग के जानवर उन पर बैठे चहचहे कर रहे थे और हर मकाने-आलीशान में फर्श सुथरा बिछा था। वहाँ लबे नहर एक बंगले में जाकर बैठा। एक दम के बाद आप उठकर चला गया, फिर दूसरी पोशाक माक़ूल पहन कर आया। मैंने देखकर कहा, "सुबहानल्ला! चश्मे-बद दूर!" सुनकर मुसकुराया और बोला, "मुनासिब यह है कि साहब भी अपना लिबास बदल डालें।" उस की खातिर मैंने भी दूसरे कपड़े पहने। उस जवान ने बड़ी टीप-टाप से तैयारी ज़ियाफतकी की। और सामान खुशी का जैसा चाहिए मौजूद किया और फ़क़ीर से सोहबत बहुत गर्म कर कर मज़े की बातें करने लगा। इतने में साक़ी सुराही और प्याला बिल्लोर का लेकर हाज़िर हुआ और गज़क कई क़िस्म की ला रखी, नमकदान चुन दिये। दौर शराब का शुरू हुआ। जब दो जाम की नौबत पहुँची, चार लड़के अमरद साहबे-जमाल, ज़ुल्फें खोले हुए मजलिस में आये, गाने-बजाने लगे। यह आलम हुआ और ऐसा समाँ बँधा, अगर तानसेन उस घड़ी होता तो अपनी तान भूल जाता और बैजू बावरा सुनकर बावला हो जाता। इस मज़े में एकबारगी वह जवान आँसू भर लाया। दो-चार क़तरे बेइख्तियार निकल पड़े और फ़क़ीर से बोला, "अब हमारे-तुम्हारे दोस्ती जानी हुई। पस दिल का भेद दोस्तों से छिपाना कसू मज़हब में दुरुस्त नहीं। एक

बात बेतकल्लुफ आशनाई के भरोसे कहता हूँ, अगर हुक्म करो तो अपनी माशूक़ा को बुलवा कर इस मजलिस में तसल्ली अपने दिल की करूँ। उस की जुदाई से जी नहीं लगता।''

यह बात ऐसे इश्तियाक़ से कही कि बग़ैर देखे-भाले फ़क़ीर का दिल भी मुश्ताक हुआ। मैंने कहा, ''मुझे तुम्हारी खुशी दरकार है। इससे क्या बेहतर? देर न कीजिए। सच है, माशूक़ बिन कुछ अच्छा नहीं लगता।'' उस जवान ने चिलवन की तरफ इशारत की। वोंहीं एक औरत काली-कलूटी, भूतनी-सी, जिसके देखने से इनसान बेअजल मर जावे, जवान के पास आ बैठी। फक़ीर उसके देखने से डर गया। दिल में कहा : ''यही बला महबूबा ऐसे जवान परीज़ाद की है जिसकी इतनी तारीफ और इश्तियाक़ ज़ाहिर किया!'' मैं 'लाहौल' पढ़कर चुप हो रहा। उसी आलम में तीन दिन-रात मजलिस शराब और राग-रंग की जमी रही। चौथी शब को ग़लबा नशे और नींद का हुआ। मैं ख्वाबे-ग़फ़लत में बेइख्तियार सो गया। जब सुबह हुई, उस जवान ने जगाया। कई प्याले खुमारशिकनी के पिला कर अपनी माशूक़ा से कहा--अब ज्यादा तकलीफ मेहमान को देनी खूब नहीं।

दोनों हाथ पकड़के उठे। मैंने रुखसत माँगी। खुशी-ब-खुशी इज़ाज़त दी। तब मैंने जल्द अपने क़दीमी कपड़े पहन लिए। अपने घर की राह ली और उस परी की खिदमत में जा हाज़िर हुआ। मगर ऐसा इत्तिफ़ाक़ कभी न हुआ था कि उसे तनहा छोड़कर शबबाश कहीं हुआ हूँ। इस तीन दिन की ग़ैरहाज़िरी से निहायत खजिल होकर उज्र किया और क़िस्सा ज़ियाफ़त का और उसके न रुखसत करने का सारा अर्ज़ किया। वह एक दाना ज़माने की थी। तबस्सुम करके बोली: ''क्या मुज़ाइक़ा! अगर एक दोस्त की खातिर रहना हुआ। हमने माफ किया। तेरी क्या तक़सीर है? जब आदमी कसो के घर जाता है तब उसकी मर्ज़ी से फिर आता है। लेकिन ये मुफ्त की मेहमानियाँ खा-पीकर चुपके हो रहोगे या उसका बदला भी उतारोगे? अब यह लाज़िम है कि जाकर उस सौदागर बच्चे को अपने साथ ले आओ और उससे दो चन्द ज़ियाफ़त करो और असबाब का कुछ अन्देशा नहीं! खुदा के करम से एक दम में सब लवाज़िमा तैयार हो जायेगा और बखूबी मजलिस ज़ियाफ़त की रौनक़ पावेगी।'' फक़ीर मुआफिक़ हुक्म के जौहरी के पास गया और कहा, ''तुम्हारा फरमाना मैं तो सिर-आँखों से बजा लाया। अब तुम भी मेहरबानी की राह से मेरी अर्ज़ क़बूल करो।'' उसने कहा, ''जानो-दिल से हाज़िर हूँ।''

तब मैंने कहा, ''अगर इस बन्दे के घर तशरीफ ले चलो, ऐन गरीब-नवाज़ी है।'' उस जवान ने बहुत उज्र और हीले किये, पर मैंने पिंड न छोड़ा। जब तलक वह राज़ी हुआ, साथ-ही-साथ उसको अपने मक़ान पर ले चला। लेकिन राह में

यही फिक्र करता आता था कि अगर आज अपने तईं मक़दूर होता तो ऐसी तवाज़ुअ करता कि यह भी खुश होता। अब मैं इसे ले जाता हूँ। देखिए क्या इत्तिफ़ाक़ होता है। इसी हैस-बैस में घर के नज़दीक पहुँचा तो क्या देखता हूँ कि दरवाज़े पर धूमधाम हो रही है। गलियारे में झाड़ू देकर छिड़काव किया है। यसाउल और असाबरदार खड़े हैं। मैं हैरान हुआ लेकिन अपना घर जानकर क़दम अन्दर रक्खा। देखा तो तमाम हवेली में फरशे-मकल्लफ लायक़ हर मकान के जाबजा बिछा है और मसनदें लगी हैं। पानदान, गुलाबपाश, इत्रदान, पीकदान, चँगीरें, नरगिसदान क़रीने से धरे हैं। ताकों पर रंगतरे, कँवले, नारंगियाँ और गुलाबियाँ रंगबरंग की चुनी हैं। एक तरफ रंग-आमेज़ अबरक की टट्टियों में चिरागाँ की बहार है। एक तरफ झाड़ और सरू कँबल के रौशन हैं। और तमाम दालान और शहनशीनों में तिलाई शमादानों पर काफ़ूरी शमएँ चढ़ी हैं और जड़ाव फानूसें ऊपर धरी हैं। सब आदमी अपने-अपने ओहदों पर मुस्तैद हैं। बावरचीखाने में देगें ठनठना रही हैं। आबदारखाने की वैसी ही तैयारी है। कोरी-कोरी ठलियाँ रूपे की घड़ोंचियों पर साफ़ियों से बँधी और बुझरोंसे ढकी रक्खी हैं। आगे चौकी पर डोंगे, कटोरे बमय थाली सरपोश धरे बर्फ के आबखोरे लग रहे हैं और शोरे की सुराहियाँ हिल रही हैं।

ग़रज़ सब असबाब बादशाहाना मौजूद है और कंचनियाँ, भांड, भगतिए, कलावंत, कव्वाल अच्छी पोशाक पहने साज़ के सुर मिलाए हाज़िर हैं। फ़क़ीर ने उस जवान को ले जाकर मसनद पर बिठाया और दिल में हैरान था कि या इलाही! इतने अरसे में यह सब तैयारी क्योंकर हुई? हर तरफ देखता फिरता था लेकिन उस परी का निशान कहीं न पाया। इसी जुस्तजू में एक मरतबा बावरचीखाने की तरफ जा निकला। देखता हूँ, वह नाज़नीन एक मकान में गले में कुरती, पाँव में तहपोशी, सिरपर सफेद रूमाली ओढ़े हुए, सादी-खूज़ादी, बिनगहनेपाते बनी हुई—

नहीं मोहताज ज़ेवर का जिसे खूबी खुदा ने दी।
कि जैसे खुशनुमा लगता है, देखो चाँद बिन गहने।

खबरगीरी में ज़ियाफत की लग रही है और ताकीद हर एक खाने की कर रही है कि खबरदार! बामज़ा हो, और आब-ओ--नमक, बू-बास दुरुस्त रहे। इस मेहनत से वह गुलाब-सा बदन सारा पसीने-पसीने हो रहा है।

मैं पास जाकर तसद्दुक़ हुआ और उस शऊर व लियाक़त को सराहकर दुआएँ देने लगा। यह खुशामद सुनकर, त्योरी चढ़ाकर बोली, "आदमी से ऐसे-ऐसे काम होते हैं कि फरिश्ते की मजाल नहीं! मैंने ऐसा क्या किया है जो तू इतना

हैरान हो रहा है? बस, बहुत बातें बनानी मुझे खुश नहीं आतीं। भला कह तो कि यह कौन आदमियत है कि मेहमान को अकेला बिठलाकर इधर-उधर पड़े फिरे? वह अपने जी में क्या कहता होगा? जल्द जा! मजलिस में बैठकर मेहमान की खातिरदारी कर और उसकी माशूक़ा को भी बुलवा कर उसके पास बिठला।" फ़क़ीर वोंही उस जवान के पास गया और गर्मजोशी करने लगा। इतने में दो गुलाम, साहबे-जमाल सुराही और जाम जड़ाव हाथ में लिए रूबरू आये, शराब पिलाने लगे। इस में मैंने उस जवान से कहा, "मैं सब तरह मुखलिस और खादिम हूँ। बेहतर यह है कि वह साहबे-जमाल कि जिसकी तरफ दिल साहब का माइल है, तशरीफ़ लावे तो बड़ी बात है। अगर फरमाओ तो आदमी बुलाने की खातिर जावे!" यह सुनते ही खुश होकर बोला, "बहुत अच्छा! इस वक्त तुमने मेरे दिल की बात कही।" मैंने एक खोजे को भेजा। जब आधी रात गई, वह चुड़ैल खासे चौडोल पर सवार होकर बलाए-नागहानी-सी आ पहुँची।

फक़ीर ने लाचार, खातिर से मेहमान की इस्तक़बाल करकर निहायत तपाक से बराबर उस जवान के ला बिठाया। जवान उसके देखते ही ऐसा खुश हुआ जैसे दुनिया की नेमत मिली। वह भूतनी भी उस जवाने-परीज़ाद के गले लिपट गई। सचमुच यह तमाशा हुआ जैसा चौदहवीं रात के चाँद को गहन लगता है। जितने मजलिस में आदमी थे, अपनी-अपनी उँगलियाँ दांतों में दाबने लगे कि क्या कोई बला इस जवान पर मसल्लत हुई? सबकी निगाह उसी तरफ थी, तमाशा मजलिस का भूलकर उसका तमाशा देखने लगे। एक शख्स किनारे से बोला, "यारो! इश्क़ और अक्ल में ज़िद है। जो कुछ अक्ल में न आवे, यह काफिर इश्क़ कर दिखावे। लैला को मजनूँ की आँखों से देखो।" सभों ने कहा, "आमन्ना, यही बात है।"

यह फ़कीर बमूजिब हुक्म के मेहमानदारी में हाज़िर था। हरचंद जवान, हमप्याला हमनवाला होने को मुजव्विज़ होता था। पर मैं हरगिज़ उस परी के खौफ़ के मारे अपना दिल खाने-पीने या सैर-तमाशे की तरफ रुजू न करता था और उज्र मेहमानदारी का करके उसके शामिल न होता। इसी कैफ़ियत से तीन शबाना-रोज़ गुज़रे। चौथी रात वह जवान निहायत जोशिश से मुझे बुलाकर कहने लगा, "अब हम भी रुखसत होंगे। तुम्हारी खातिर अपना सब कारोबार छोड़ छाड़कर तीन दिन से तुम्हारी खिदमत में हाज़िर हैं। तुम भी तो हमारे पास एकदम बैठकर हमारा दिल खुश करो।" मैंने अपने जी में खयाल किया—"अगर इस वक्त कहना इसका नहीं मानता तो आज़ुर्दा होगा; इस नये दोस्त और मेहमान की खातिर रखनी जरूर है।" तब यह कहा, "साहब का हुक्म बजा लाना मंज़ूर कि 'अल अमरू फौकाल अदब।" सुनते ही इसको जवान ने प्याला तवाज़ू किया और मैंने पी लिया।

फिर तो ऐसा पैहम दौर चला कि थोड़ी देर में सब आदमी मजलिस के कैफी होकर बेखबर हो गये और मैं भी बेहोश हो गया।

जब सुबह हुई और आफ़ताब दो नेज़े बुलन्द हुआ तब मेरी आँख खुली तो देखा मैंने, न वह तैयारी है, न वह मजलिस, न वह परी, फ़क्त खाली हवेली पड़ी है। मगर एक कोने में कम्बल लिपटा हुआ धरा है। जो उसको खोलकर देखा तो वह जवान और उसकी रण्डी दोनों सिर कटे पड़े हैं। यह हालत देखते ही हवास जाते रहे। अक्ल कुछ काम नहीं करती कि यह क्या था और क्या हुआ? हैरानी से हर तरफ तक रहा था। इतने में एक ख्वाजासरा (जिसे ज़ियाफत के कामकाज में देखा था) नज़र पड़ा। फ़क़ीर को उसके देखने से कुछ तसल्ली हुई। अहवाल इस वारदात का पूछा। उसने जवाब दिया, 'तुझे इस बात की तहक़ीक़ करने से क्या हासिल, जो तू पूछता है?'' मैंने भी अपने दिल में ग़ौर की कि सच तो कहता है। फिर एक ज़रा ताम्मुल करके मैं बोला, ''खैर! न कहो! भला यह तो बताओ, वह माशूक़ा किस मकान में है?'' तब उसने कहा, ''अलबत्ता जो मैं जानता हूँ सो कह दूँगा। लेकिन तुझ-सा आदमी अक्लमंद, बेमरज़ी हुज़ूर के, दो दिन की दोस्ती पर, बेमुहाबा, बेतकल्लुफ होकर सोहबत मयनोशी की बाहम गर्म करे, यह क्या मानी रखता है?''

फ़क़ीर अपनी हरकत और उसकी नसीहत से बहुत नादिम हुआ। सिवाय इस बात के जबान से कुछ न निकला--''फिल हक़ीक़त अब तो तक़सीर हुई। माफ कीजिए।'' बारे, महल्ली ने मेहरबान होकर उस परी के मकान का निशान बताया और मुझे रुखसत किया। आप उन दोनों जख्मियों के गाड़ने-दाबने की फिक्र में रहा। मैं तोहमत से उस फ़साद की अलग हुआ और इश्तियाक़ में उस परी के मिलने के लिए घबराया हुआ, गिरता-पड़ता, ढूँढ़ता, शाम के वक्त उस कूचे में उसी पते पर जा पहुँचा और नज़दीक दरवाज़े के एक गोशे में सारी रात तलफते कटी। कसो की आमद-ओ-रफ्त की आहट न मिली और कोई अहवालपुरसाँ मेरा न हुआ। इसी बेकसी की हालत में सुबह हो गयी। जब सूरज निकला, उस मकान के बालाखाने की एक खिड़की से वह माहरू मेरी तरफ देखने लगी। उस वक्त आलम खुशी का जो मुझ पर गुज़रा, दिल ही जानता है। शुक्र खुदा का किया।

इतने में एक खोजे ने मेरे पास आकर कहा, ''उस मसजिद में तू जाकर बैठ! शायद तेरा मतलब उस जगह बर आवे और अपने दिल की मुराद पावे।'' फ़क़ीर फरमाने से उसके वहाँ से उठकर उसी मसजिद में जा रहा। लेकिन आँखें दरवाज़े की तरफ लग रही थीं कि देखिए पर्दा-ए-ग़ैब से क्या ज़ाहिर होता है?

तमाम दिन जैसे रोज़ादार शाम होने का इन्तिज़ार खींचता है, मैंने भी वह रोज़ा वैसी ही बेक़रारी में काटा। बारे, जिस-तिस तरह से शाम हुई और दिन पहाड़-सा छाती पर का टला। एकबारगी वही ख्वाजासरा (जिनने उस परी के मकान का पता दिया था) मसजिद में आया। बाद फ़राग़त नमाज़ मग़रिब के मेरे पास आकर उस शफ़ीक़ ने (कि सब राज़ो नयाज़ का महरम था) निहायत तसल्ली देकर, हाथ पकड़ लिया और अपने साथ ले चला। रफ्ता-रफ्ता एक बाग़ीचे में मुझे बिठाकर कहा, "यहाँ रहो जब तक तुम्हारी आरज़ू बर आवें और आप रुखसत होकर शायद मेरी हक़ीक़त हुज़ूर में कहने गया। मैं उस बाग के फूलों की बहार और चाँदनी का आलम और हौज़-नहरों में फव्वारे सावन-भादों के उछलने का तमाशा देख रहा था। लेकिन जब फूलों को देखता तब उस गुलबदन का खयाल आता, जब चाँद पर नज़र पड़ती तब उस महरू का मुखड़ा याद करता। यह सब बहार उसके बग़ैर मेरी आँखों में खार थी।

बारे खुदा ने उसके दिल को मेहरबान किया। एक दम के बाद वह परी दरवाज़े से, जैसे चौदहवीं रात का चाँद, बनाव किए, गले में पषवाज़ बादले की, सिंजाफ की, मोतियों का दर दामन टका हुआ, और सिर पर ओढ़नी जिस में आँचल, पल्लू, लहर गोखरू लगा हुआ, सिर से पाँव तक मोतियों में जड़ी, रविश पर आकर खड़ी हुई। उसके आने से तरो-ताज़गी नये सिर से उस बाग़ को और फ़कीर के दिल को हो गई। एक दम इधर-उधर सैर कर, शहनशीन में मुग़र्रक मसनद पर तकिया लगाकर बैठी। मैं दौड़कर परवाने की तरह (जैसे शमा के गिर्द फिरता है) तसद्दुक़ हुआ और ग़ुलाम के मानिंद दोनों हाथ जोड़कर खड़ा हुआ। इसमें वह खोजा मेरी खातिर बतौर-सिफारिश के अर्ज़ करने लगा।

मैंने उस महल्ली से कहा, "बन्दा गुनहगार तक़सीरवार है। जो कुछ सज़ा मेरे लायक ठहरे, सो हो। वह परी अज़ बस कि नाखुश थी, बददिमाग़ी से बोली कि अब इसके हक़ में यही भला है कि सौ तोड़े अशरफी के लेवे, अपना असबाब दुरुस्त कर के वतन को सिधारे।

मैं यह बात सुनते ही काठ हो गया और सूख गया कि अगर कोई मेरे बदन को काटे तो एक बूँद लहू की न निकले और तमाम दुनिया मेरी आँखों के आगे अंधेरी लगने लगी और एक आह नामुरादी की बेइख्तियार जिगर से निकली, आँसू भी टपकने लगे। सिवाए खुदा के उस वक्त कसो की तवक्कुअ न रही। मायूसे महज़ होकर इतना बोला, "भला टुक अपने दिल में ग़ौर फरमाइए। अगर मुझ कमसीब को दुनिया का लालच होता तो अपना जानो-माल हुज़ूर में न खोता। क्या एकबारगी हक़े खिदमतगुज़ारी और जाँनिसारी का आलम से उठ गया जो

मुझ से कमबख्त पर इतनी बेमहरी फरमाई? खैर, अब मेरे तईं भी ज़िन्दगी से कुछ काम नहीं। माशूकों की बेवफ़ाई से बेचारे आशिके-नीमजाँ का निबाह नहीं होता।

यह सुनकर तीखी हो, त्योरी चढ़ाकर खफ़गी से बोली, "चे खुश! आप हमारे आशिक़ हैं? मेंडकी को भी जुकाम हुआ! ऐ बेवक़ूफ! अपने हौसले से ज्यादा बातें बनानी खयाले-खाम है। छोटा मुँह बड़ी बात! बस चुप रह! यह निकम्मी बातचीत मत कर! अगर किसी और ने यह हरकते बेमअनी की होती, परवरदिगार की सूँ, उसकी बोटियाँ कटवा चीलों को बाँटती! पर क्या करूँ? तेरी खिदमत याद आती है। अब इसी में भलाई है कि अपनी राह ले। तेरी किस्मत का दाना-पानी हमारी सरकार में यहीं तलक था।" फिर मैंने रोते-बिसूरते हुए कहा, "अगर मेरी तक़दीर में यही लिखा है कि अपने दिल के मक़सद को न पहुँचूँ और जँगल-पहाड़ में सिर टकराता फिरूँ तो लाचार हूँ। इस बात से भी दिक़ होकर कहने लगी, "मेरे तईं ये फ़ुसाहन्दे, चोचले और रम्ज़ की बातें पसन्द नहीं आतीं। इस इशारे की गुफ्तगू के जो लायक़ हो, उससे जाकर कर।" फिर उसी खफगी के आलम में उठकर अपने दौलतखाने को चली। मैंने बहुतेरा सिर पटका, मुतवज्जुह न हुई। लाचार मैं भी उस मकान से उदास और नाउम्मीद होकर निकला।

ग़रज़ चालीस दिन तक यही नौबत रही। जब शहर की कूचा-गरदी से उकताता जंगल में निकल जाता। जब वहाँ से घबराता, फिर शहर की गलियों में दीवाना-सा आता। न दिन को खाता, न रात को सोता जैसे धोबी का कुत्ता न घर का न घाट का। ज़िन्दगी इनसान की खाने-पीने से है। आदमी अनाज का कीड़ा है। ताक़त बदन में मुतलक़ न रही। अपाहिज होकर उसी मसजिद की दीवार के तले जा पड़ा कि एक रोज़ वही ख्वाजासरा जुमे की नमाज़ पढ़ने आया। मेरे पास से होकर चला। मैं यह शेर आहिस्ता नाताक़ती से पढ़ रहा था--

इस दर्दे दिल से मौत हो, या दिल को ताब हो,
क़िसमत में जो लिखा हो, इलाही! शिताब हो।

अगरचे ज़ाहिर में मेरी सूरत बिलकुल तबदील हो गई थी, चेहरे की यह शक़ल बनी थी कि जिनने मुझे पहले देखा था वह भी पहचान सकता कि यह वही आदमी है! लेकिन वह महल्ली आवाज़ दर्द की सुन कर मुतवज्जोह हुआ। मेरे तईं बग़ौर देखकर अफ़सोस किया और शफ़क़त से मुखातिब हुआ कि आखिर यह हालत अपनी पहुँचाई! मैंने कहा, "अब तो जो हुआ सो हुआ। माल से भी हाज़िर था, जान भी तसद्दुक की। उस की खुशी योंही हुई तो क्या करूँ?"

यह सुनकर एक खिदमतगार मेरे पास छोड़कर, मसजिद में गया। नमाज़

और खुतबे से फ़राग़त करकर जब बाहर निकला, फ़क़ीर को एक म्याने में डालकर अपने साथ खिदमत में उस परी बेपरवा की ले-जाकर चिक के बाहर बिठाया। अगर- चे मेरी रोहत कुछ बाक़ी न रही थी पर मुद्दत तलक शबोरोज़ उस परी के पास इत्तिफ़ाक़ रहने का हुआ था, जान-बूझकर बेगानी होकर खोजे से पूछने लगी, "यह कौन है?" उस मर्द आदमी ने कहा, "यह वही कमबख्त बदनसीब है जो हुजूर की खफ़गी और इताब में पड़ा था। उसी सबब से इसकी यह सूरत बनी है। इश्क़ की आग से जला जाता है। हरचन्द आँसुओं के पानी से बुझाता है पर वह दूनी भड़कती है। कुछ फायदा नहीं होता। अलावा, अपनी तक़सीर की खजालत से मुआ जाता है।" परी ने ठठोली से फरमाया, "क्यों झूठ बकता है? बहुत दिन हुए उस की खबर वतन पहुँचने की मुझे खबरदारों ने दी है। वल्ला आलम यह कौन है? और तू किस का जिक्र करता है?" उस दम ख्वाजासरा ने हाथ जोड़कर इल्तिमास किया, "अगर जान की अमान पाऊँ तो अर्ज़ करूँ।" फरमाया, "कह, तेरी जान तुझे बख्शी।" खोजा बोला, "आप की ज़ात क़दरदान है। वास्ते खुदा के चिलवन को दरमियान से उठवाकर पहचानिए और इसकी बेकसी की हालत पर रहम कीजिए। नाहक़शिनासी खूब नहीं। अब इसके अहवाल पर जो कुछ तरस खाइए, बजा है और जायज़ सवाब है। आगे हद्दे अदब! जो मिज़ाजे-मुबारक में आये सोही बेहतर है।"

इतने कहने पर मुसकुरा कर फ़रमाया, "भला कोई हो! उसे दारूश्शिफ़ा में रक्खो। जब भला-चंगा होगा तब उसके अहवाल की पुरसिश की जाएगी।" खोज़े ने कहा, "अगर अपने दस्ते खास से गुलाब उस पर छिड़किए और ज़ुबान से कुछ फरमाइए तो इसको अपने जीने का भरोसा बँधे। नाउम्मीदी बुरी चीज़ है। दुनिया ब-उम्मीद क़ायम है।" इस पर भी उस परी ने कुछ न कहा। यह सवाल-जवाब सुनकर मैं भी अपने जी से उकता रहा था। निधड़क बोल उठा कि अब इस तौर की ज़िंदगी को दिल नहीं चाहता। पाँव तो गोर में लटका चुका हूँ। एक रोज़ मरना है और इलाज मेरा पादशाहज़ादी के हाथ में है। करे या न करें, वो जानें। बारे मुकल्लबुल क़ुलूब ने उसे संगे-दिल के दिल को नर्म किया। मेहरबान होकर फ़रमाया, "जल्द बादशाही हकीमों को हाज़िर करो।" वों ही तबीब आकर जमा हुए। नब्ज, क़ारूरा देखकर बहुत ग़ौर की। आखरिश तशखीस में ठहरा कि यह शख्स कहीं आशिक़ हुआ है। सिवाए वस्ले-माशूक के उसका कुछ इलाज नहीं। जिस वक्त वह मिले, यह सेहत पावे। जब हकीमों की भी जबानी यही मर्ज़ मेरा साबित हुआ, हुक्म किया, "इस जवान को गरमाबे में ले जाओ। नहला कर, खास पोशाक पहना कर, हुज़ूर में ले आओ।" वोंही मुझे बाहर ले गये।

हमाम करवा, अच्छे कपड़े पहना खिदमत में परी की हाज़िर किया। तब वह नाज़नीन तपाक से बोली, "तूने मुझे बैठे-बिठाए नाहक़ बदनाम और रुसवा किया, अब और क्या-क्या चाहता है? जो तेरे दिल में है, साफ-साफ बयान कर।"

या फ़ुक़रा! उस वक्त यह आलम हुआ कि शादी-ए-मर्ग हो जाऊँ। खुशी के मारे ऐसा फूला कि जामे में न समाता था और सूरत-शकल बदल गई। शुक्र खुदा का किया और उससे कहा, "इस दम सारी हकीमी आप पर खत्म हुई कि मुझसे मुर्दे को एक बात में ज़िन्दा किया। देखो तो उस वक्त से इस वक्त तक मेरे अहवाल में क्या फ़र्क़ हो गया!" यह कहकर तीन बार गिर्द फिरा और सामने आकर खड़ा हुआ और कहा, "हुजूर से यों हुक्म होता है कि जो तेरे जी में हो सो कह! बन्दे को हफ्त अक़लीम की सलतनत से ज़्यादा यह है कि ग़रीबनवाज़ी कर कर इस आजिज़ को क़ुबूल कीजिए और अपनी क़दमबोसी से सरफ़राज़ी दीजिए।" एक लमहा तो सुनकर ग़ोते में गई, फिर कनखियों से देखकर कहा, "बैठो, तुमने खिदमत और वफ़ादारी ऐसी ही की है जो कुछ कहो सो फबे है और अपने भी दिल पर नक्श है। खैर, हमने क़ुबूल किया।"

उसी दिन अच्छी साअत सुभ लगन में चुपके-चुपके क़ाज़ी ने निकाह पढ़ दिया। बाद इतनी मेहनत और आफ़त के खुदा ने यह दिन दिखाया कि मैंने अपने दिल का मुद्दा पाया। लेकिन जैसी दिल में आरज़ू उस परी से हमबिस्तर होने की थी वैसी ही जी में बेकली उस वारदाते-अजीब के मालूम करने की थी कि आज तक मैंने कुछ न समझा कि यह परी कौन है? और वह हबशी साँवला-सजीला (जिसने एक पुरज़े काग़ज़ पर इतनी अशरफियों के बदरिए मेरे हवाले किए थे) कौन था? और तैयारी ज़िफ़त की बादशाहों के लायक़ एक पहर में क्योंकर हुई? और वे दोनों बेगुनाह उस मजलिस में किसलिए मारे गये? और सबब खफ़गी और बेमुरव्वती का (बावजूद खिदमतगुज़ारी और नाज़बरदारी के) मुझ पर क्या हुआ! और फिर एकबारगी इस आजिज़ को यों सर-बुलन्द किया? ग़रज़ इसी वास्ते बाद रस्म-रुसूमाते-अक़्द के आठ दिन तलक बावस्फ उस इश्तियाक़ के क़सद मुबाशिरत का न किया। रात को साथ सोता, दिन को यों ही उठ खड़ा होता।

एक दिन ग़ुस्ल करने के लिए मैंने खवास को कहा कि थोड़ा पानी गर्म कर दे तो नहाऊँ। मलिका मुसकुराकर बोली, "किस बिरते पर तत्ता पानी!" मैं खामोश हो रहा। लेकिन वह परी मेरी हरकत से हैरान हुई बल्कि चेहरे पर आसार खफ़गी के नमूद हुए। यहाँ तलक कि एक रोज़ बोली, "तुम भी अजीब आदमी हो! या उतने गरम या ऐसे ठण्डे! इसको क्या कहते हैं? अगर तुम में क़ुव्वत न थी तो क्यों ऐसी कच्ची हवस पकाई?" उस वक्त मैंने बेधड़क होकर कहा, "ऐ

जानी! मुनसफ़ी शर्त है। आदमी को चाहिए कि इनसाफ़ से न चूके।'' बोली, ''अब क्या इनसाफ रह गया है ? जो कुछ होना था सो हो चुका!'' फ़क़ीर ने कहा, ''वाक़ई बड़ी आरज़ू और मुराद मेरी यही थी सो मुझे मिली लेकिन दिल मेरा दुबिधे में है और दोदिले आदमी की खातिर परेशान रहती है। उससे कुछ हो नहीं सकता। इनसानियत से खारिज हो जाता है। मैंने अपने दिल में यह क़ौल किया था कि बाद इस निकाह के (कि ऐन दिल की शादी है) बाज़ी बाज़ी बातें (जो खयाल में नहीं आतीं और नहीं खुलतीं) हुजूर में पूछूँगा कि जुबाने-मुबारक से उसका बयान सुनूँ तो जी को तसकीन हो।'' उस परी ने चींबचीं होकर कहा, ''क्या खूब! अभी से भूल गये! याद करो, बारहा हमने कहा है कि हमारे काम में हरगिज दख्ल न कीजो और किसी बात के मुतअर्रज़ न होजो। खिलाफ़े-मामूल यह बेअदबी करनी क्या लाज़िम है ?'' फ़क़ीर ने हँसकर कहा, ''जैसी और बे अदबियाँ मुआफ़ करने का हुक्म है, एक यह भी सही।'' वह परी नज़रें बदल कर, तीहे में आकर, आग का बगूला बन गई और बोली, ''अब तू बहुत सिर चढ़ा। जा, अपना काम कर! इन बातों से तुझे क्या फायदा होगा?'' मैंने कहा, ''दुनिया में अपने बदन की शर्म सब से ज्यादा होती है। लेकिन एक-दूसरे का वाकिफ़कार होता है। पस जब ऐसी चीज़ दिल पर रवा रखी तो और कौन-सा भेद छिपाने के लायक़ है ?''

मेरी इस रम्ज़ को वह परी वक़ूफ़से दरयाफ्त कर कर कहने लगी, ''यह बात सच है। पर जी में यह सोच आता है कि मुझ निगोड़ी का राज़ फाश हो तो बड़ी क़ियामत मचे।'' मैं बोला, ''यह क्या मज़कूर है? बन्दे की तरफ से यह खयाल दिल में न लाओ और खुशी से सारी कैफ़ियत जो बीती है फरमाओ! हरगिज़-हरगिज़ मैं दिल से जुबान तक नहीं लाऊँगा। कसो के कान पड़ना क्या इमकान है ?'' जब उसने देखा कि सिवाए कहने के इस अज़ीज़ से छुटकारा नहीं, लाचार होकर बोलीं, ''उन बातों के कहने में बहुत सी खराबियाँ हैं। तू ख्वाहमख्वाह दरपै हुआ। खैर! तेरी खातिर अज़ीज़ है इसलिए अपनी सरगुज़श्त बयान करती हूँ। तुझे भी उसका पोशीदा रखना ज़रूर है। खबर! शर्त!''

ग़रज़ बहुत-सी ताकीद करके कहने लगी कि ''मैं बदबख्त मुल्के-दमिश्क़ के सुलतान की बेटी हूँ और वह सलातीनों से बड़ा पादशाह है। सिवाए मेरे कोई लड़का -बाला उसके यहाँ नहीं हुआ। जिस दिन से मैं पैदा हुई माँ बाप के साये में नाज़ो-नैमत और खुशी-खुर्रमी से पली। जब होश आया तब अपने दिल को खूबसूरतों और नाज़नीनों के साथ लगाया। चुनाँचे सुथरी-सुथरी परीज़ाद हमज़ोली, उमराज़ादियाँ मुसाहिबत में, और अच्छी-अच्छी क़ुबूल-सूरत हमउम्र खवासें सहेलियाँ खिदमत में रहती थीं। तमाशा, नाच और राग-रंग का हमेशा देखा करतीं।

दुनिया के भले-बुरे से कोई सरोकार न था। अपनी बेफिकरी के आलम को देखकर सिवाए खुदा के शुक्र के, कुछ मुँह से न निकलता था।

"इत्तिफ़ाक़न् तबीयत खुद-ब-खुद ऐसी बेमज़ा हुई कि न मुसाहिबत कसो की भावे, न मजलिस खुशी की खुश आवे। सौदाई-सा मिज़ाज हो गया। दिल उदास और हैरान! न कसो की सूरत अच्छी लगे, न बात कहने-सुनने को जी चाहे। मेरी यह हालत देखकर दाई, ददा, छूछू, अंगा-सब-की-सब मुतफिक्कर हुईं और क़दम पर गिरने लगीं। यही ख्वाजासरा नमकहलाल क़दीम से मेरा महरम और हमराज़ है। इससे कोई बात मखफ़ी नहीं। मेरी वहशत देखकर बोला कि अगर पादशाहज़ादी थोड़ा-सा शरबते-बरकुलखयाल का नोशजान फरमावें तो अग़लब है कि तबीयत बहाल हो जावे और फरहत मिज़ाज में आवे। उसके इस तरह के कहने से मुझे भी शौक़ हुआ। तब मैंने फरमाया, "जल्द हाज़िर कर!"

"महल्ली बाहर गया और एक सुराही उसी शरबत की तकल्लुफ से बनाकर, बरफ़ में लगाकर, लड़के के हाथ लिवाकर आया। मैंने पिया। जो कुछ उसका फाइदा बयान किया था, वैसा ही देखा। उसी वक्त उस खिदमत के इनाम में एक भारी खिलअत खोजे को इनायत की और हुक्म किया कि एक सुराही हमेशा बिलानागा इसी वक्त हाज़िर किया कर। उस दिन से यह मुक़र्रर हुआ कि ख्वाजासरा सुराही उसी छोकरे के साथ लिवा लाए और बंदी पी जावे। जब उसका नशा तलू होता तो उसकी लहर में उस लड़के से ठट्ठा-मज़ाख करकर दिल बहलाती थी। वह भी जब ढीठ हुआ तब अच्छी-अच्छी, मीठी-मीठी बातें करने लगा और अचम्भे की नकलें लाने बल्कि आह-अही भी भरने और सिसकियाँ लेने लगा। सूरत तो उसकी तरहदार लायक़ देखने की थी। बेअख्तियार जी चाहने लगा। मैं दिल के शौक़ से और अठखेलियों के ज़ौक़ से हर रोज़ इनाम बख्शीश देने लगी, पर वह कमबख्त वैसे कपड़ों से (जैसे हमेशा पहने रहता था) हुज़ूर में आता बल्कि वह लिबास भी मैला-कुचैला हो जाता।

"एक दिन पूछा, "तुझे सरकार से इतना कुछ मिला पर तूने अपनी सूरत वैसी की वैसी ही परेशान बना रक्खी, क्या सबब है? वे रुपये कहाँ खर्च किए या जमा कर रक्खे?" लड़के ने ये खातिरदारी की बातें जो सुनीं और मुझे अहवाल-पुरसाँ पाया, आँसू डबडबाकर कहने लगा, "जो कुछ आपने इस ग़ुलाम को इनायत किया, सब उस्ताद ने ले लिया। मुझे एक पैसा नहीं दिया। कहाँ से दूसरे कपड़े बनाऊँ जो पहनकर हुज़ूर में आऊँ? इस में मेरी तक़सीर नहीं। मैं लाचार हूँ।" इस ग़रीबी के कहने पर उसके, तरस आया। वोंही ख्वाजासरा को फ़रमाया कि आज से इस लड़के को अपनी सोहबत में तरबियत कर और लिबास तैयार करवाकर

पहना। और लौंडों में बेफ़ाइदा खेलने-कूदने न दे, बल्कि अपनी खुशी यह है कि आदाब लायक़ हुज़ूर की खिदमत के सीखे और हाज़िर रहे। ख्वाजासरा मुवाफिक़ फरमाने के बजा लाया और मेरी मर्ज़ी जो उधर देखी निहायत उसकी खबरगीरी करने लगा। थोड़े दिनों में फ़राग़त और खुशखोरी के सबब से उसका रंगो-रौग़न कुछ-का-कुछ हो गया और केंचली-सी डाल दी। मैं अपने दिल को हर चन्द सम्भालती पर उस काफ़िर की सूरत जी में ऐसी खुब गई थी; यही जी चाहता कि मारे प्यार के उसे कलेजे में डाल रक्खूँ और अपनी आँखों से एक पल जुदा न करूँ।

आखिर उसको मुसाहिबत में दाखिल किया और खिलअतें तरह-ब-तरह की और जवाहिर रंग-ब-रंग के पहना कर देखा करती। बारे, उसके नज़दीक रहने से आँखों को सुख, कलेजे को ठण्डक हुई। हरदम उसकी खातिरदारी करती। आखिर को मेरी यह हालत पहुँची कि अगर एक दम कुछ ज़रूरी काम को मेरे सामने से जाता तो चैन न आता। बाद कई बरस के वह बालिग़ हुआ। मसें भीगने लगीं। छब तख़्ती दुरुस्त हुई। तब उसका चरचा बाहर दरबारियों में होने लगा। दरबान और रवन्ने, मेवड़े, बारीदार और यसाउल, चोबदार उसको महल के अन्दर आने-जाने से मना करने लगे। आखिर उसका आना मौक़ूफ़ हुआ। मुझे तो उस बग़ैर कल न पड़ती थी। एकदम पहाड़ था। जब यह अहवाल नाउमीदी का सुना, ऐसी बदहवास हो गई गोया मुझ पर क़यामत टूटी और यह हालत हुई कि न कुछ कह सकती हूँ, न उस बिन रह सकती हूँ। कुछ बस नहीं चल सकता। इलाही! क्या करूँ? अजब तरह का क़लक़ हुआ। मारे बेकरारी के उसी महल्ली को (जो मेरा भेदू था) बुला कर कहा कि मुझे ग़ौर और परदाख्त उस लड़के की मंजूर है, बिलफ़ेल सलाहे-वक्त यह है कि हज़ार अशरफी पूंजी देकर चौक के चौराहे में दुकान जौहरी की करवा दो तो तिजारत करके उसके नफ़े से अपनी गुज़रान फराग़त से किया करे। और मेरे महल के क़रीब एक हवेली अच्छे नक्शे की रहने के लिए बनवा दो। लौंडी, गुलाम, नौकर-चाकर जो ज़रूर हों, मोल लेकर और दर-माहा मुक़र्रर कर कर, उस पास रखवा दो कि कसू तरह बेआराम न हो। ख्वाजा- सरा ने उसके बूद-ओ-बाश की जौहरीपने और तिजारत की सब तैयारी कर दी। थोड़े अरसे में उसकी दुकान ऐसी चमकी और नमूद हुई कि जो खिलअते फ़ाखिरा और जवाहर बेशकीमत, सरकार में बादशाह की और अमीरों की दरकार-ओ-मतलूब होते उसी के यहाँ बहम पहुँचते। आहिस्ता-आहिस्ता यह दुकान जमी कि जो तोहफ़ा हर एक मुल्क का चाहिए, वहीं मिले। सब जौहरियों का रोज़गार उसके आगे मंदा हो गया। ग़रज़ उस शहर में कोई बराबरी उसकी न कर सकता बल्कि किसी मुल्क

में वैसा कोई न था।

इसी कारोबार में उसने तो लाखों रुपये कमाए पर जुदाई उसकी रोज़-बरोज़ नुकसान मेरे तन-बदन का करने लगी। कोई तदबीर न बन आयी कि उसको देखकर अपने दिल की तसल्ली करूँ। निदान सलाह की खातिर उसी वाक़िफकार महल्ली को बुलाया और कहा कि कोई ऐसी सूरत बन नहीं आती कि ज़रा उसकी सूरत मैं देखूँ और अपनी जान को सब्र दूँ। मगर यह तरह है कि एक सुरंग उसकी हवेली से खुदवाकर महल में मिला दो। हुक्म करते ही कुछ दिनों में ऐसी नक़ब तैयार हुई कि जब से सांझ होती चुपके ही वह ख्वाजासरा उस जवान को इसी राह से ले आता। तमाम शब शराब-कबाब ऐश-ओ-इशरत में कटती। मैं उसके मिलने से आराम पाती, वह मेरे देखने से खुश होता। जब फजरका तारा निकलता और मुइज़्ज़िन अज़ान देता, महल्ली इसी राह से उस जवान को उसके घर पहुँचा देता। इन बातों से सिवाए खोजे के और दो दाइयों के (जिन्होंने मुझे दूध पिलाया और पाला था) चौथा आदमी कोई वाक़िफ़ न था।

एक मुद्दत इस तरह से गुज़री। एक रोज़ का यह ज़िक्र है कि मुआफिक़े-मामूल के ख्वाजा जो उसको बुलाने गया, देखे, तो वह जवान फिक्रमंद-सा चुपका बैठा है। महल्ली ने पूछा, "आज खैर है? क्यों ऐसे दिलगीर हो रहे हो? चलो हज़ूर में, याद फरमाया है।" उसने हरगिज़ कुछ जवाब न दिया, जुबान न हिलाई। ख्वाजासरा अपना-सा मुँह लेकर अकेला फिर आया और अहवाल उसका अर्ज़ किया। मेरे तईं शैतान जो खराब करे, इस पर भी मुहब्बत उसकी दिल से न भूली। अगर यह जानती कि इश्क और चाह ऐसे नमकहराम बेवफा की आखिर को बदनाम और रुसवा करेगी और नंग-ओ-नामूस सब ठिकाने लगेगा तो उसी दम उस काम से बाज़ आती और तौबा करती, फिर उसका नाम न लेती, न अपना दिल उस बेहया को देती। पर होना तो यों था। इसलिए हरकते-बेजा उसकी खातिर में न लाई और उसके न आने को माशूकों का चोंचला और नाज़ समझा। उसका नतीजा यह देखा कि उस सरगुज़श्त से बग़ैर देखे-भाले तू भी वाक़िफ़ हुआ। नहीं तो मैं कहाँ और तू कहाँ! खैर, जो हुआ सो हुआ। इस खरदिमाग़ी पर उस गधे की खयाल न कर। दोबारा खोजे के हाथ पैग़ाम भेजा कि अगर तू इस वक्त नहीं आवेगा तो मैं कसू-न-कसू ढब से वहीं आती हूँ। लेकिन मेरे आने में बड़ी क़बाहत है। अगर यह राज़ फ़ाश हुआ तो तेरे हक़ में बहुत बुरा है। ऐसा काम न कर जिसमें सिवाए रुसवाई के और कुछ न मिले। बेहतर यही है कि जल्द चला आ। नहीं तो मुझे पहुँचा जान। जब यह संदेसा गया और इश्तियाक़ मेरा निपट देखा, भोंडी-

सी सूरत बनाए हुए नाज़-नखरे से आया।

जब मेरे पास बैठा, तब मैंने उससे पूछा कि आज रुकावट और खफ़गी का क्या बाईस है ? इतनी शोखी और गुस्ताखी तूने कभी न की थी। हमेशा बिला उज्र हाज़िर होता था। तब उसने कहा कि "मैं गुमनाम ग़रीब, हुज़ूर की तवज्जोह से और दामने-दौलत के बाइस इस मक़दूर को पहुँचा! बहुत आराम से जिंदगी कटती है। आप के जान-ओ-माल की दुआ करता हूँ। यह तक़सीर बादशाहज़ादी के मुआफ़ करने के भरोसे इस गुनहगार से सरज़द हुई। उमीदवार अफू का हूँ।" मैं तो जान-ओ-दिल से उसे चाहती थी। उस की बनावट की बातों को मान लिया और शरारत पर नज़र न की। बल्कि फिर दिलदारी से पूछा, "क्या तुझ को ऐसी मुश्किल कठिन पेश आई जो ऐसा मुतफिक्कर हो रहा है ? उसको अर्ज़ कर। उसकी भी तदबीर हो जाएगी।"

"ग़रज़ उसने अपनी खाकसारी की राह से यही कहा कि मुझको सब मुश्किल है और आप के रूबरू सब आसान है। आखिर उसके फहवा-ए-कलाम और बतकहाव से यह खुला कि एक बाग़ निहायत सरसब्ज़ और इमारते-आली, हौज़, तालाब, कूएँ पुख्ता समेत ग़ुलाम की हवेली के नज़दीक नाफ़े-शहर में बिकाऊ है और उस बाग़ के साथ एक लौंडी भी गायन कि इल्मे-मोसीकी में खूब सलीक़ा रखती है। लेकिन ये दोनों बाहम बिकते हैं, न अकेला बाग़, जैसे ऊँट के गले में बिल्ली। जो कोई उस बाग़ को लेवे उस कनीज़ की भी कीमत देवे और तमाशा यह है—बाग़ का मोल लाख रुपये और उस बान्दी का बहा पाँच लाख। फ़िदवी से इतने रुपये बिलफेल सरंजाम नहीं हो सकते।" मैंने उसका दिल बहुत बे-अख्तियार शौक़ में उनकी खरीदारी के पाया कि इसी वास्ते दिल हैरान और खातिर परेशान था। बावजूदे कि रूबरू मेरे पास बैठा था, तब भी उसका चेहरा मलीन और जी उदास था। मुझे तो खातिरदारी उसकी हर घड़ी और हर पल मँजूर थी। उसी वक्त ख्वाजासरा को हुक्म किया कि कल सुबह क़ीमत उस बाग़ की लौंडी समेत चुकाकर, क़बाला बाग़ का और खत कनीज़क का लिखवाकर इस शख्स के हवाले करो और मालिक को ज़र-ए-कीमती खज़ानए आमिरा से दिलवा दो।

"इस परवानगी के सुनते ही आदाब बजा लाया और मुँह पर रूहत आई। सारी रात उसी क़ाइदे से (जैसे हमेशा गुज़रती थी) हँसी-खुशी से कटी। फ़जर होते ही वह रुखसत हुआ। खोजे ने मुआफ़िक फरमाने के उस बाग़ को और लौंडी को खरीदकर दिया। फिर वह जवान रात को मुआफ़िक़ मामूल के आया-जाया करता। एक रोज़ बहार के मौसम में कि मकान भी चिलचस्प था, बदली घुमड़ रही थी, फूहियाँ पड़ रही थीं, बिजली भी कौंध रही थी, हवा नर्म-नर्म बहती

थी, ग़रज़ अजीब कैफ़ियत उस दम थी। जों ही रंग-बरंग के हबाब और गुलाबियाँ ताकों पर चुनी हुई नज़र पड़ीं, दिल ललचाया कि एक घूँट लूँ। जब दो-तीन प्यालों की नौबत पहुँची, वोंही खयाल उस बाग़े-नौ-खरीद का गुज़रा। कमाल शौक़ हुआ कि एकदम उस आलम में वहाँ की सैर किया चाहिए। कमबख्ती जो आवे, ऊँट चढ़े, कुत्ता काटे, अच्छी तरह बैठे-बिठाये एक दाई को साथ लेकर सुरंग की राह से उस जवान के मकान में गई। वहाँ से बाग़ की तरफ चली। देखा तो ठीक उस बाग़ की बहार बहिश्त की बराबरी कर रही है। कतरे मेहँ के दरख्तों के सब्ज-सब्ज़ पत्तों पर जो पड़े हैं गोया जमरूद की पटरियों पर मोती जड़े हैं। और सुरखी फूलों की उस अब्र में ऐसी चुहचुही लगती है जैसे शाम को शफ्क फूली है। और नहरें लबालब मानिन्द फर्श-ए-आईने के नज़र आती हैं और मौजें लहराती हैं।

ग़रज़ उस बाग़ में हर तरफ सैर करती फिरती थी कि दिन हो चुका। सियाही शाम की नमूद हुई। इतने में वह जवान एक रविश पर नज़र आया और मुझे देख बहुत अदब और गर्मजोशी से आगे बढ़ के, मेरा हाथ अपने हाथ पर धर कर बारहदरी की तरफ ले चला। जब वहाँ मैं गई तो वहाँ के आलम ने सारे बाग़ की कैफ़ियत को दिल से भुला दिया। यह रोशनी का ठाठ था। जाबजा क़ुमक़ुमे, सरू-ए-चराग़ाँ, कँवल और फानूसे-खयाल शमाए-मजलिस हैरान और फ़ानूसें रौशन थीं कि शबेबरात बावजूद चाँदनी और चरागाँ के उसके आगे अंधेरी लगती। एक तरफ आतिशबाजी, फुलझड़ी, अनार दाऊदी, भूचम्पा, मरवारिद, महताबी, हवाई, चरखी, हथफूल, जाही, जूही, पटाखे, सितारे छूटते थे।

इस अर्से में बादल फट गया और चाँद निकल आया। बअईनह जैसे नाफरमानी जोड़ा पहने हुए कोई माशूक़-सा नज़र आता है। बड़ी कैफ़ियत हुई। चाँदनी छिटकते ही जवान ने कहा, "अब चलकर बाग़ के बालाखाने पर बैठिए।" मैं ऐसी अहमक़ हो गई थी कि जो वह निगोड़ा कहता सो मैं मान लेती। अब यह नाच नचाया कि मुझको ऊपर ले गया और कोठा ऐसा बुलन्द था कि तमाम शहर के मकान और बाज़ार के चरागाँ गोया उसके पाईं बाग थे। मैं उस जवान के गले में बाँह डाले हुए खुशी के आलम में बैठी थी। इतने में एक रंडी निहायत भोंडी-सी, सूरत न शकल, चूल्हे में से निकल, शराब की शीशी हाथ में लिये हुए आ पहुँची। मुझे उस वक्त उसका आना निपट बुरा लगा और उसकी सूरत देखने से दिल में हौल उठी।

तब मैंने घबराकर जवान से पूछा, "यह तोहफा इल्लत कौन है ? तूने कहाँ से पैदा की ?" वह जवान हाथ बांधकर कहने लगा कि "यह वही लौंडी है जो

इस बाग़ के साथ हुजूर की इनायत से खरीद हुई।" मैंने मालूम किया कि इस अहमक़ ने बड़ी ख्वाहिश से उसको लिया है। शायद उसका दिल उस पर मायल है। इसी खातिर से पेच-ताब खाकर मैं चुपकी हो रही। लेकिन दिल उसी वक्त से मुकद्दर हुआ और नाखुशी मिज़ाज पर छा गई। तिस पर क़यामत उस ऐसे-तैसे ने यह की कि साक़ी उसी छिनाल को बनाया। उस वक्त मैं अपना लहू पीती थी। और जैसे तूती को कोई कव्वे के साथ एक पिंजरे में बन्द करता है! न जाने की फुरसत पाती थी और न बैठने को दिल चाहता था। क़िस्सा मुख्तसर, वह शराब बूँद की बूँद थी जिसके पीने से आदमी हैवान हो जाये। दो-चार जाम पै-दर-पै उसी तेज़ाब के जवान को दिये और आधा प्याला जवान की मिन्नत से मैंने भी ज़हरमार किया। आखिर वह पलिश्त बेहया भी बदमस्त होकर उस मरदूद से बेहूदा अदाएं करने लगी और वह चिबल्ला भी नशे में बेलिहाज़ हो चला और नामाक़ूल हरकतें करने लगा।

मुझे यह ग़ैरत आई, अगर उस वक्त ज़मीन भी फाटे तो मैं समा जाऊँ। लेकिन उसकी दोस्ती के बाइस मैं बिलल्ली उस पर भी चुप हो रही। पर वह तो असल का पाजी था। मेरे इस दरगुज़र करने को न समझा। नशे की लहर में और भी दो प्याले चढ़ा गया कि रहता-सहता होश जो था वह भी गुम हुआ और मेरी तरफ से मुतलक़ धड़का जी से उठा दिया। बेशरमी से शहवत के ग़लबे में मेरे रूबरू उस बेहया ने उस बन्दूड़ से सोहबत की और वह पिछलपाई भी उस हालत में नीचे पड़ी हुई नखरे-तिल्ले करने लगी और दोनों में चूमाचाटी होने लगी। न उस बेवफ़ा में वफ़ा, न इस बेहया में हया। जैसी रूह वैसे फरिश्ते। मेरी उस वक्त यह हालत थी जैसे 'ओसर चूकी डोमनी गावे ताल-बेताल'। अपने ऊपर लानत करती थी कि क्यों तू यहाँ आई? जिस की यह सज़ा पाई? आखिर कहाँ तक सहूँ? मेरे सिर से पाँव तक आग लग गई और अंगारों पर लोटने लगी। उस गुस्से और तैश में यह कहावत (बैल न कूदा, कूदी गौन, यह तमाशा देखे कौन)। कहती हुई वहाँ से उठी।

वह शराबी, अपनी खराबी, दिल में सोचा, कि अगर पादशाहज़ादी इस वक्त नाखुश हुई तो कल मेरा क्या हाल होगा? और सुबह को क्या क़यामत मचेगी? अब बने तो इसका काम तमाम कर डालूँ। यह इरादा उस ग़ैबानी की सलाह से जी में ठहराकर गले में पटका डाल मेरे पाँव आकर पड़ा और पगड़ी सिर से उतार कर मिन्नत-ओज़ारी करने लगा। मेरा दिल तो उस पर लट्टू होई रहा था। जिधर लिए फिरता था फिरती थी और चक्की की तरह मैं उसके अख्तियार में थी। जो कहता था सो करती थी। जों-तों मुझे फुसला-पंढलाकर फिर बिठलाया और उसी

शराबे दो अतिशा के दो-चार प्याले भर-भर कर आप भी पीये और मुझे भी दिये। एक तो गुस्से के मारे जल-भुनकर क़बाब हो रही थी, दूसरी ऐसी शराब पी, जल्द बेहोश हो गई। कुछ हवास बाक़ी न रहे। तब उस बेरहम नमकहराम, कट्टर, संगदिल ने मुझे तलवार से घायल किया बल्कि अपनी दानिस्त में मार चुका। उस दम मेरी आँख खुली तो मुँह से यही निकला, "खैर जैसा हमने किया, वैसा पाया लेकिन तू अपने तईं मेरे इस खूने-नाहक़ से बचाइयो—

मावादा, हो कोई ज़ालिम तेरा गिरेबाँगीर,
मेरे लहू को तू, दामन से धो, हुआ सो हुआ।

किसी से यह भेद ज़ाहिर न कीजिओ। हमने तो तुझ से जान तक भी दर-गुज़र न की। फिर उसको खुदा के हवाले कर कर मेरा जी डूब गया। मुझे अपनी सुध-बुध कुछ न रही। शायद उस क़साई ने मुझे मुर्दा खयाल कर उस संदूक में डालकर क़िले की दीवार के तले लटका दिया सो तूने देखा। मैं कसू का बुरा न चाहती थी लेकिन ये खराबियाँ क़िसमत में लिखी थीं—

मिटती नहीं करम की रेखा
इन आँखों के सबब यह कुछ देखा।

अगर खूबसूरतों के देखने का दिल में शौक़ न होता तो वह बदबख्त मेरे गले का तौक़ न होता। अल्लाह ने यह काम किया कि तुझ को वहाँ पहुँचा दिया और सबब मेरी जिंदगी का किया। अब हया जी में आती है कि यह रुसवाइयां खींच कर अपने तईं जीता न रक्खूं। या कसू को मुँह न दिखाऊँ। पर क्या करूँ, मरने का अख्तियार अपने हाथ में नहीं। खुदा ने मारकर फिर जिलाया। आगे देखिए, क्या क़िसमत में बदा है। ज़ाहिर में तो तेरी दौड़धूप और खिदमत काम आई जो वैसे ज़ख्मों से शिफ़ा पाई। तूने जान-ओ-माल से मेरी खातिर की और जो कुछ अपनी बिसात थी हाज़िर की। उन दिनों तुझे बेखर्च और दोदिला देखकर वह शुक्का सय्यदी बहार को (जो मेरा खजाँची है) लिखा। उसमें यही मज़मून था कि मैं खैर-औ आफ़ियत से अब फुलाने मकान में हूँ। मुझ बदतालै की खबर वालिदा शरीफ़ा की खिदमत में पहुँचाइओ।

उसने तेरे साथ दो कश्तियाँ नक्द की खर्च के खातिर भेज दीं और जब तुझे खिलअत और जवाहिर के खरीद करने को यूसुफ सौदागर बच्चे की दुकान पर भेजा मुझे यह भरोसा था कि वह कम-हौसला हर एक से जल्द आशना हो बैठता है। तुझे भी अजनबी जानकर अग़लब है कि दोस्ती करने के लिए, इतरा कर दावत और ज़ियाफ़त करेगा। सो मेरा मनसूबा ठीक बैठा। जो मेरे दिल में खयाल आया था उसने वैसा ही किया। तू जब उससे क़ौल-करार फिर आने का

करकर मेरे पास आया और मेहमानी की हक़ीक़त और उसका बज़िद होना मुझसे कहा, मैं दिल में खुश हुई कि जब तू उसके घर में जाकर खावे-पीवेगा, अगर तू भी उसको मेहमानी की खातिर बुलावेगा, वो दौड़ा चला आवेगा। इसलिए तुझे जल्द रुखसत किया। तीन दिन के पीछे तू जब वहाँ से फराग़त करके आया और मेरे रूबरू उज्र ग़ैरहाज़िरी का शरमिंदगी से लाया मैंने तेरी तशफ़्फ़ी के लिए फरमाया, "कुछ मज़ाइका नहीं। जब उसने रज़ा दी तब तू आया लेकिन बेशरमी खूब नहीं कि दूसरे का एहसान अपने सिर पर रखिए और उसका बदला न कीजिए। अब तू भी जाकर उसकी इस्तिदुआ कर और अपने साथ ही साथ ले आ।" जब तू उसके घर गया तब मैंने देखा कि यहाँ कुछ असबाब मेहमानदारी का तैयार नहीं। अगर वह आ जावे तो क्या करूँ? लेकिन यह फुरसत पाई कि इस मुल्क में क़दीम से पादशाहों का यह मामूल है कि आठ महीने कारोबार मुल्की और माली के वास्ते मुल्कगीरी में बाहर रहते हैं और चार महीने मौसम बरसात के किला मुबारक में जुलूस फरमाते हैं। उन दिनों दो-चार महीने से पादशाह, याने वली नैमत मुझ बदबख्त के, बन्दोबस्त की खातिर मुल्कगीरी को तशरीफ ले गये थे।

जब तक तू उस जवान को साथ लेकर आवे कि सैय्यदी बहारने मेरा अहवाल खिदमत में पादशाह बेगम की (कि वालिदा मुझ नापाक की हैं) अर्ज़ किया। फिर मैं अपनी तक़सीर और गुनाह से खजिल होकर उनके रूबरू जाकर खड़ी हुई और जो सरगुज़श्त थी, सब बयान की। हरचंद उन्होंने मेरे ग़ायब होने की क़ैफियत दूर-अंदेशी और वमोहरे मादरी से छुपा रक्खी थी, कि खुदा जाने उसका अंजाम क्या हो, अभी यह रुसवाई ज़ाहिर करनी खूब नहीं; मेरे बदले मेरे ऐबोंको अपने पेट में रख छोड़ा था, लेकिन मेरी तलाश में थीं। जब मुझे इस हालत में देखा और सब माजरा सुना, आँसू भर लाईं और फरमाया, "ऐ कमबख्त नाशुदनी! तूने जान-बूझकर नामो-निशान बादशाहत का सारा खोया! हज़ार अफ़सोस! और अपनी ज़िंदगी से भी हाथ धोया। काश! कि तेरी ऐवज मैं पत्थर जनती तो सब्र आता! अब भी तौबा कर! जो क़िसमत में था सो हुआ। अब आगे क्या करेगी? जीवेगी या मरेगी? मैंने निहायत शरमिंदगी से कहा कि मुझ बेहया के नसीबों में यही लिखा था जो ऐसी बदनामी और खराबी में ऐसी आफ़त से बचकर जीती रहूँ, इससे मरना ही भला था। अगरचे कलंक का टीका मेरे माथे पर लगा पर ऐसा काम नहीं किया जिसमें माँ-बाप के नाम को ऐब लगे।

अब यह बड़ा दुख है कि वे दोनों बेहया मेरे हाथ से बच जावें और आपस में रंगरलियाँ मनावें और मैं उनके हाथों से यह कुछ दुख देखूँ! हैफ है कि मुझसे कुछ न हो सके! यह उम्मीदवार हूँ कि खाँसामाँ को परवानगी हो तो असबाब

ज़ियाफत का बखूबी तमाम इस कमबख्त के मकान में तैयार करे तो मैं दावत के बहाने से उन दोनों बदबख्तों को बुलवाकर उनके अमलों की सज़ा दूँ और अपना ऐवज़ लूँ। जिस तरह उसने मुझ पर हाथ छोड़ा और घायल किया, मैं भी दोनों के पुरज़े-पुरज़े करूँ तब मेरा कलेजा ठण्डा हो। नहीं तो इस ग़स्से की आग में फुक रही हूँ। आखिर जल-बलकर भूभल हो जाऊँगी। यह सुनकर अम्मा ने आत्मा के दर्द से मेहरबान होकर मेरी ऐबपोशी की और सारा लवाज़िमा ज़ियाफत का उसी ख्वाजासरा के साथ (जो मेरा महरम है) कर दिया। सब अपने-अपने कारखाने में आकर हाज़िर हुए। शाम के वक्त तू उस मुए को लेकर आया। मुझे उस क़हबाबाँदी का भी आना मँजूर था।

चुनाँचे फिर तुझ को तक़य्युद करकर उसे भी बुलवाया। जब वह भी आई और मजलिस जमी, शराब पी-पीकर सब बदमस्त और बेहोश हुए और उनके साथ तू भी कैफ़ी होकर मुर्दा-सा पड़ा, मैंने क़िलमाक़नी को हुक्म किया कि उन दोनों का सिर तलवार से काट डाल। उसने वोंही एक दम में शमशीर निकाल कर दोनों के सर काट, बदन लाल कर दिये। और तुझ पर गुस्से का यह बाइस था कि मैंने इजाज़त ज़ियाफ़त की दी थी, न कि दो दिन की दोस्ती पर ऐतिमाद करके शरीक-मयखोरी का हो। अलबत्ता यह तेरी हिमाक़त अपने तईं पसन्द नहीं आई। इस वास्ते कि जब तू पी-पीकर बेहोश हुआ तब तवक्कों रफाक़त की तुझ से क्या रही? पर तेरी खिदमत के हक ऐसे मेरे गरदन पर हैं कि जो तुझ से ऐसी हरकत होती है तो मुआफ करती हूँ। ले, मैंने अपनी हक़ीकत इबतिदा से इन्तिहा तक कह सुनाई। अब भी दिल में कुछ और हवस बाक़ी है? जैसे मैंने तेरी खातिर करके तेरे कहने को सब तरह कबूल किया, तू भी मेरा फरमाना इसी सूरत से अमल में ला। सलाह-ए-वक्त यह है कि अब इस शहर में रहना मेरे और तेरे हक़ में भला नहीं। आगे तू मुख्तार है।''

या माबूदल्ला! शहज़ादी इतना फरमाकर चुप रही। फक़ीर तो दिल ओ-जान से उसके हुक्म को सब चीज़ पर मुक़द्दम जानता था और उसकी मुहब्बत के जाल में फँसा था, बोला, ''जो मरज़ी मुबारक में आवे सो बेहतर है। यह फिदवी बेउज्र बजा लावेगा। जब शहज़ादी ने मेरे तईं फरमाँबरदार और खिदमतगार अपना पूरा समझा, फरमाया, ''दो घोड़े चालाक और जाँबाज़ (कि चलने में हवा से बातें करें) बादशाह के खास अस्तबल से मँगवाकर तैयार रख।'' मैंने वैसे ही परीज़ाद चार गुर्दे के घोड़े चुनकर ज़ीन बँधवाकर मँगवाए। जब थोड़ी-सी रात बाकी रही, बादशाहज़ादी मर्दाना लिबास पहन और पाँचों हथियार बाँधकर एक घोड़े पर सवार हुई और दूसरे मरकब पर मैं मुसल्लह होकर चढ़ बैठा और एक तरफ की राह

ली।

जब शब तमाम हुई और परछा होने लगा तब एक पोखर के किनारे पहुँचे। उतर कर मुंह–हाथ धोए। जल्दी–जल्दी कुछ नाश्ता करके फिर सवार होकर चले। क़भी मलिका कुछ–कुछ बातें करती और यों कहती कि हमने तेरी खातिर शर्मो-हया, मुल्को–माल, माँ–बाप सब छोड़ा। ऐसा न हो कि तू भी उस ज़ालिम बेवफ़ा की तरह सुलूक करे! कभी मैं कुछ अहवाल इधर–उधर का राह कटने के लिए कहता और उसका भी जवाब देता कि पादशाहज़ादी! सब आदमी एक–से नहीं होते। उस पाजी के नुत्फे में कुछ खलल होगा जो उससे ऐसी हरकत वाक़ै हुई और मैंने तो जान–ओ–माल तुम पर तसद्दुक किया और तुमने मुझे हर तरह सरफ़राज़ी बख्शी। अब मैं बन्दा बग़ैर दामों का हूँ। मेरे चमड़े की अगर जूतियाँ बनवाकर पहनो तो मैं आह न करूँ। ऐसी–ऐसी बातें बाहम होती थीं और रात–दिन चलने से काम था। कभी जो मान्दगी के सबब कहीं उतरते तो जंगल के चरिन्द–ओ–परिन्द शिकार करते। हलाल करके नमकदान से लून निकाल चकमक से आग झाड़ भून–भानकर खा लेते और घोड़ों को छोड़ देते। वे अपने मुँह से घासपात चरचुगकर अपना पेट भर लेते।

एक रोज़ ऐसे कफे–दस्त मैदान में जा निकले कि जहाँ बस्ती का नाम न था और आदमी की सूरत नज़र न आती थी। इस पर भी पादशाहज़ादी की रफाक़त के सबब से दिन ईद और रात शबे–बरात मालूम होती थी। जाते–जाते अनचित एक दरिया (कि जिसके देखने से कलेजा पानी हो) राह में मिला। किनारे पर खड़े होकर जो देखा तो जहाँ तलक निगाह ने काम किया, पानी ही था। कुछ थल–बेड़ा न पाया। या इलाही! अब इस समुंदर से क्योंकर पार उतरें? एकदम इसी सोच में खड़े रहे। आखिर यह दिल में लहर आई कि मलिका को यहीं बिठाकर मैं तलाश में नाव–नवाड़े की जाऊँ। जब तलक असबाब गुजारे का हाथ आवे तब तलक वह नाज़नीन भी आराम पावे। तब मैंने कहा, "ऐ मलिका, अगर हुक्म हो तो घाट–बाट इस दरिया का देखूं?" फरमाने लगी, "मैं बहुत थक गई हूँ और भूखी–प्यासी हो रही हूँ। मैं ज़रा दम ले लूँ, जब तईं तू पार चलने की कुछ तदबीर कर।"

उस जगह एक दरख्त पीपल का था, बड़ा छत्तर बांधे हुए कि अगर हज़ार सवार आवे तो धूप और मेंह में उसके तले आराम पावे। वहाँ उसको बिठाकर मैं चला; और चारों तरफ देखता था कि कहीं भी ज़मीन पर या दरिया में निशान इनसान का पाऊँ। बहुतेरा सर मारा पर कहीं न पाया। आखिर मायूस होकर वहाँ से फिर आया तो उस परी को पेड़ के नीचे न पाया। उस वक्त की हालत क्या

कहूँ कि सुरत जाती रही। दीवाना-बावला हो गया। कभो दरख्त पर चढ़ जाता और डाल-डाल पात-पात फिरता। कभी हाथ-पाँव छोड़कर जमीन में गिरता और उस दरख्त की जड़ के आसपास तसद्दुक़ होता। कभी चिंघाड़ मारकर अपनी बेबसी पर रोता। कभी पश्चिम से पूरब को दौड़ा जाता। कभी उत्तर से दक्खिन को फिर आता। ग़रज़ बहुतेरी खाक छानी लेकिन उस गौहर-ए-नायाब की निशानी न पाई। जब मेरा कुछ बस न चला तब रोता और खाक सिर पर उड़ाता हुआ तलाश हर कहीं करने लगा।

दिल में यह खयाल आया कि शायद कोई जिन उस परी को उठा कर ले गया और मुझे यह दाग़ दे गया। या उसके मुल्क से कोई उसके पीछे लगा चला आता था। इस वक्त अकेला पाकर, मना-मना कर फिर शाम की तरफ ले उभरा। ऐसे खयालों में घबराकर, कपड़े-कपड़े फेंक-फांक दिये। नंगा-मंगा फक़ीर बनकर शाम के मुल्क में सुबह से शाम तक ढूँढता फिरता और रात को कहीं पड़ा रहता। सारा जहान रौंद मारा पर अपनी बादशाहज़ादी का नाम-ओ-निशान किसी से न सुना। न सबब गायब होने का मालूम हुआ। तब दिल में यह आया कि जब उस जान का तूने कुछ पता न पाया तो अब जीना भी हैफ़ है। किसी जंगल में एक पहाड़ नज़र आया। तब उस पर चढ़ गया और यह इरादा किया कि अपने तईं गिरा दूँ कि एक दम में सिर-मुंह पत्थरों से टकराते-टकराते फूट जावेगा तो ऐसी मुसीबत से जी छूट जावेगा।

यह दिल में कहकर, चाहता हूँ कि अपने तईं गिराऊँ बल्कि पाँउ भी उठ चुके थे कि कसू ने मेरा हाथ पकड़ लिया। इतने में होश आया। देखता हूँ तो एक सवार सब्ज़पोश, मुँह पर नक़ाब डाले मुझे फरमाता है कि क्यों तू अपने मरने का क़सद करता है ? खुदा के फ़ज़्ल से नाउम्मीद होना कुफ्र है। जब तलक साँस है तब तलक आस है! अब थोड़े दिनों में रूम के मुल्क में तीन दरवेश तुझ सारके, ऐसी ही मुसीबत में फँसे हुए और ऐसे ही तमाशे देखते हुए तुझसे मुलाक़ात करेंगे। और वहाँ के पादशाह का आज़ादबख्त नाम है, उसको भी एक बड़ी मुश्किल दरपेश है, जब वह भी तुम चारों फक़ीरों के साथ मिलेगा तो हर एक के दिल का मतलब और मुराद जो है बखूबी हासिल होगी।

मैंने रकाब पकड़कर बोसा दिया और कहा, "ऐ खुदा के वली! तुम्हारे इतने ही फरमाने से मेरे दिले-पुर इज़्तिरार को तसल्ली हुई लेकिन खुदा के वास्ते यह फरमाइए कि आप कौन हैं आरै इस्म शरीफ़ क्या है ?" तब उन्होंने फरमाया कि मुरतज़ा अली मेरा नाम है। और मेरा यही काम है कि जिसको जो मुश्किल कठिन पेश आवे तो मैं उसको आसान कर दूँ। इतना फरमाकर नज़रों से पोशीदा हो गये।

बारे, इस फ़क़ीर ने अपने मौला मुश्किलकुशा की बशारत को खातिर ज़मा कर क़सद कुसतुनतुनिया का किया। राह में जो कुछ मुसीबतें क़िसमत में लिखी थीं, खींचता हुआ, उस पादशाहज़ादी की मुलाक़ात के भरोसे, खुदा के फ़ज़्ल से यहाँ तक आ पहुँचा और अपनी खुशनसीबी से तुम्हारी खिदमत में मुशर्रफ़ हुआ। हमारे-तुम्हारे आपस में मुलाकात तो हुई, बाहम सोहबत और बातचीत मुयस्सर आयी। अब चाहिए कि बादशाह आज़ादबख़्त से भी रू-शिनास और जान-पहचान हो।

बाद इसके मुकर्रर हम पाँचों, अपने मकसदे-दिली को पहुँचेंगे; तुम भी दुआ माँगो और आमीन कहो। या हादी! इस हैरान-सरगर्दान की सरगुज़श्त यह थी जो हुजूरी में दरवेशों की कह सुनाई। अब आगे देखिए कि कब यह मेहनत और ग़म हमारा पादशाहज़ादी के मिलने से खुशी-औ-खुर्रमी से बदल हो। आज़ादबख़्त एक कोने में छुपा हुआ चुपका ध्यान लगाए, पहले दरवेश का माजरा सुनकर खुश हुआ। फिर दूसरे दरवेश की हक़ीक़त को सुनने लगा। ●●

सैर दूसरे दरवेश की

जब दूसरे दरवेश के कहने की नौबत पहुँची, वह चारज़ानू हो बैठा और बोला:

ऐ यारो! इस फ़क़ीर का टुक माजरा सुनो।
मैं इब्तिदा से कहता हूँ ता इन्तिहा सुनो॥
जिस का इलाज कर नहीं सकता कोई हकीम
हैगा हमारा दर्द, निपट, ला-दवा सुनो॥

ऐ दलकपोशो! यह आजिज़ पादशाहज़ादा फारस के मुल्क का है। हर फन के आदमी वहाँ पैदा होते हैं। चुनाँचे "इस्फ़हाँ निस्फ़ जहाँ" मशहूर है। हफ्त इक़लीम में उस इकलीम के बराबर कोई विलायत नहीं; कि वहाँ का सितारा आफ़ताब है और वह सातों कवाकिब में नय्यरेआज़म है। आबो-हवा वहाँ की खुश और लोग रौशन-तबा और साहब-ए-सलीक़ा होते हैं। मेरे क़िब्लागाह ने (जो बादशाह उस मुल्क के थे) लड़कपन से क़ाइदे और क़ानून सलतनत के तरबियत करने के वास्ते बड़े-बड़े दाना उस्ताद हर एक इल्म और क़सब के चुनकर मेरी अतालीक़ी के लिए मुक़र्रर किये थे। तो तालीम कामिल हर नौ की पाकर क़ाबिल हूँ। खुदा के फज़्ल से चौदह बरस के सिन-ओ-साल में सब इल्म से माहिर हुआ। गुफ्तगू माकूल, नशिस्त-ओ-बरखास्त पसंदीदा और जो कुछ पादशाहों को लायक़ और दरकार है सब हासिल किया। और यही शौक़ शब-ओ-रोज़ था कि क़ाबिलों की सोहबत में किस्से हर एक मुल्क के और अहवाल ऊलूलज़्म पादशाहों और नामआवरों का सुना करूँ।

एक रोज़ एक मुसाहिब-ए-दाना ने, कि खूब तवारीखदाँ और जहाँदीदा था,

मज़कूर किया कि अगरचे आदमी की जिन्दगी का कुछ भरोसा नहीं लेकिन अक्सर वस्फ ऐसे हैं कि उनके सबब से इनसान का नाम क़यामत तक जुबानों पर बखूबी चला जायेगा। मैंने कहा, "अगर थोड़ा-सा अहवाल उसका मुफ़स्सिल बयान करो तो मैं भी सुनूँ और उस पर अमल करूँ।" तब वह शख्स हातिम ताई का माजरा इस तरह से कहने लगा कि हातिम के वक्त में एक बादशाह अरब का नोफल नाम का था। उसको हातिम के साथ बसबब नाम आवरी के, दुश्मनी कमाल हुई। बहुतसा लश्कर फौज जमा कर-कर लड़ाई की खातिर चढ़ आया। हातिम तो खुदातरस और नेक मर्द था, यह समझा कि अगर मैं भी जंग की तैयारी करूं तो खुदा के बन्दे मारे जाएँगे और बड़ी खूँरेज़ी होगी। उसका अज़ाब तेरे नाम लिखा जाएगा। यह बात सोचकर, तन-तनहा अपनी जान लेकर एक पहाड़ की खोह में जा छुपा। ज़ब हातिम के ग़ायब होने की खबर नोफल को मालूम हुई, सब असबाब घरबार हातिमका कुर्क किया और मुनादी करवादी कि जो कोई ढूँढ-ढाँढ़कर पकड़ लावे पान से (पाँच सौ) अशरफी पादशाह की सरकार से इनाम पावे। यह सुनकर सबको लालच आया और जुस्तजू हातिम की करने लगे।

एक रोज़ एक बूढ़ा और उसकी बुढ़िया, दो-तीन बच्चे छोटे-छोटे साथ लिए हुए, लकड़ियाँ तोड़ने के वास्ते उस ग़ार के पास, जहाँ हातिम पोशीदा था, पहुँचे और लकड़ियाँ उस जंगल से चुनने लगे। बुढ़िया बोली कि अगर हमारे दिन कुछ भले आते तो हातिम को कहीं हम देख पाते और उसको पकड़ कर नोफल के पास ले जाते तो वह पाँच सौ अशरफी देता और हम आराम से खाते। इस दुख-धन्धे से छूट जाते। बूढ़े ने कहा, "क्या टर-टर करती है? हमारे तालै में यही लिखा है कि रोज़ लकड़ियाँ तोड़ें और सिर पर धर कर बाजार में बेचें, तब लून-रोटी मुयस्सर आवे। एक रोज़ जंगल से बाघ ले जावे। ले अपना काम कर। हमारे हाथ हातिम काहे को आवेगा और बादशाह से इतने रुपये दिलावेगा?" औरत ने ठंडी साँस भरी और चुपकी हो रही।

ये दोनों की बातें हातिम ने सुनीं। मर्दुमी और मुरव्वत से बईद जाना कि अपने तईं छिपाए और जान को बचाए और उन दोनों बेचारों को मतलब तक न पहुँचाए? सच है अगर आदमी में रहम नहीं तो वह इनसान नहीं और जिसके जी में दर्द नहीं वह कसाई है।

दर्दे-दिल के वास्ते पैदा किया इनसान को
वरना ताअत के लिए कुछ न थे कर्रोबियाँ।

ग़रज़ हातिम की जवाँमर्दी ने न क़बूल किया कि अपने कानों से सुनकर चुपका हो रहे। वौं ही बाहर निकल आया और उस बूढ़े से कहा कि "अज़ीज़!

हातिम मैं ही हूँ! मेरे तईं नोफल के पास ले चल। वह मुझे देखेगा और जो कुछ रुपये देने का इक़रार किया है तुझे देवेगा।" पीर मर्द ने कहा, "सच है कि इस सूरत में भलाई और बहबूदी मेरी अलबत्ता है, लेकिन वह, क्या जाने तुझसे क्या सुलूक करे! अगर मार डाले तो मैं क्या करूँ? यह मुझसे हरगिज़ न हो सकेगा कि तुझसे इनसान को अपनी तमा की खातिर दुश्मन के हवाले करूँ। वह माल कै दिन खाऊँगा और कब तक जीऊँगा? आखिर मर जाऊँगा। तब खुदा को क्या जवाब दूँगा?" हातिम ने बहुतेरी मिन्नत की कि मुझे ले चल। मैं अपनी खुशी से कहता हूँ और हमेशा इसी आरज़ू में रहता हूँ कि मेरा जान-ओ-माल कसू के काम आवे तो बेहतर है। लेकिन वह बूढ़ा कसू तरह राज़ी न हुआ कि हातिम को ले जावे और इनाम पावे।

आखिर लाचार होकर हातिम ने कहा, "अगर तू मुझे यौं नहीं ले जाता तो मैं आपसे आप बादशाह के पास जाकर कहता हूँ कि इस बूढ़े ने मुझे जंगल में एक पहाड़ की खोह में छुपा रखा था।" वह बूढ़ा हँसा और बोला, "भलाई के बदले बुराई मिले तो या नसीब!" इस रद्द-ओ-बदल के सवाल-जवाब में आदमी और भी आन पहुँचे। भीड़ लग गई। उन्होंने मालूम किया कि हातिम यही है। तुरंत पकड़ लिया और हातिम को ले चले। वह बूढ़ा भी अफसोस करता हुआ पीछे-पीछे साथ हो लिया। जब नोफ़ल के रूबरू ले गये, उसने पूछा कि इसको कौन पकड़ लाया? एक बदज़ात संगदिल बोला कि ऐसा काम सिवाए हमारे कौन कर सकता है? यह फतह हमारे नाम है। हमने अर्श पे झण्डा गाड़ा है। एक और लनतरानीवाला डींग मारने लगा कि मैं कई दिन से दौड़-धूप कर जंगल से पकड़ लाया हूँ मेरी मेहनत पर नज़र कीजिए और जो करार है सो दीजिए। इसी तरह अशरफियों के लालच से हर कोई कहता था कि यह काम मुझ से हुआ। वह बूढ़ा चुपका एक कोने में लगा हुआ सबकी शेखियाँ सुन रहा था और हातिम की खातिर खड़ा रोता था। जब अपनी-अपनी दिलावरी और मरदानगी सब कह चुके तब हातिम ने बादशाह से कहा, "अगर सच बात पूछो तो यह है कि वह बूढ़ा जो अलग सबसे खड़ा है, मुझको लाया है। अगर क़ियाफ़ा पहचान जानते हो तो दरयाफ्त करो और मेरे पकड़ने की खातिर जो कौल किया है पूरा करो कि सारे डील में ज़ुबान हलाल है, मर्द को चाहिए जो कहे सो करे। नहीं तो जीभ हैवान को भी खुदा ने दी है फिर हैवान और इंसान में क्या तफ़ावत है?"

नोफल ने उस लकड़हारे बूढ़े को पास बुलाकर पूछा कि सच कहो, अस्ल क्या है? हातिम को कौन पकड़ लाया? उस बेचारे ने सिर से पाँव तक जो गुज़रा था, रास्त कह सुनाया और कहा कि हातिम मेरी खातिर आप से आप चला आया

है। नोफल यह हिम्मत हातिम की सुनकर मुताज्जुब हुआ कि बल बे! तेरी सखावत! अपनी जान का भी खतरा न किया! जितने झूठ दावे हातिम के पकड़ लाने के करते थे, हुक्म किया कि उन की टुंड़ियां कसकर पाँच सौ अशरफी के बदले पान-पान से जूतियाँ उनके सिर पर लगाओ कि उनकी भी जान निकल पड़े।" वों ही तड़! तड़! पैज़ारें पड़ने लगीं कि एकदम में सिर उनके गंजे हुए। सच है, झूठ बोलना ऐसा ही गुनाह है कि कोई गुनाह उसको नहीं पहुँचता। खुदा सबको इस बला से महफूज़ रखे और झूठ बोलने का चसका न दे। बहुत आदमी झूठ-मूठ बके जाते हैं लेकिन आज़माइश के वक्त सज़ा पाते हैं।

ग़रज़ उन सबको मुवाफ़िक़ उनके इनाम देकर नोफल ने अपने दिल में खयाल किया कि हातिम से शख्स से (कि एक आलम को उससे फैज़ पहुँचता है और मोहताजों की खातिर जान अपनी दरेग़ नहीं करता और खुदा की राह में सर ता पा हाज़िर है) दुश्मनी रखनी और उसका मुद्दई होना मर्दे-आदमियत और जवाँमर्दी से बईद है। वों ही हातिम का हाथ बड़ी दोस्ती और गर्मजोशी से पकड़ लिया और कहा, "क्यों नहीं! जब ऐसे हो। तब ऐसे हो! तवाज़ो ताज़ीम करकर पास बिठलाया और हातिम का मुल्क-ओ-इमलाक और माल-ओ-असबाब जो कुछ ज़ब्त किया था वोंही छोड़ दिया। नये सिर से सरदारी-ए-क़बीला तै की, उसे दी और उस बूढ़े को पाँच सौ अशरफियाँ अपने खज़ाने से दिलवा दीं! वह दुआ देता हुआ चला गया।

जब यह माजरा हातिम का मैंने तमाम सुना, जी में ग़ैरत आई और यह खयाल गुज़रा कि हातिम अपनी क़ौम का फ़क्त रईस था जिनने एक सखावत के बाइस यह नाम पैदा किया कि आज तलक मशहूर है। मैं खुदा के हुक्म से बादशाह तमाम ईरान का हूँ अगर इस नैमत से महरूम रहूँ तो बड़ा अफसोस है। फिल् वाकै, दुनिया में कोई काम बड़ा दाद-ओ-दहिश से नहीं। इस वास्ते कि आदमी जो कुछ दुनिया में देता है उसका ऐवज़ आक़िबत में लेता है। अगर कोई एक दाना बोता है तो उससे कितना कुछ पैदा होता है! यह बात दिल में ठहराकर मीर-ए-इमारत को बुलवाकर हुक्म किया कि एक मकान आलीशान जिसके चालीस दरवाज़े बुलंद और बहुत कुशादा हों, बाहर शहर के जल्द बनवाओ। थोड़े अर्से में वैसी ही इमारत बसीअ, जैसा दिल चाहता था, बनकर तैयार हुई और उस मकान में हर रोज़ हर वक्त, फ़जर से शाम तक, मुहताजों और बेकसों के तई रुपये-अशरफ़ियाँ देता और जो कोई जिस चीज़ का सवाल करता, मैं उसे मालामाल करता।

ग़रज़ चालीसों दरवाज़े से हाजतमंद आते और जो चाहते सो ले जाते। एक

रोज़ का यह ज़िक्र है कि एक फ़क़ीर साम्हने के दरवाज़े से आया और सवाल किया। मैंने उसे एक अशरफी दी। फिर वही दूसरे दरवाज़े से होकर आया, दो अशरफियाँ माँगीं। मैंने पहचान कर दर-गुज़र की और दीं। इसी तरह उसने हर एक दरवाज़े से आना और एक-एक अशरफी बढ़ाना शुरू किया। और मैं भी जान-बूझ कर अनजान हुआ और उसके सवाल के मुवाफ़िक़ दिया किया। आखिर चालीसवें दरवाज़े की राह से आकर चालीस अशरफियाँ माँगीं। वह भी मैंने दिलवा दीं। इतना कुछ लेकर वह दरवेश फिर पहिले दरवाज़े से घुस आया और सवाल किया। मुझे बहुत बुरा मालूम हुआ। मैंने कहा, "सुन ऐ लालची! तू कैसा फ़क़ीर है कि हरगिज़ "फ़ुक्र" के तीनों हरफ़ों से भी वाक़िफ़ नहीं। फ़क़ीर का अमल उन पर चाहिए।" फ़क़ीर बोला, "भला दाता, तुम्हीं बताओ" मैंने कहा, "फे से फ़ाक़ा, क़ाफ़ से क़नाअत, रे से रियाज़त निकलती है। जिसमें ये बातें न हों, वह फ़क़ीर नहीं। इतना जो तुझे मिला है, उसको खा-पीकर फिर आइयो और जो माँगेगा, ले जाइओ! यह खैरात एहतियाज रिफ़ा करने के लिए है, न जमा करने के लिए! ऐ हरीस! चालीस दरवाज़ों से तूने एक अशरफी से चालीस अशरफियों तक लीं। इस का हिसाब तो कर कि रेवड़ी के फेर की तरह कितनी अशरफियाँ हुईं। और इस पर भी तुझे हिर्स फिर पहले दरवाज़े से ले आई। इतना माल जमा कर-कर क्या करेगा? फ़क़ीर को चाहिए कि एक रोज़ की फिक्र करे। दूसरे दिन फिर नयी रोज़ी रज़्ज़ाक देने वाला मौजूद है। अब हयाओ-शर्म पकड़ और सब्र-ओ-क़नाअत को काम फरमा। यह कैसी फ़क़ीरी है जो तुझे मुरशिद ने बतायी है?"

यह मेरी बात सुनकर खफा और बद-दिमाग़ हुआ और जितना मुझसे लेकर जमा किया था सब ज़मीन में डाल दिया और बोला, "बस! बाबा इतने गर्म मत हो। अपनी कायनात लेकर रख छोड़ो और फिर सखावत का नाम न लीजो। सखी होना बहुत मुश्किल है। तुम सखावत का बोझ नहीं उठा सकते। उस मंज़िल को कब पहुँचोगे? अभी दिल्ली दूर है। सखी के भी तीन हर्फ़ हैं। पहले उन पर अमल करो तब सखी कहलाओ।" तब तो मैं डरा और कहा, "भला दाता! इसके मानी मुझे समझाओ।" कहने लगा, सीन से समाई, खे से खौफ़े-इलाही और यी से याद रखना अपनी पैदाइश और मरने को। जब तलक इतना न हो ले, तू सखावत का नाम न ले। और सखी का यह दर्जा है कि अगर बदकार हो तो भी दोस्त खुदा का है। इस फ़क़ीर ने बहुत मुल्कों की सैर की है। लेकिन सिवाए बसरे की पादशाहज़ादी के कोई सखी देखने में न आया! सखावत का जामा खुदा ने उस औरत पर क़तै किया है। और सब नाम चाहते हैं पर वैसा काम नहीं करते।"

यह सुनकर मैंने बहुत मिन्नत की और कस्में दीं कि मेरी तक़सीर माफ करो और जो चाहिए सो लो, मेरा दिया हरगिज़ न लिया और यह बात कहता हुआ, "अब अगर अपनी सारी पादशाहत मुझे दे तो उस पर भी न थूकूँ और न धर मारूँ।" वह तो चला गया। पर बसरे की शहजादी की यह तारीफ सुनने से दिल बेकल हुआ। किसी तरह कल न थी। अब यह आरज़ू हुई कि कसू सूरत से बसरे चल कर उसको देखना चाहिए।

इस अर्से में बादशाह ने वफ़ात पायी और तख्त पर मैं बैठा। सलतनत मिली पर वह खयाल न गया। वज़ीर और अमीरों से (जो पाए तख्त-ए-सलतनत के और अरकान ममलिकत के थे) मशविरत की कि सफ़र बसरे का किया चाहता हूँ। तुम अपने काम में मुस्तैद रहो। अगर ज़िन्दगी है तो सफ़र की उमर कोताह होती है, जल्द फिर आता हूँ। कोई मेरे जाने पर राज़ी न हुआ। लाचार दिल तो उदास हो रहा था। एक दिन बग़ैर सबके कहे-सुने चुपके वज़ीर-ए-बातदबीर को बुलाकर मुख्तार और वकील-ए-मुतलक अपना किया और सलतनत का मदार-उल-मुहाम बनाया। फिर मैंने गेरुआ बस्तर पहन, फक़ीरी भेस कर, अकेले राह बसरे की ली। थोड़े दिनों में उसकी सरहद में जा पहुँचा। तब से यह तमाशा देखने लगा कि जहाँ रात को जाकर मक़ाम करता, नौकर-चाकर उसी मलिका के इस्तिक़बाल कर-कर, एक मकाने-माकूल में उतारते और जितना लवाज़मा ज़ियाफत का होता है बखूबी मौजूद करते और खिदमत में दस्तबस्ता तमाम रात हाज़िर रहते। दूसरे दिन दूसरी मंजिल में यही सूरत पेश आती। इस आराम से महीनों की राह तै की, आखिर बसरे में दाखिल हुआ। वौं ही एक जवान शकील खुशलिबास, नेकखू, साहब-ए-मुरव्वत (कि दानाई उसके कयाफ़े से ज़ाहिर थी) मेरे पास आया और निपट शीरीं जुबानी से कहने लगा कि मैं फ़क़ीरों का खादिम हूँ, हमेशा इसी तलाश में रहता हूँ कि जो कोई मुसाफिर, फक़ीर या दुनियादार इस शहर में आवे, मेरे घर में क़दमरंजा फरमावे। सिवाए एक मकान के यहाँ और बिदेसी के रहने की जगह नहीं हैं। आप तशरीफ ले चलिए और उस मकान को ज़ीनत बखशिए। और मुझे सरफराज़ कीजिए।

फक़ीर ने पूछा, "साहब का इस्म-ए-शरीफ क्या है ?" बोला, "इस गुमनाम का नाम बेदारबख्त कहते हैं।" उसकी खूबी और तमल्लुक़ देखकर यह आजिज़ उसके साथ चला और उसके मकान में गया। देखा तो एक इमारते-आली लवाज़म-ए-शाहाना से तैयार है। एक दालान में उसने ले जाकर बिठाया और गर्म पानी मँगवाकर हाथपाँव धुलवाए। और दस्तरख्वॉन बिछवा कर मुझ तन-तनहा के रूबरू, बकावल ने एक तूरे का तूरा चुन दिया, चार मुश्काब! एक में यखनी पुलाव, दूसरी

में कूरमा-पुलाव, तीसरी में मुतंजन पुलाव, चौथी में कोको पुलाव, और एक क़ाब ज़र्दे की और कई तरह के क़लिए, दो पियाज़ा, नरगिसी बादामी रोगन जोश और रोटियाँ कई किस्म की, बाकरखानी, तुंकी, शीरमाल, गावदीदा, गावज़ुबान, नान-ए-नैमत, पराठे, और कबाब कोफ़ते के, तक्के के, मुर्ग के, खागीना मलगोबा, शबदेग, दमपुख्त, हलीम, हरीसा, समोसे वरकी, कबूली, फिरनी, शीर बिरंज, मलाई, हलुआ, फालूदा, पनमत्ता, नमिश, आबशोरा, साक़े अरूस, लौजियात, मुरब्बा, अचारदान, दही की कुलफियाँ, ये नैमतें देखकर रूह भर गयी। जब एक-एक निवाला हर एक से लिया, पेट भर गया। तब हाथ खाने से खींचा।

वह शख्स मुजव्वुज़ हुआ कि साहब ने क्या खाया? खाना तो सब अमानत धरा है! बेतकल्लुफ और नोशजान फरमाइए। मैंने कहा, "खाने में शर्म क्या है? खुदा तुम्हारा खाना आबाद रखे, जो कुछ मेरे पेट में समाया सो मैंने खाया। और जायक़े की इसके क्या तारीफ करूँ? अब तक जबान चाटता हूँ और जो डकार आती है वह मुअत्तर। लो अब मज़ीद करो।" जब दस्तरख्वान उठा, ज़ेर अंदाज़ काशानी मखमल का मुक़ैशी बिछाकर चिलमची आफताबा, तिलाई लाकर, बेसनदान में से खुशबू बेसन देकर गर्म पानी से मेरे हाथ धुलाये। फिर पानदान, जड़ावे में गिलोरियाँ, सोने के पखरूटों में बंधी हुई, चौखड़ों में खिलवरियाँ और चिकनी सुपारियाँ, और लौंग इलायचियाँ, रूप के वर्कों में मढ़ी हुई लाकर रखीं। जब मैं पानी पीने को माँगता, तब सुराही बरफ में लगी हुई आबदार ले आता। जब शाम हुई फानूसों में काफ़ूरी शमएँ रोशन हुईं। वह अज़ीज़ बैठा हुआ बातें करता रहा। जब पहर रात गई, बोला, "अब इस छपड़खट में कि जिसके आगे दलदा पेशगीर खड़ा है आराम कीजिए।" फ़क़ीर ने कहा, "ऐ साहिब, हम फक़ीरों को एक बोरिया, मिर्गछाला बिस्तर के लिए बहुत है। यह खुदा ने तुम दुनियादारों के वास्ते बनाया है।"

कहने लगा, "यह सब असबाब दरवेशों के खातिर है। कुछ मेरा माल नहीं। उसके बजिद होने से उन बिछौनों पर कि फूलों की सेज से भी नर्म थे, जाकर लेटा। दोनों पट्टियों की तरफ गुलदान, चंगीरें फूलों की चुनी हुई, ऊदसोज़ और लखलखे रौशन थे। जीधर की करवट लेता, दिमाग़ मुअत्तर हो जाता। इस आलम में सो रहा। जब सुबह हुई, नाश्ते को भी बादाम, पिस्ते, अंगूर, अंजीर, नाशपाती, अनार, किशमिश, छुहारे, और मेवे का शरबत ला हाज़िर किया। इसी तौर से तीन दिन-रात रहा, चौथे रोज़ मैंने रुखसत माँगी। हाथ जोड़कर कहने लगा, "शायद इस गुनहगार से साहब की खिदमतगारी में कुछ कसूर हुआ कि जिस के बाइस मिज़ाज तुम्हारा मुक़द्दर हुआ।" मैंने हैरान होकर कहा, "बराए खुदा, यह क्या

मज़कूर है ? लेकिन महमानी की शर्त तीन दिन तलक है सो मैं रहा। ज़ियादा रहना खूब नहीं। और अलावा यह फ़क़ीर वास्ते सैर के निकला है। अगर एक ही जगह रह जावे तो मुनासिब नहीं। इसलिए इजाज़त चाहता है। नहीं तो तुम्हारी खूबियाँ ऐसी नहीं कि जुदा होने को जी चाहे।''

तब वह बोला, जैसी मर्ज़ी! लेकिन एक साअत तवक्कुफ कीजिए कि बादशाहज़ादी के हुज़ूर में जाकर अर्ज़ करूँ। और तुम जो जाया चाहते हो तो जो कुछ असबाब ओढ़ने-बिछाने का और खाने के बासन रूपे सोने के और जड़ाव के इस महमानखाने में हैं, यह सब तुम्हारा माल है। इसके साथ ले जाने की खातिर जो फरमाओ, तदबीर की जाए। मैंने कहा, ''लाहौल पढ़ो। हम फ़क़ीर न हुए, भाट हुए। अगर यही हिर्स दिल में होती तो फ़क़ीर काहे को होते, दुनियादारी क्या बुरी थी ?'' उस अज़ीज़ ने कहा, अगर यह अहवाल मलिका सुने तो खुदा जाने, मुझे इस खिदमत से तग़य्युर करकर क्या सुलूक करे! अगर तुम्हें ऐसी ही बेपरवाई है तो इन सबको एक कोठरी में अमानत बंद करकर दरवाज़े को सर-बमुहर कर दो। फिर जो चाहो सो कीजो।''

मैं न क़बूल करता था और वह भी न मानता था। लाचार यही सलाह ठहरी कि सब असबाब को बंद कर-कर कुफल कर दिया और मुंतज़िर रुखसत का हुआ। इतने में एक ख्वाजासरा मोतबर, सिर पर सरपेच और गोशपेच और कमर में बन्दी बान्धे एक असा सोने का जड़ाव हाथ में और साथ उसके कई खिदमतगार माकूल ओहदे लिए हुए, इस शान-ओ-शौकत से मेरे नज़दीक आया। ऐसी-ऐसी मेहरबानगी और मुलायमत से गुफ्तगू करने लगा कि जिसका बयान नहीं कर सकता। फिर बोला कि ऐ मियाँ! अगर तवज्जुह और करम करकर इस मुश्ताक़ के गरीब-खाने को, अपने कदम की बरकत से रौनक़ बख्शो, तो बन्दानवाज़ी और गरीबपरवरी से बईद नहीं। शायद शहज़ादी सुने कि कोई मुसाफिर यहाँ आया था, उस की तवाज़ू मुदारात, कसू ने न की, वह यों ही चला गया, इस वास्ते वअल्लाह-ए-आलम मुझ पर क्या आफत लावे और कैसी क़यामत उठावे बल्कि हरफ जिंदगी पर है।'' मैंने इन बातों को न माना। तब ख्वाह-मख्वाह मिन्नतें करके, मेरे तईं और एक हवेली में (कि पहले मकान से बेहतर थी) ले गया। उसी पहले मेज़बान की मानिन्द तीन दिन-रात दोनों वक्त वैसे ही खाने और सुबह और तीसरे पहर शरबत और तफ़न्नुन की खातिर मेवे खिलाये। और बासन नुकरई व तिलाई और फ़र्शो-फरूश और असबाब जो कुछ वहाँ था मुझसे कहने लगा कि इन सबके तुम मालिक-मुख्तार हो, जो चाहो सो करो।

मैं ये बातें सुनकर हैरान हुआ और चाहा कि किसी-न-किसी तरह यहाँ

से रुखसत होकर भागूँ। मेरे बशरे को देखकर वह मुहल्ली बोला, "ऐ खुदा के बन्दे! जो तेरा मतलब या आरज़ू हो, सो मुझसे कह तो हुजूर में मलिका के जाकर अर्ज़ करूँ।" मैंने कहा, "मैं फक़ीरी के लिबास में दुनिया का माल क्या माँगूं? कि तुम बग़ैर माँगे देते हो और मैं इनकार करता हूँ।" तब वह कहने लगा कि हिर्स दुनिया की किसी के जी से न गयी चुनाँचे कसू कबि ने यह कबित्त कहा है:

नखर बिन कटा देखे, सीस भारी जटा देखे,
जोगी कनफटा देखे, छार लाये तन में॥
मौनी अनबोल देखे, साघरा सर झूल देखे
करत कलोल देखे बनखंडी बन में॥
बीर देखे, सूर देखे, सब गुनी और कूढ़ देखे
माया के पूर देखे, भूले रहे धन में॥
आद्यन्त सुखी देखे, जन्म ही के दु:खी देखे
पर वे न देखे जिनके लोभ नाहिं मन में॥

मैंने यह सुनकर जवाब दिया कि यह सच है, पर मैं कुछ नहीं चाहता। अगर फरमाओ तो एक रुक्का सर बमुहरा अपने मतलब का लिखकर दूँ जो हुजूर मलिका के पहुँचा दो तो बड़ी मेहरबानी है। गोया तमाम दुनिया का माल मुझको दिया। बोला, बसर-ओ-चश्म! क्या मुजायका। मैंने एक रुक्का लिखा। पहले शुक्र खुदा का। फिर अहवाल कि यह बन्दा खुदा का कई रोज़ से इस शहर में वारिद है और सरकार से सब तरह की खबरगीरी होती है। जैसी खूबियाँ और नेकनामियाँ मलिका की सुनकर इश्तियाक देखने का हुआ था, इससे चार चान्द पाया। अब हुज़ूर के अरकान-ए-दौलत यों कहते हैं कि जो मतलब और तमन्ना तेरी हो सो ज़ाहिर कर। इस वास्ते बेहिजावाना जो दिल की आरज़ू है सो अर्ज़ करता हूँ कि मैं दुनिया के माल का मुहताज नहीं। अपने मुल्क का मैं भी बादशाह हूँ। फक़त यहाँ तलक आना और मेहनत उठाना आपके इश्तियाक़ के सबब से हुआ जो तन-तनहा इस सूरत से आ पहुँचा हूँ। अब उमीद है कि हुजूर की तवज्जुह से यह खाक़नशीन मतलबे-दिली को पहुँचे तो लायक़ है। आगे जो मरज़ी मुबारक। लेकिन अगर यह इल्तिमास खाकसार का कुबूल न होगा, तो इसी तरह खाक छानता फिरेगा और इस जान-ए-बेक़रार को आपके इश्क में निसार करेगा। मजनूँ और फरहाद की मानिन्द जंगल में या पहाड़ पर मर रहेगा।

यही मुद्दआ लिखकर उस खोजे को दिया। उसने बादशाहज़ादी तलक पहुँचाया। बाद एक दम के फिर आया और मेरे तईं बुलाया और अपने साथ महल

की डेवढ़ी पर ले गया। वहाँ जाकर देखा तो एक बूढ़ी-सी औरत साहब-ए-लियाक़त, सुनहरी कुरसीपर गहना-पाता पहने हुए बैठी है। और कई खोजे खिदमतगार, तकल्लुफ के लिबास पहने हुए हाथ बाँधे सामने खड़े हैं। मैं उसे मुख्तारेकार जान कर और देरीना समझकर दस्त बसर हुआ। उस मामा ने बहुत मेहरबानी से सलाम किया और हुकुम किया कि आओ, बैठो, खूब हुआ तुम आये। तुम्हीं ने मलिका के इश्तियाक़ का रुक्का लिखा था? मैं शरम खा कर चुप हो रहा और सिर नीचा कर के बैठा।

एक साअत के बाद बोली कि ऐ जवान, पादशाहज़ादी ने सलाम कहा है और फरमाया है कि मुझको खावन्द करने से ऐब नहीं। तुमने मेरी दरख्वास्त की लेकिन अपनी पादशाहत का बयान करना और इस फ़क़ीरी में अपने तईं पादशाह समझना और उसका गुरूर करना निपट बेजा है। इस वास्ते कि सब आदमी आपस में फिल-हक़ीक़त एक हैं। लेकिन फज़ीलत दीन-इस्लाम की अलबत्ता है और मैं भी एक मुद्दत से शादी करने की आरज़ूमन्द हूँ। और जैसे तुम दौलते-दुनिया से बेपरवा हो, मेरे तईं भी हक़-ए-ताला ने इतना माल दिया है कि जिसका कुछ हिसाब नहीं। पर एक शर्त है कि पहले महर अदा कर लो और महर शहज़ादी का, एक बात है जो तुम से हो सके। मैंने कहा : मैं सब तरह हाज़िर हूँ। जान-ओ-माल से दरेग़ नहीं करने का। वह बात क्या है? कहो तो मैं सुनूँ। तब उसने कहा, ''आज के दिन रह जाओ, कल तुम्हें कह दूँगी।'' मैंने खुशी से क़ुबूल किया और रुखसत होकर बाहर आया।

दिन तो गुज़रा। जब शाम हुई, मुझे एक ख्वाजासरा महल में बुला कर ले गया। जाकर देखा तो अकाबर-ए-आलम और फ़ाज़िल, साहब-ए-शरअ हाज़िर हैं। मैं भी उसी जलसे में जाकर बैठा कि इतने में दस्तरख्वान बिछाया गया और खाने अक़साम अक़साम के शीरीं और नमकीन चुने गये। वे सब खाने लगे और मुझे भी तवाज़े करकर शरीक किया। जब खाने से फराग़त हुई, एक दाई अंदर से आयी और बोली, ''बहरवर कहाँ है? उसे बुलाओ।'' यसाउलों ने वोंही हाज़िर किया। उसकी सूरत बहुत मर्द आदमी की-सी और बहुत-सी कुंजियाँ रूपे-सोने की कमर में लटकती हुई। सलाम-अलेक करकर मेरे पास आकर बैठा। वही दाई कहने लगी कि ऐ बहरवर! तूने जो कुछ देखा है, मुफ़स्सल उसका बयान कर।

बहरवरने यह दास्तान कहनी शुरू की और मुझसे मुखातिब होकर बोला, ''ऐ अज़ीज़, हमारी पादशाहज़ादी की सरकार में हज़ारों ग़ुलाम हैं कि सौदागरी के काम में मुतैयिन हैं। उनमें से मैं भी एक अदना खानाज़ाद हूँ। हर एक मुल्क की तरफ लाखों रुपये का असबाब और जिन्स देकर रुखसत फरमाती हैं। जब

वह वहाँ से फिर आता है तब उससे उस देस का अहवाल अपने हुजूर में पूछती हूँ और सुनती हैं। एक बार यह इत्तिफ़ाक़ हुआ कि यह कमतरीन तिजारत की खातिर चला और शहर नीमरोज़ में पहुँचा। वहाँ के बाशिन्दों को देखा तो सबका लिबास सियाह है और हर दम नाला वआह है! ऐसा मालूम होता था कि उन पर कुछ बड़ी मुसीबत पड़ी है। इसका सबब जिससे मैं पूछता कोई जवाब मेरा न देता। इसी हैरत में कई रोज़ गुज़रे। एक दिन ज्योंही सुबह हुई, तमाम आदमी छोटे-बड़े, लड़के-बूढ़े, ग़रीब-ग़नी, शहर के बाहर चले। एक मैदान में जाकर जमा हुए और उस मुल्क का बादशाह भी सब अमीरों को साथ लेकर सवार हुआ और वहाँ गया। तब सब बराबर कतार बाँधकर खड़े हुए।

मैं भी उनके दरमियान खड़ा तमाशा देखता था। पर यह मालूम होता था कि वे सब कसू का इन्तिज़ार खींच रहे हैं। एक घड़ी के अरसे में दूर से एक जवान परीज़ाद साहबे-जमाल, पन्द्रह-सोलह बरस का सिन-ओ-साल ग़ुल और शोर करता हुआ और कफ़ मुँह से जारी, ज़र्द बैल की सवारी, एक हाथ में कुछ लिए मुक़ाबिल खल्क-अल्लाह के आया और अपने बैल पर से उतरा। एक हाथ में नाथ और एक हाथ में नंगी तलवार लेकर दो ज़ानू बैठा। एक गुलअंदाम परी चेहरा उसके हमराह था। उसको उस जवान ने वह चीज़ जो उसके हाथ में थी, दी। वह यतीम लेकर एक सिरे से हर एक को दिखाता जाता था लेकिन यह हालत थी कि जो कोई देखता था बेइख्तियार दाढ़ मारकर रोता था। इसी तरह सबको दिखाता और रुलाता हुआ सबके सामने से होकर अपने खाविन्द के पास फिर गया।

उसके जाते ही वह जवान उठा और उस गुलाम का इस शमशीर से काटकर और सवार होकर जीधर से आया था, उधर को चला। सब खड़े देखा किये। जब नज़रों से ग़ायब हुआ, लोग शहर की तरफ फिरे। मैं हर एक से उस माजरे की हक़ीक़त पूछता था बल्कि रुपयों का लालच देता, और खुशमद-मिन्नत करता कि मुझे ज़रा बता दो कि यह जवान कौन है और उसने यह क्या हरकत की और कहाँ से आया और कहाँ गया? हरगिज़ किसी ने न बतलाया और न कुछ मेरे खयाल में आया। यह ताज्जुब देखकर, जब मैं यहाँ आया और मलिका के रूबरू इज़हार किया तब से पादशाहज़ादी भी हैरान हो रही है और उसके तहक़ीक़ करने की खातिर दोदिली हो रही है। लिहाज़ा मेहर अपना यही मुकर्रिर किया है कि जो शख्स उस अजूबे की कमाहक़ा खबर लावे, उसको पसन्द फरमावे और वही मालिक सारे मुल्क का और मलिका का होवे।

"यह माजरा तुमने सब सुना। अपने दिल में ग़ौर करो। अगर उस जवान

की खबर ला सको तो क़सद मुल्के नीमरोज़ का करो और जल्द रवाना हो। नहीं तो इनकार करकर अपने घर की राह लो।'' मैंने जवाब दिया कि अगर खुदा चाहे तो जल्द उसका अहवाल सिर से पाँव तक दरयाफ्त करकर, पादशाहज़ादी के पास आ पहुँचता हूँ और कामयाब होता हूँ। और जो मेरी क़िसमत बद है तो इसका कुछ इलाज नहीं। लेकिन मलिका इसका क़ौल क़रार करें कि अपने कहने से न फिरें। और बिलफैल एक अन्देशा-ए-मुश्किल मेरे दिल में खलिश कर रहा है। अगर मलिका ग़रीब-नवाज़ी और मुसाफिरपरवरी से हुज़ूर में बुलावें और पर्दे के बाहर बिठलावें और मेरा इलतिमास अपने कानों सुनें और उसका जवाब अपनी जुबान से फरमावें तो मेरी खातिरजमा हो और मुझसे सबकुछ हो सके। यह मेरे मतलब की बात मामा ने रूबरू उस परी-पैकर के अर्ज़ की। बारे, क़द्रदानी की राह से हुक्म किया कि उन्हें बुला लो।

दाई फिर बाहर आयी और मुझे अपने साथ, जिस महल में बादशाहज़ादी थी, ले गयी। क्या देखता हूँ कि दो रूइया सफ़ वान्धे दस्तबस्ता सहेलियाँ और खवासें और उर्दाबेगनियाँ, कलमा किनियाँ, तुर्किनियाँ, हबशिनियाँ, उज़बुकनियाँ, कश्मीरिनियाँ, जवाहर में जड़ी उहदे लिए खड़ी हैं। इन्द्र का अखाड़ा कहूँ या परियों का उतारा? बेइख्तियार एक आह बेखुदी से जुबान तक आयी और कलेजा थलकने लगा। पर बज़ोर अपने तईं थांबा। उनको देखता-भालता और सैर करता हुआ आगे चला। लेकिन पाँव सौ-सौ मनके हो गये। जिसको देखूँ फिर यह न जी चाहे कि आगे जाऊँ। एक तरफ चिलवन पड़ी थी। और मूँढा जड़ाउ बिछवा रक्खा था और एक चौकी भी सन्दल की बिछी थी। दाई ने मुझे बैठने की इशारत की। मैं मूँढे पर बैठ गया और वह चौकी पर। कहने लगी, ''लो, अब जो कहना है सो जी भर कर कहो।''

मैंने मलिका की खूबियों की और अदल-ओ-इनसाफ़ दाद-दहिश की पहले तारीफ की। फिर कहने लगा। ''जब से मैं इस मुल्क की सरहद में आया, हर एक मन्ज़िल में यही देखा कि जा-ब-जा मुसाफिरखाने और इमारतें आली बनी हुई हैं और आदमी हर एक ओहदे के तइनात है कि खबरगीरी मुसाफरों और मुहताजों की करते हैं। मुझे भी तीन-तीन दिन हर मुकाम में गुज़रे, चौथे रोज़ रुखसत होने लगा तब भी कसू ने खुशी से न कहा कि जाओ। और जितना असबाब उस मकान में था, शतरंजी, चाँदनी, क़ालीनें, सीतलपाटी, मंगल कोटी, दीवारगीरी, छत, पर्दे, चिलवनें, सायवान, नमगीरे, छपरखट मायगलाफ, अदक़चा, तोशक, बालापोश, सेजबन्द, चादर, तकिये, तकीनी, गुल तकिये, मसनद, गावतकिये, देग, देगचे, पतीले, तबाक़, रकाबी, बादले, तश्तरी, चमचे, बकावली, कफगीर, तामबख्श, सरपोश,

सीनी, ख्वानपोश, तूरापोश, आबखूरे, बुझरे, सुराही, लगन, पानदान, चौधरे, चँगीर, गुलाबपाश, ऊदसोज़, आफ़ताबा, चिलमची, सब मेरे हवाले किये कि यह तुम्हारा माल है। चाहो अब ले जाओ, नहीं तो एक कोठरी में बन्द कर-कर अपनी मुहर करो, जब तुम्हारी खुशी होगी, फिरते हुए ले जाइओ। मैंने यों ही किया। फिर यह हैरत है कि जब मुझसे फक़ीर तनहा से यह सुलूक हुआ तो ऐसे गरीब हज़ारों तुम्हारे मुल्कों में आते-जाते होंगे। पस हर एक से यही महमानदारी का तौर रहता होगा तो मुबलिग़ बेहिसाब खर्च होते होंगे! पस इतनी दौलत कि जिसका यह सर्फ़ है, कहाँ से आयी और कैसी है? अगर गंज-ए-क़ारून हो तो भी वफा न करे। और ज़ाहिर में अगर मलिका की सलतनत पर निगह कीजिए तो उसकी आमदनी फ़क़त बावरचीखाने के खर्च को भी किफायत न करती होगी। और खर्चों का तो क्या ज़िक्र है? अगर इसका बयान मलिका की जबान से सुनूँ तो खातिर जमा हो। क़सद मुल्के-नीमरोज़ का करूँ और जों-तों वहाँ जा पहुँचूँ। फिर सब अहवाल दरयाफ्त करके मलिका की ख़िदमत में बशर्ते-जिन्दगी बारे-दिगर हाज़िर हूँ, अपने दिल की मुराद पाऊँ।"

यह सुनकर मलिका ने अपनी जुबान से कहा कि ऐ जवान! अगर तुझे आरजू कमाल है कि यह माहियत दरयाफ्त करे तो आज के दिन भी मकाम कर। शाम को तुझे हुजूर में तलब करकर जो कुछ अहवाल इस दौलते-बेज़वाल का है बे कम-ओ-कास्त कहा जाएगा। मैं यह तसल्ली पाकर अपनी इस्तिक़ामत के मकान पर आकर मुन्तज़िर था कि कब शाम हो, जो मेरा मतलब तमाम हो। इतने में ख्वाजासरा कई चौगोशे तोरापोश पड़े, भूइयों के सिर पर धरे, आकर मौजूद हुआ और बोला कि "हुजूर से उल्श-ए-खास इनायत हुआ है। इसको तनावुल करो।" जिस वक्त मेरे साम्हने खोले, बू बास से दिमाग़ मुअत्तर हुआ और रूह भर गयी। जितना खा सका खा लिया बाकी उन सभों को उठा दिया और शुक्र-ए-नैमत कह भिजाया। बारे, जब आफ़ताब तमाम दिन का मुसाफिर, थका हुआ गिरता-पड़ता, अपने महल में दाखिल हुआ और माहताब दीवानखाने में अपने मुसाहिबों को साथ लेकर निकल बैठा उस वक्त दाई आयी और मुझसे कहने लगी कि चलो बादशाहज़ादी ने याद फरमाया है।

मैं उसके हमराह हो लिया। खिलवत-ए-खास में ले गई। रौशनी का यह आलम था कि शब-ए-क़द्र को वहाँ क़द्र न थी। और पादशाही फर्श पर मसनदे-मुग़र्रक बिछी, मुरस्से का तकिया लगा हुआ और उस पर एक शमियाना मोतियों का झालर का, जड़ाऊ इस्तादों पर खड़ा हुआ और सामने मसनद के, जवाहर के दरख्त फूल-पात लगे हुए (गोया ऐन-मैन कुदरती हैं।) सोने की क्यारियों में जमे

हुए और दोनों तरफ दस्ते रास्त और दस्ते-चप, शागिर्दपेशे और मुजराई, दस्तबस्ता बाअदब आँखें नीचे किये हुए, हाज़िर थे, और तवाइफ और गाइनें साज़ों के सुर बनाए, मुन्तज़र। यह समाँ और यह तैयारी कर्र-ओ फर की देखकर अक्ल ठिकाने न रही। दाई से पूछा कि दिन को वह ज़ेबाइश और रात को यह आराइश कि दिन ईद और रात शबेबरात कहा चाहिए बल्कि दुनिया में बादशाह हफ्त अकलीम को यह ऐश मुयस्सर न होगा, हमेशा यही सूरत रहती है? दाई कहने लगी कि हमारी मलका का जितना कारखाना तुमने देखा यह सब इसी दस्तूर से जारी है। इसमें हरगिज़ खलल नहीं बल्कि अफज़ून है। तुम यहाँ बैठो, मलका दूसरे मकान में तशरीफ रखती हैं, जाकर खबर करूँ।

दाई यह कह कर गई और उन्हीं पाँव फिर आयी कि चलो हुज़ूर में। बमुजर्रद उस मकान में जाते ही भौंचक रह गया! न मालूम हुआ कि दरवाजा कहाँ और दीवार कीधर है। इस वास्ते कि हलबी आईने कद्दे आदम चारों तरफ लगे और उनकी परवाज़ों में हीरे और मोती जड़े हुए थे। एक का अक्स एक में नज़र आता तो यह मालूम होता कि जवाहिर का सारा मकान है। एक तरफ पर्दा पड़ा था। उसके पीछे मलिका बैठी थीं। वह दाई पर्दे से लग कर बैठी और मुझे भी बैठने को कहा। तब दाई मलिका के फरमाने से इस तौर पर बयान करने लगी कि सुन ऐ जवान-ए-दाना! सुलतान इस इक़्लीम का बड़ा पादशाह था। उनके घर में सात बेटियाँ पैदा हुईं। एक रोज़ पादशाह ने जश्न मनाया, ये सातों लड़कियाँ सोलह सिंगार, बारह आभरन, बाल बाल गज मोती पिरो कर पादशाह के हुज़ूर में खड़ी थीं। सुलतान के कुछ जी में आया तो बेटियों की तरफ देखकर फरमाया, "अगर तुम्हारा बाप बादशाह न होता और अगर किसी गरीब के घर तुम पैदा होतीं तो तुमको पादशाहज़ादी और मलिका कौन कहता? खुदा का शुक्र करो कि शहज़ादियाँ कहलाती हो, तुम्हारी यह सारी खूबी मेरे दम से है।"

छह लड़कियाँ एक जबान होकर बोलीं कि जहाँपनाह जो फरमाते हैं, वह बजा है और आप ही की सलामती से हमारी भलाई है लेकिन यह मलिका जहाँ सब बहनों से छोटी थी, पर अक्ल और शऊर में उस उम्र में भी गोया सब से बड़ी थी, चुपकी खड़ी रहीं, उस गुफ्तगू में बहनों की शरीक न हुईं इस वास्ते कि यह कलमा कुफ्र का है। बादशाह ने नज़रे ग़ज़ब से उनकी तरफ देखा और कहा, "क्यों बीबी, तुम कुछ न बोलीं? इसका क्या बाइस है?" तब मलिका ने दोनों हाथ अपने रूमाल से बाँधकर अर्ज़ की कि अगर जान की अमान पाऊँ और तकसीर माफ हो तो यह लौंडी अपने दिल की बात गुज़ारिश करे। हुक्म हुआ, कह, क्या कहती है? तब मलिका ने कहा कि क़िब्ल-ए-आलम, आपने

सुना है कि सच्ची बात कड़वी लगती है तो इस वक्त मैं अपनी जिंदगी से हाथ धोकर अर्ज़ करती हूँ और जो मेरी क़िसमत में लिखने वाले ने लिख दिया है, उसका मिटाने वाला कोई नहीं, कसू तरह नहीं टलने का—

ख्वाह तुम पाँव घिसो या कि रक्खो सर बसुजूद
बात पेशानी की जो कुछ है सो पेश आनी है।

जिस बादशाह अली-उल-इतलाक़ ने आप को पादशाह बनाया उन्हीं ने मुझको पादशाहज़ादी कहलवाया। उसकी कुदरत के कारखाने में कसू का इख्तियार नहीं चलता। आपकी ज़ात हमारी वलीनैमत और क़िब्ला ओ-कआबा है। हज़रत के कदम मुबारक की खाक को अगर सुरमा करूँ तो बजा है। मगर नसीब्र हर एक के हर एक के साथ हैं। पादशाह यह सुनकर तैश में आये और यह जवाब दिल पर सख्त गिराँ मालूम हुआ। बेज़ार हो कर फरमाया, "छोटा मुँह बड़ी बात! अब इसकी यही सज़ा है कि गहना-पाता जो कुछ इसके हाथ-गले में है, उतार लो और एक म्याने में चढ़ाकर ऐसे जंगल में जहाँ नाम-ओ-निशान आदमी आदमज़ाद का न हो, फेंक आओ। देखें इसके नसीबों में क्या लिख्खा है।"

बमूजिब-ए-हुक्म पादशाह के, उस आधी रात में (कि ऐन अंधेरी थी) मलिका को जो जँवरे-भँवरे में पली थी और सिवाए अपने महल के दूसरी जगह न देखी थी, भोंई ले जाकर, एक मैदान में कि वहाँ परिन्दा पर न मारता, इनसान का तो क्या ज़िक्र है, छोड़कर चले आये। मलिका के दिल पर अजीब हालत गुज़रती थी कि एक दम में क्या था और क्या हो गया! फिर अपने खुदा के जनाब में शुक्र करतीं और कहतीं, "तू ऐसा ही बेनयाज़ है। जो चाहा सो किया, और जो चाहता है सो करता है और जो चाहेगा सो करेगा। जब तलक नथनों में दम है तुझ से ना-उम्मीद नहीं होती।" इसी अंदेशे में आँख लग गई! जिस वक्त सुबह होने लगी, मलिका की आँख खुल गयी। पुकारीं कि वज़ू को पानी लाना फिर एकबारगी रात की बातचीत याद आयी कि तू कहाँ और यह बात कहाँ! यह कहकर उठकर तयम्मुम किया और वोगाना शुक्र का पढ़ा। ऐ अज़ीज़, मलिका की इस हालत के सुनने से छाती फटती है। उस भोले भाले जी से पूछा चाहिए कि क्या कहता होगा!

ग़रज़ उस म्याने में बैठी हुई खुदा से लौ लगाए रही थीं और यह कबित्त उस दम पढ़ती थीं—

जब दाँत न थे तब दूध दियो,
जब दाँत दिये कहा अन्न न दै है।
जो जल में थल में पंछी-पसु की

सुद्ध लेत सो तेरी भी लै है।
काहे को सोच करै मन मूरेख
सोच करे कछु हाँथ न आई है।
जान को देत, अजान को देत, जहान को
देत सो तो को भी दैहै।

सच है जब कुछ बन नहीं आता तब खुदा ही याद आता है। नहीं तो अपनी-अपनी तदबीर में हर एक लुक़मान और बूअली सीना है। अब खुदा के कारखाने का तमाशा सुनो। इसी तरह तीन दिन-रात साफ़ गुज़र गये कि मलिका के मुँह में एक खील भी उड़कर न गयी। वह फूल-सा बदन सूख कर काँटा हो गया और वह रंग जो कुंदन-सा दमकता था, हलदी-सा बन गया। मुँह में फेफड़ी बँध गयी, आँखें पथरा गयीं मगर एक दम अटक रहा था कि वह आता-जाता था। जब तलक साँस तब तलक आस। चौथे रोज़ सुबह को एक दरवेश, खिज्र की-सी सूरत, नूरानी चेहरा, रौशन दिल, आकर पैदा हुआ। मलिका को उस हालत में देखकर बोला, ''ऐ बेटी! अगरचे तेरा बाप बादशाह है लेकिन तेरी किस्मत में यह भी बदा था। अब इस फक़ीर बूढ़े को अपना खादिम समझ और अपने पैदा करने वाले का रात-दिन ध्यान रख, खुदा खूब करेगा।'' और फक़ीर के कचकोल में जो टुकड़े भीख के मौजूद थे, मलिका के रूबरू रक्खे और पानी की तलाश में फिरने लगा। देखे तो एक कुआँ तो है पर डोल-रस्सी कहाँ जिससे पानी भरे? थोड़े पत्ते दरख्त से तोड़कर दोना बनाया और अपनी सीली खोलकर उसमें बाँध कर निकाला और मलिका को कुछ खिलाया-पिलाया। बारे, टुक होश आया। उस मर्द-ए-खुदाने बेकस और बेबस जानकर बहुत सी तसल्ली दी, खातिर जमा की और आप भी रोने लगा। मलिका ने जब ग़मख्वारी और दिलदारी उसकी बेहद देखी तब उनके भी मिज़ाज को इस्तिक़लाल हुआ। उस रोज़ से उस पीर मर्द ने यह मुकर्रर किया कि सुबह को भी माँगने के लिए शहर में निकल जाता, जो टुकड़ा-पारचा पाता मलिका के पास ले आता और खिलाता।

इस तौर से थोड़े रोज़ गुजरे। एक दिन मलिकाने तेल सिर में डालने और कंघी-चोटी करने का क़सद किया। जों ही मुबाफ़ खोला, चुटले में से एक मोती का दाना गोल आबदार निकल पड़ा। मलिकाने उस दरवेश को दिया और कहा, शहर में से उसको बेच लाओ। वह फकीर उस गौहर को बेचकर, उसकी कीमत पादशाहज़ादी के पास ले आया। तब मलिकाने हुक्म किया, एक मकान, मुआफ़िक गुजराने के इस जगह बनवाओ। फकीरने कहा, ''ऐ बेटी, नीव दीवार की खोदकर थोड़ी-सी मिट्टी जमा करो। एक दिन में पानी लाकर, गारा करकर, घर बुनियाद

दुरुस्त कर दूँगा।" मलिकाने उसके कहने से मिट्टी खोदनी शुरू की। जब एक गज़ अमीक़ गढ़ा खोदा गया, ज़मीन के नीचे से एक दरवाज़ा नमूद हुआ। मलिक ने उस दर को साफ किया। एक बड़ा घर जवाहिर और अशरफियों से मामूर नज़र आया। मलिकाने पाँच-चार लप अशरफियों की लेकर फिर बन्द किया और मिट्टी देकर ऊपर से हमवार कर दिया।

इतने में फकीर आया। मलिक ने फरमाया कि राज और मअम्मार कारीगर और अपने काम के उस्ताद और मज़दूर जल्द दस्त बुलाओ, जो इस मकान पर एक इमारत पादशाहाना कि ताक-ए-कसरा का जुफ्त हो और कस्र-ए-नौमान से सबक़त ले जाए, और शहरपनाह और किला और बाग और बावली और एक मुसाफिरखाना कि लासानी हो, जल्द तैयार करें। लेकिन पहले नक्शा उनका एक कागज़ पर दुरुस्त करके हुज़ूर में लावें जो पसन्द किया जाए।

फकीर ने ऐसे ही कारकुन और कारकर्दा, जी होश लाकर हाज़िर किये। मुआफ़िक फरमाने के तामीर इमारत की होने लगी। और नौकर-चाकर हर एक कारखानाजात की खातिर चुनचुन कर फहमीदा और बादयानत मुलाज़िम होने लगे। उस इमारत-ए-आलीशान की तैयारी की खबर, रफ्ता-रफ्ता पादशाह ज़िल्ले सुबहानी को (जो क़िब्लागाह-मलिका के थे) पहुँची। सुनकर बहुत मुतज्जिब हुए और हर एक से पूछा कि यह कौन शख्स है? जिनने ये महलात बनाने शुरू किये हैं? उसकी कैफियत से कोई वाक़िफ न था जो अर्ज़ करे। सभों ने कानों पर हाथ रखे कि कोई गुलाम नहीं जानता कि इस का बानी कौन है। तब पादशाह ने एक अमीर को भेजा और पैग़ाम दिया कि मैं उन मकानों के देखने को आया चाहता हूँ और यह भी मालूम नहीं कि तुम कहाँ की पादशाहज़ादी हो और किस खानदान से हो। यह सब क़ैफ़ियत दरयाफ्त करनी अपने तईं मन्जूर है।

जों ही मलिकाने यह खुशखबरी सुनी दिल में बहुत शाद होकर अर्जी लिखी कि "जहाँपनाह सलामत! हुजूर के तशरीफलाने की खबर तरफ गरीबखाने के सुनकर निहायत खुशी हासिल हुई। और सबब-ए-हुरमत और इज्जत इस कमतरीन का हुआ। ज़है तालै इस मकान के कि जहाँ कदम मुबारक का निशान पड़े और वहाँ के रहने वालों पर दामन-ए-दौलत साया करे और नज़र तवजुह से वे दोनों सरफराज़ होवें। यह लौंडी उम्मीदवार है कि कल रोज़ पंजशंबा रोज़ मुबारक है और मेरे नज़दीक बेहतर रोज़-ए-नौरोज़ से है। आप की ज़ात मुशाबह आफ़ताब के है, तशरीफ फरमाकर अपने नूर से इस जर्रा-ए-बेमिक़दार को क़द्र-ओ-मन्जिलत बखशिए। और जो कुछ इस आजिज़ से मुयस्सर हो सके नोशजान फरमाइए। यह ऐन ग़रीबनवाज़ी और मुसाफिरपरवरी है, जियादा हद्दे अदब।" और उस उमदा

को भी कुछ तवाजू कर कर रुखसत किया।

बादशाह ने अर्जी पढ़ी और कहला भेजा कि हमने तुम्हारी दावत कबूल की, अलबत्ता आवेंगे। मलिकाने नौकरों और सब कारोबारियों को हुक्म किया कि लवाज़िमा ज़ियाफत का ऐसे सलीक़ेसे तैयार हो कि पादशाह देखकर और खाकर बहुत महजूजहों। और अदना-आला जो पादशाह की रकाब में आवें सब खा-पीकर खुश होकर जावें। मलिका के फरमाने और ताकीद करने से सब क़िस्म के खाने सिलौने और मीठे इस ज़ायक़े के तैयार हुए कि अगर ब्राहमन की बेटी खाती तो कलमा पढ़ती। जब शाम हुई बादशाह मुंडे तख्तपर सवार होकर मलिका के मकान की तरफ तशरीफ लाए। मलिका अपनी खास खवास सहेलियों को लेकर इस्तिक़बाल के वास्ते चलीं। जों पादशाह के तख्तपर नज़र पड़ी, इस आदाब से मुजरा शाहाना किया कि यह क़ायदा देखकर पादशाह को और भी हैरत ने लिया और उसी अंदाज से जलवा कर-कर पादशाह को तख्त-ए-मुरस्सा पर ला बिठाया। मलिकाने सवा लाख रुपये का चबूतरा तैयार करवा रक्खा था और एक सौ एक कश्ती जवाहर और अशरफी और पशमीना और नूरबाकी और तिलाबा की और ज़रदोज़ी की लगा रख्खी थी, और दो ज़ंजीर फील और दस रास अस्प-ए-इराकी और यमनी मुरस्सा के साज़ से तैयार कर रक्खे थे, नज़र गुजराने और आप दोनों हाथ बाँधे रूबरू खड़ी रहीं। पादशाह ने बहुत मेहरबानी से फरमाया कि तुम किस मुल्क की शहज़ादी हो और यहाँ किस सूरत से आना हुआ?

मलिकाने आदाब बजा लाकर इल्तिमास किया कि यह लौंडी वही गुनहगार है जो गज़ब-ए-सुलतानी के बाइस इस जंगल में पहुँची और ये सब तमाशे खुदा के हैं जो आप देखते हैं। यह सुनते ही पादशाह के लहू ने जोश मारा; उठकर मोहब्बत से गले लगा लिया और हाथ पकड़ के अपने तख्त के पास कुरसी बिछवा कर हुक्म बैठने का किया। लेकिन पादशाह हैरान और मुताज्जुब बैठे थे। फरमाया कि पादशाह बेगम को कहो कि पादशाहज़ादियों को अपने साथ लेकर जल्द आवें। जब वे आईं, माँ बहनों ने पहचाना और गले मिलकर रोईं और शुक्र किया। मलिका ने अपनी वालिदा और छहों हमशीरों के रूबरू इतना कुछ नक्द और जवाहिर रक्खा कि खजाना तमाम आलम का उसके पासंग में न चढ़े। फिर पादशाह ने सबको साथ बिठाकर खासा नोश जान फरमाया।

जब तलक जहाँपनाह जीते रहे इसी तरह गुजरी। कभ-कभ आप आते और कभी मलिका को भी अपने साथ महलों में ले जाते। जब पादशाह ने रहलत फरमाई सलतनत इस इक़लीम की मलिका को पहुँची कि इसके सिवाए दूसरा कोई लायक इस काम के न था। ऐ अज़ीज़! सर गुज़श्त यह है जो तूने सुनी। पस दौलत-

ए-खुदादाद को हरगिज़ ज़वाल नहीं होता मगर आदमी की नियत दुरुस्त चाहिए। बल्कि जितनी खर्च करो उसमें उतनी ही बरकत होती है। खुदा की कुदरत में ताज्जुब करना किसी मज़हब में रवा नहीं। दाई ने यह बात कहकर कहा, "अब अगर क़सद वहाँ के जाने का और उस खबर लाने का, दिल में मुक़र्रर रखते हो तो जल्द रवाना हो।" मैंने कहा, "इसी वक्त मैं जाता हूँ और खुदा चाहे तो जल्द फिर आता हूँ।"आखिर रुखसत होकर और फज़ले-इलाही पर नज़र रखकर उस सिमत को चला।

बरस दिन के अरसे में हर्ज-मर्ज खींचता हुआ शहर नीमरोज़ में जा पहुँचा। जितने वहाँ के आदमी हज़ारी और बज़ारी नज़र पड़े, सियाहपोश थे। जैसा अहवाल सुना था, अपनी आँखों से देखा। कई दिनों के बाद चाँद रात हुई। पहली तारीख, सारे लोग उस शहर के, छोटे-बड़े, लड़के-बाले, उमरा, पादशाह, औरत, मर्द एक मैदान में जमा हुए। मैं भी अपनी हालत में हैरान सरगरदान, उस कसरत के साथ, अपने माल मुल्क से जुदा, फ़क़ीर की सूरत बना हुआ खड़ा देखता था कि देखिए पर्दा-ए-ग़ैब से क्या ज़ाहिर होता है! इतने में एक जवान गावसवार, मुँह में कफ भरे, जोश-खरोश करता हुआ, जंगल में से बाहर निकला। यह आज़िज़ जो इतनी मेहनत करके उसके अहवाल दरयाफ्त करने की खातिर गया था, देखते ही उसे हवास बाख्ता होकर हैरान खड़ा रह गया। वह जवाँमर्द, क़दीम काइदे पर जो-जो काम करता था, कर कर फिर गया। और खलक़त शहर की शहर की तरफ मुतवज्जेह हुई। जब मुझे होश आया तब मैं पछताया कि यह क्या तुझसे हरकत हुई? अब महीने भर फिर राह देखनी पड़ी। लाचार सबके साथ चला आया और उस महीने को, माह-ए-रमज़ान के मानिन्द एक-एक दिन गिनकर काटा। बारे, दूसरी चाँद रात आई। मुझे गोया ईद हुई। ग़ुर्रे को फिर पादशह खलक़त समेत वहीं जाकर इकट्ठे हुए। तब मैंने दिल में मुसम्मम इरादा किया कि अब की बार जो हो सो हो। अपने तईं संभाल कर इस माजरा-ए-अजीब को मालूम किया चाहिए।

नागाह जवान बदस्तूर ज़रद बैल पर ज़ीन बाँधे सवार हो आ पहुँचा और उतरकर दोज़ानू बैठा। एक हाथ में नंगी सैफ़ और एक हाथ में बैल की नाथ पकड़ी और मरतबान गुलाम को दिया। गुलाम हर एक को दिखा कर ले गया। आदमी देखकर रोने लगे। उस जवान ने मरतबान फोड़ा और गुलाम को एक तलवार ऐसी मारी कि सिर जुदा हो गया और आप सवार होकर मुड़ा। मैं उसके पीछे जल्द कदम उठाकर चलने लगा। शहर के आदमियों ने मेरा हाथ पकड़ा और कहा, "यह क्या करता है? क्यों जानबूझकर मरता है! अगर ऐसा ही तेरा दम नाक में आया है तो बहुतेरी तरहें मरने की हैं, मर रहियो।" हरचन्द मैंने मिन्नत की और ज़ोर

भी किया कि कसू सूरत से उनके हाथ से छूटूँ। छुटकारा न हुआ। दो-चार आदमी लिपट गये और पकड़े हुए बस्ती की तरफ ले आये। अजब तरह का क़लक़ फिर महीने-भर गुज़रा।

जब वह भी महीना तमाम हुआ और सल्ख का दिन आया, सुबह को उसी सूरत से सारे आलम का वहाँ इज़दिहाम हुआ। मैं अलग सबसे नमाज के वक्त उठकर आगे ही जंगल में, जो ऐन उस जवान की राह पर था, घुसकर छुप रहा कि यहाँ तो कोई मेरा मज़ाहिम न होगा। वह शख्स उसी क़ाइदे से आया और वही हरकतें करकर, सवार हुआ और चला। मैंने उसका पीछा किया और दौड़ता-धूपता साथ हो लिया। उस अज़ीज़ ने आहट से मालूम किया कि कोई चला आता है। एकबारगी बाग मोड़कर एक नारा मारा और घुरका! तलवार खींचकर मेरे सिर पर आ पहुँचा। चाहता था कि हमला करे। मैंने निहायत अदब से निहुड़ कर सलाम किया और दोनों हाथ बांधकर खड़ा रह गया। वह क़ाइदादाँ मुतकल्लिम हुआ कि ऐ फक़ीर! तू नाहक मारा गया होता पर बच गया। तेरी हयात कुछ बाकी है। जा, कहाँ आता है? और जड़ाव खंजर मोतियों का और आवेजा लगा हुआ कमर से निकाल कर मेरे आगे फेंका और कहा, "इस वक्त मेरे पास नक़द मौजूद नहीं जो तुझे दूँ। इस को पादशाह पास लेजा। जो तू माँगेगा, मिलेगा।" ऐसी हैबत और ऐसा रौब उसका मुझ पर ग़ालिब हुआ कि न बोलने की कुदरत, न चलने की ताक़त! मुँह में घिघी बँध गई। पाँव भारी हो गये।

इतना कहकर वह ग़ाज़ी मर्द नारा भरता हुआ चला। मैंने दिल में कहा, "हरचे बादाबाद! अब रह जाना तेरे हक़ में बुरा है। फिर ऐसा वक्त नहीं मिलेगा।" अपनी जान से हाथ धोकर मैं भी रवाना हुआ। फिर वह फिरा और बड़े गुस्से से डाँटा और मुकर्रर इरादा मेरे क़त्ल का किया। मैंन सिर झुका दिया और सोगंध दी कि ऐ रुस्तम वक्त के! ऐसी ही एक सैफ़मार कि साफ दो टुकड़े हो जाऊँ। एक तसमा बाक़ी न रहे। और इस हैरानी और तबाही से छूट जाऊँ। मैंने अपना खून माफ किया।" वह बोला, "ऐ शैतान की सूरत! क्यों अपना खून-ए-नाहक़ मेरी गर्दन पर चढ़ाता है और मुझे गुनहगार बनाता है? जा, अपनी राह ले। क्या जान भारी पड़ी है?" मैंने उसका कहा न माना और क़दम आगे धरा। फिर उसने दीदा-दानिस्ता आना-काना दी। और मैं पीछे लग गया। जाते-जाते दो कोस वह झाड़-जंगल तै किया। एक चारदीवारी नज़र आई। वह जवान दरवाज़े पर गया और एक नारा-ए-मोहीब मारा। वह दर आप से आप खुल गया। वह अन्दर बैठा। मैं बाहर का बाहर खड़ा रह गया। इलाही! अब क्या करूँ? हैरान था। बारे, एक दम के बाद गुलाम आया और पैग़ाम लाया कि चल तुझे रूबरू बुलाया है। शायद तेरे

सिर पर अजल का फरिश्ता आया है। क्या तुझे कमबख्ती लगी थी! मैंने कहा "ज़हे नसीब!" और बेधड़क उसके साथ अन्दर बाग के गया।

आखिर एक मकान में ले गया जहाँ वह बैठा था। मैंने उसे देखकर फर्शी सलाम किया। उसने इशारत बैठनेकी की। मैं अदब से दो जानू बैठा! क्या देखता हूँ कि वह मर्द अकेला एक मसनद पर बैठा है और हथियार ज़रगरी के आगे धरे हैं और एक झाड़ ज़मर्रुद का तैयार कर चुका है। जब उसके उठने का वक्त आया, जितने गुलाम उस शहनशीन के गिर्द पेश हाज़िर थे, हुजरों में छुप गये। मैं भी मारे बसवास के एक कोठरी में जाघुसा। वह जवान उठकर, सब मकानों की कुण्डियाँ चढ़ाकर बाग के कोने की तरफ चला और अपनी सवारी के बैल को मारने लगा। उसके चिल्लाने की आवाज़ मेरे कान में आई। कलेजा काँपने लगा। लेकिन इस माजरे के दरयाफ्त करने की खातिर ये सब आफतें सहीं थीं, डरते-डरते दरवाजा खोल कर, एक दरख्त के तने की आड़ में जाकर खड़ा हुआ और देखने लगा। जवान ने वह सोंटा जिससे मारता था, हाथ से डाल दिया और एक मकान का कुफ्ल कुंजी से खोला और अन्दर गया। फिर वौंही बाहर निकल कर, नर गाठ की पीठं पर हाथ फेरा, और मुँह चूँमा और दाना-घास खिलाकर ईधर को चला। मैं देखते ही जल्द दौड़ कर फिर कोठरी में जा छुपा।

उस जवानने ज़ंजीरें सब दरवाजों की खोल दीं। सारे ग़ुलाम बाहर निकले। ज़ेरअन्दाज़ और सिलपची आफताबा लेकर हाज़िर हुए। वह वज़ू कर-कर नमाज़ की खातिर खड़ा हुआ। जब नमाज़ अदा कर चुका, पुकारा कि वह दरवेश कहाँ है? अपना नाम सुनते ही मैं दौड़कर रूबरू जाकर खड़ा हुआ। फरमाया, "बैठ!" मैं तसलीम करकर बैठा। खासा आया। उसने तनाउल फरमाया। मुझे भी इनायत किया, मैंने भी खाया। जब दस्तरख्वान बढ़ाया और हाथ धोये, गुलामों को रुखसत दी कि जाकर सो रहो। जब कोई उस मकान में न रहा तब मुझसे हमकलाम हुआ और पूछा कि ऐ अज़ीज़! तुझ पर क्या ऐसी आफत आई है जो तू अपनी मौत को ढूंढता फिरता है? मैंने अपना अहवाल आग़ाज से अंजाम तक जो कुछ गुज़रा था तफसीलवार बयान किया और कहा, "आप की तवज्जुह से उम्मीद है कि अपनी मुराद को पहुँचूँ।" उसने यह सुनते ही एक़ ठंडी साँस भरी और बेहोश हुआ। और कहने लगा, "बारे खुदाया! इश्क़ के दर्द से तेरे सिवा कौन वाक़िफ़ है? जिसकी न फटी हो बिवाई, क्या जाने पीर पराई? इस दर्द की क़द्र जो दर्द-मन्द हो सो जाने:

"आफतों को इश्क की आशिक से पूछा चाहिए।
क्या खबर फासिका को है? सादिक़ से पूछा चाहिए।

बाद एक लमहे के होश में आकर एक आह जिगरसोज़ भरी, सारा मकान गूँज गया। तब मुझे यक़ीन हुआ कि यह भी इसी इश्क़ की बला में गिरफ्तार है और इसी मर्ज़ का बीमार है। तब तो मैंने दिल चला कर कहा कि मैंने अपना अहवाल सब अर्ज़ किया, आप तवज्जेह फरमा कर अपनी सरगुजश्त से बन्दे को मुत्तिला फरमाइए तो बमक़दूर अपने, पहले तुम्हारे वास्ते सई करूँ और दिल का मतलब कोशिश कर-कर हाथ में लाऊँ। अलक़िस्सा, वह आशिके-सादिक़ मुझ को अपना हमराज़ और हमदर्द जानकर अपना माजरा इस सूरत से बयान करने लगा कि सुन ऐ अज़ीज़! मैं पादशाहज़ादा जिगरसोज़ इस इक़लीम-ए-नीमरोज़ का हूँ। पादशाह याने क़िब्लगाह ने मेरे पैदा होने के बाद नजूमी और रम्माल और पंडित जमा किए और फरमाया कि अहवाल शहज़ादे के तालिओंका देखो और जाँचो और जन्मपत्री दुरुस्त करो और जो-जो कुछ होना है, हक़ीक़त पल-पल, घड़ी-घड़ी और पहर-पहर और दिन-दिन, महीने-महीने और बरस-बरस की मुफ़स्सल हुज़ूर में अर्ज़ करो। बमूजिब हुक्म पादशाह के सबने मुत्तफ़िक हो अपने-अपने इल्म की रू से ठहरा और साध कर इल्तिमास किया कि खुदा के फ़ज़ल से ऐसी नेक साअत और सुभ लगन में शहज़ादे का तवल्लुद और जनम हुआ है कि चाहिए सिकंदर की-सी बादशाहत करे और नोशेरवाँ-सा आदिल हो। और जितने इल्म और हुनर हैं उनमें कामिल हो और जिस काम की तरफ दिल उसका मायल हो वह बखूबी हासिल हो। सखावत और शुजाअत में ऐसा नाम पैदा करे कि हातिम और रुस्तम को लोग भूल जावें। लेकिन चौदह बरस तक सूरज और चाँद के देखने से एक बड़ा खतरा नज़र आता है। बल्कि यह बसवास है कि जुनूनी और सौदाई होकर बहुत आदमियों का खून करे। और बस्ती से घबरावे, जंगल में निकल जावे और चरिंद-परिंद के साथ दिल बहलावे। इसका तक़य्युद रहे कि रात-दिन आफ़ताब-माहताब को न देखे और आसमान की तरफ़ भी निगाह न करने पावे। जो इतनी मुद्दत खैर-ओ-आफ़ियत से कटे तो फिर सारी उमर सुख और चैन से सलतनत करे।

यह सुनकर पादशाह ने इसीलिए इस बाग की बिना डाली और मकान मुतअद्दिद हर एक नक्शे के बनवाए। मेरे तईं तहखाने में पलने का हुक्म किया और ऊपर एक बुर्ज नमदे का तैयार करवाया तो धूप और चाँदनी उसमें से न छने। मैं दाई दूध-पिलाई और अंगा छू छू और कई खवासों के साथ इस मुहाफिज़त से उस मकान आलीशान में परवरिश पाने लगा और एक उस्ताद दाना कार-आज़मूदा, वास्ते मेरी तरबियत के मुतैइन किया। तो तालीम हर इल्म और हुनर की और मश्क़ हफ्त क़लम लिखने की करे और जहाँपनाँह हमेशा मेरे खबरगीराँ रहते, दम-बदम

की कैफियत रोज़मर्रा हुजूर में अर्ज़ होती। मैं उस मकान ही को आलम-ए-दुनिया जान कर खिलौनों और रंग-बिरंग फूलों से खेला करता और तमाम दुनिया की नैमतें खाने के वास्ते मौजूद रहतीं। जो चाहता सो खाता। दस बरस की उम्र तक जितनी सनअतें और क़ाबिलियतें थीं तहसील कीं।

एक रोज़ उस गुम्बद के नीचे रोशनदान से एक फूल अचम्भे का नज़र पड़ा कि देखते-देखते बड़ा होता जाता था। मैंने चाहा कि हाथ से पकड़ लूँ। ज्यों ही मैं हाथ लंबा करता था वह ऊँचा हो जाता था। मैं हैरान उसे तक रहा था। वोंही एक आवाज़ क़हक़हे की मेरे कान में आयी। मैंने उसके देखने को गरदन उठाई। देखा तो नमदा चीर कर एक़ मुखड़ा चाँद का-सा निकल रहा है। देखते ही उसके, मेरे अक़्ल-ओ-होश बजा न रहे। फिर अपने तईं सम्भाल कर देखा तो एक मुरस्सा का तख्त परीज़ादों के कान्धे पर मुअल्लक़ खड़ा है और एक तख्तनशीन ताज जवाहिर का सिर पर और खिलअत झलाबूर बदन में पहने, हाथ में याक़ूत का प्याला लिये और शराब पिए हुए बैठी है। वह तख्त बुलन्दी से आहिस्ता-आहिस्ता नीचे उतर कर उस बुर्ज में आया। तब परी ने मुझे बुलाया और अपने नज़दीक बिठाया। बातें प्यार की करने लगी और मुँह से मुँह लगाकर एक जाम-ए-शराब गुल-ए-गुलाब का मेरे तईं पिलाया और कहा, "आदमीज़ाद बेवफ़ा होता है। लेकिन दिल हमारा तुझे चाहता है।" एक दम में ऐसी-ऐसी अंदाज़-ओ-नाज़ की बातें कीं कि दिल महव हो गया और ऐसी खुशी हासिल हुई कि ज़िन्दगानी का मज़ा पाया और यह समझा कि आज तू दुनिया में आया।

हासिल यह है कि मैं तो क्या हूँ, कसू ने यह आलम देखा न होगा, न सुना होगा। उस मज़े में खातिर जमा से हम दोनों बैठे थे कि कुरयाल में गुलेला लगा। अब उस हादिसा-ए- नागहानी का माजरा सुन कि वों ही चार परीज़ाद आसमान पर से उतर कर कुछ उस माशूक़ा के कान में कहा। सुनते ही उसका चेहरा तग़य्युर हो गया और मुझ से बोली कि ऐ प्यारे! दिल तो चाहता था कि कोई दमतेरे साथ बैठ कर दिल बहलाऊँ और इसी तरह हमेशा आऊँ, या तुझे अपने साथ ले जाऊँ। पर यह आसमान दो शख्स को एक जगह आराम से और खुशी से रहने नहीं देता। ले जाना, तेरा खुदा निगहबान है।" यह सुनकर मेरे हवास जाते रहे और तोते हाथ के उड़ गये। मैंने कहा कि अर्जो! अब फिर कब मुलाक़ात होगी? यह क्या तुमने ग़ज़ब की बात सुनाई? अगर जल्द आओगी तो मुझे जीता पाओगी, नहीं तो पछताओगी। या अपना ठिकाना और नाम-ओ-निशान बताओ कि मैं ही उस पते पर ढूँढते-ढाँढते अपने तईं तुम्हारे पास पहुँचाऊँ।" यह सुनकर बोली, "दूर पार! शैतान के कान बहरे! तुम्हारी सद-ओ-बीस्त साल की उम्र होवे। अगर जिंदगी

है तो फिर मुलाक़ात होकर रहेगी। मैं जिनों के बादशाह की बेटी हूँ और कोह-ए-क़ाफ़ में रहती हूँ।" यह कहकर तख्त उठाया। और जिस तरह उतरा था वोंही बुलन्द होने लगा।

जब तलक साम्हने था मेरी और उसकी चार आँखें हो रही थीं। जब नज़रों से ग़ायब हुआ, यह हालत हो गई जैसे परी का साया होता है। अजब तरह की उदासी दिल पर छा गयी। अक़्ल-ओ-होश रुखसत हुआ। दुनिया आँखों के तले अंधेरी हो गयी। हैरान-परेशान, ज़ार-ज़ार रोना और सिर पर खाक उड़ाना, कपड़े फाड़ना, न खाने की सुध, न भले-बुरे की बुध।

इस इश्क़ की बदौलत क्या-क्या खराबियां हैं।
दिल में उदासियाँ हैं और इज़्तिराबियाँ हैं।

इस खराबी से दाई और मुअल्लिम खबरदार हुए। डरते-डरते पादशाह के रूबरू गये और अर्ज़ की कि पादशाहज़ादा-ए-आलमियाँ का यह हाल है। मालूम नहीं, खुद-ब-खुद यह क्या ग़ज़ब टूटा जो उनका आराम और खाना-पीना सब छूटा। तब पादशाह, वज़ीर, उमराए-साहब-तदबीर और तबीबे हाज़िक, मुनज्जम-ए-सादिक़, मुल्ला-सियाने खूब, दरवेश-ए-सालिक और मजज़ूब अपने साथ लेकर उस बाग़ में रौनक़-अफ़ज़ा हुए। मेरी बेक़रारी और नाला-ओ-ज़ारी देखकर उनकी हालात भी इज़्तिराब की हो गई। आबदीदा होकर, बेअख्तियार गले से लगा लिया और उसकी तदबीर की खातिर हुक्म किया। हकीमों ने क़ुवत-ए-दिल और खलल-ए-दिमाग़ के वास्ते नुसखे लिखे और मुल्लाओं ने नक्श-ओ-तावीज़ पिलाने और पास रखने को दिये। दुआएँ पढ़-पढ़ कर फूँकने लगे और नजूमी बोले कि सितारों की गरदिश के सबब यह सूरत पेश आई है। इस का सदक़ा दीजिए। गरज़ हर कोई अपने-अपने इल्म की बातें कहता था। पर मुझ पर जो गुज़रती थी, मेरा दिल सहता था। कसू की सई और तदबीर मेरी तक़दीर-ए-बद के काम न आई। दिन-ब-दिन दीवानगी का ज़ोर हुआ और मेरा बदन बे-आब-ओ-दानें कमज़ोर हो चला। रात-दिन चिल्लाना और सिर पटकना ही बाक़ी रहा। उस हालत में तीन साल गुज़रे। चौथे बरस एक सौदागर सैर-ओ-सफ़र करता हुआ आया और हर एक मुल्क के तोहफे-तहाइफ अजीब-ओ-ग़रीब जहाँपनाह के हुज़ूर में लाया, मुलाज़िमत हासिल की।

पादशाह ने बहुत तवज्जेह फरमाई और अहवालपुर्सी उसकी करके पूछा कि तुमने बहुत मुल्क देखे, कहीं कोई हकीम-ए-कामिल भी नज़र पड़ा या कसू से मज़कूर उसका सुना? उसने इल्तिमास किया कि क़िब्ला-ए-आलम! ग़ुलाम ने बहुत सैर की लेकिन हिन्दुस्तान में दरिया के बीच एक पहाड़ी है। वहाँ एक गोसाईं

जटाधारी ने बड़ा मण्डप महादेव का और संगत और बाग़ बड़ी बहार का बनाया है। उसमें रहता और उसका यह क़ायदा है कि बरसवें दिन शिवरात के रोज़ अपने स्थान से निकल कर दरिया में पैरता है और खुशी करता है। अशनान के बाद जब अपने आसन पर जाने लगता है तब बीमार और दर्दमन्द देश-देश और मुल्क-मुल्क के जो दूर-दूर से आते हैं, दरवाज़े पर जमा होते हैं। उनकी बड़ी भीड़ होती है।

वह महन्त (जिसे इस ज़माने का अफलातून कहा चाहिए) क़ारूरा और नब्ज़ देखता हुआ और हर एक को नुसखा लिख कर देता हुआ चला जाता है। खुदा ने ऐसा दस्त-ए-शिफ़ा उसको दिया है कि दवा पीते ही असर होता है और वह मर्ज़ बिलकुल जाता रहता है। यह माजरा मैंने बचश्म-ए-खुद देखा और खुदा की क़ुदरत को याद किया कि ऐसे-ऐसे बन्दे पैदा किये हैं। अगर हुक्म हो तो शहज़ाद-ए-अलमियां को उसके पास ले जावें, उसको एक नज़र दिखावें। उम्मीद-ए-क़वी है कि जल्द शफा-ए-कामिल हो और ज़ाहिर में भी यह तदबीर अच्छी है कि हर एक मुल्क की हवा खाने से और जाबजा के आब-ओ-दाने से मिज़ाज में फ़रहत आती है।" पादशाह को भी उसकी सलाह पसन्द आयी और खुश होकर फ़रमाया, "बहुत बेहतर! शायद उसका हाथ रास आवे और मेरे फरज़न्द के दिल से वहशत जावे।" एक अमीर मोतबर, जहाँदीदा, कारआज़मूदा को और उस ताजिर को मेरी रक़ाब में ताइनात किया और असबाब-ए-ज़रूरी साथ कर दिया। निवाड़े, बजरे, मोरपंखी, पलवार, लचके, खेलने, उलाक़ पटलिओं पर मया सरंजाम सवार कर-कर रुखसत किया।" मंज़िल-मंज़िल चलते-चलते उस ठिकाने पर जा पहुँचे। नई हवा और नया दाना-पानी खाने-पीने से कुछ मिज़ाज ठहरा लेकिन खामोशी का वही आलम था और रोने से काम। दम-बदम याद उस परी की भूलती न थी। अगर कभू भूलता तो यह बैत पढ़ता :

न जानूँ किस परी-रू की नज़र हुई,
अभी तो था भला-चँगा मेरा दिल।

बारे, जब दो-तीन महीने गुजरे, उस पहाड़ पर करीब चार हज़ार मरीज़ जमा हुए। लेकिन सब यही कहते थे कि अब खुदा चाहे तो गुसाईं अपने मठ से निकलेंगे और सबको उनके फरमाने से शिफा-ए-कुल्ली होगी। अल क़िस्सा, जिस दिन वह दिन आया, सुबह को जोगी मानिन्द आफ़ताब के निकल आया और दरिया में नहाया और पैरा। पार जाकर फिर आया और भभूत, भसम तमाम बदन में लगाया। वह गोरा बदन मानिन्द अंगारे के राख में छुपाया और माथे पर मलागीर का टीका दिया। लंगोट बाँधकर अंगोछा कान्धे पर डाला। बालों का जूड़ा बान्धा, मूछों पर

ताव देकर चढ़वाँ जूता इडिया। उसके चेहरे से यह मालूम होता था कि सारी दुनिया उसके नज़दीक कुछ क़द्र नहीं रखती। एक क़लमदान जड़ाव बगल में लेकर एक एक की तरफ़ देखता और नुस्खा देता हुआ मेरे नज़दीक आ पहुँचा। जब मेरी और उसकी चार नज़रें हुईं, खड़ा हो कर ग़ौर में गया और मुझसे कहने लगा कि हमारे साथ आओ। मैं हमराह हो लिया।

जब सब की नौबत हो चुकी मेरे तईं बाग़ के अन्दर ले गया और एक मुक़त्ता खुश नक्शे खलवतखाने में मुझे फरमाया कि यहाँ तुम रहा करो और आप अपने स्थान में गया। जब एक चिल्ला गुज़रा तो मेरे पास आया और आगे की निसबत मुझे खुश पाया। तब मुस्कुराकर फ़रमाया कि इस बाग़ीचे में सैर किया करो। जिस मेवे पर जी चले, खाया करो। और एक कुलफ़ी चीन की माजून भरी हुई दी कि इसमें से छः माशे हमेशा बिलानागाह नहार ऩोशजान फरमाया करो। यह कहकर वह तो चला गया और मैंने उसके कहने पर अमल किया। हर रोज़ कुवत्त बदन में और फरहत दिल को मालूम होने लगी। लेकिन हज़रत-ए-इश्क को कुछ असर न किया। उस परी की सूरत नज़रों के आगे फिरती थी।

एक रोज़ ताक में एक जिल्द किताब की नज़र आयी। उतार कर देखा तो सारे इल्म दीनो-दुनिया कें उसमें जमा किये थे, गोया दरिया को कूज़े में भर दिया था। हर घड़ी उसका मुतालेआ किया करता। इल्म-ए-हिकमत और तसखीर में निहायत क़ुव्वत बहम पहुँचाई। इस अर्से में बरस दिन गुज़र गया। फिर वही खुशी का दिन आया। जोगी अपने आसन पर से उठकर बाहर निकला। मैंने सलाम किया। उनने क़लमदान मुझे देकर कहा, "साथ चलो।" मैं भी साथ हो लिया। जब दरवाज़े से बाहर निकला, एक आलम दुआ देने लगा। वह अमीर और सौदागर मुझे साथ देखकर गुसाईं के क़दमों पर गिरे और अदाए-शुक्र करने लगे कि आपकी तवज्जेह से बारे इतना तो हुआ। वह अपनी आदत पर दरिया के घाट तक गया और अशनान-पूजा जिस तरह हर साल करता था, की। फिरती बार बीमारों को देखता-भालता चला आता था।

इत्तिफ़ाकन् सौदाइयों के ग़ोल में एक जवान, खूबसूरत, शकील कि ज़ोफ़ से खड़े होने की ताक़त उसमें न थी, नज़र पड़ा। मुझको कहा कि उसको साथ ले आओ। सब की दारू दरमन करके जब खलवतखाने में गया, थोड़ी-सी खोपड़ी उस जवान की तराश कर चाहा कि कनखजूरा जो मग़ज़ पर जा बैठा था ज़म्बूर से उठालेवे। मेरे खयाल में गुज़रा और बोल उठा कि अगर दस्तपनाह आग में गरम करकर उसकी पीठ पर रखिए तो खूब है। आप-से-आप निकल आवेगा। और जो यों खींचिए तो मग़ज़ के गूदे को न छोड़ेगा। फिर खौफ़ जिंदगी को है।

यह सुनकर मेरी तरफ देखा और चुपका उठ बाग़ के कोने में एक दरख्त कूले में पकड़ जटा की लटकी गले में फाँसी लगाकर रह गया। मैंने पास जाकर जो देखा तो वाह वाह! यह तो मर गया! यह अचम्भा देखकर निहायत अफ़सोस हुआ। लाचार जी में आया, उसे गाड़ दूँ। जो दरख्त से जुदा करने लगा, दो कुंजियाँ उसकी लटों में से गिर पड़ीं। मैंने उनको उठा लिया और उस गंज-ए-खूबी को ज़मीन में दफ़न किया। वे दोनों कुंजियाँ लेकर सब कुफ्लों में लगाने लगा। इत्तिफाकन् दो हुजरेके ताले उन तालियों से खुले। देखा तो ज़मीन से छत तलक जवाहिर भरा हुआ है। और एक पेटी मखमल से मढ़ी, सोने के पत्तर लगी, कुफ्ल दी हुई एक तरफ धरी है। उसको जो खोला तो एक किताब देखी कि उसमें इस्म-ए-आज़म और हाज़िरात जिन-ओ-परी के और रूहों की मुलाक़ात और तसखीर-ए-आफताब की तरकीब लिखी है।

ऐसी दौलत के हाथ लगने से निहायत खुशी हासिल हुई और उन पर अमल करना शुरू किया। दरवाज़ा बाग़ का खोल दिया। अपने उस अमीर को और साथ वालों को कहा कि कश्तियाँ मंगवाकर यह सब जवाहर नक्दो जिन्स और किताबें बार करलो और एक निवाड़े पर आप सवार होकर वहाँ से बाहर को रवाना किया। आते-आते जब नज़दीक अपने मुल्क के पहुँचा, जहाँपनाह को खबर हुई। सवार होकर इस्तिक़बाल किया और इश्तयाक़ से बेक़रार होकर कलेजे से लगा लिया। मैंने क़दमबोसी करकर कहा कि इस खाकसार को क़दीम बाग़ में रहने का हुक्म हो। बोले कि "ऐ बरखुरदार! वह मकान मेरे नज़दीक मनहूस ठहरा। लेहाज़ा उसकी मरम्मत और तैयारी मोक़ूफ की। अब वह मकान लायक़ इनसान के रहने के नहीं रहा। और जिस महल में जी चाहे, उतरो। बेहतर यों है कि क़िले में कोई जगह पसन्द करके मेरी आँखों के रूबरू हो और पाईंबाग जैसा चाहो तैयार करवा कर सैर तमाशा देखा करो।" मैंने बहुत ज़िद और हटकर-कर उस बाग़ को नये सिरे से तामीर करवाया और बहिश्त की मानिन्द आरास्ता कर दाखिल हुआ। फिर फ़राग़त से, जिनों की तसखीर की खातिर चिल्ले बैठा और तर्क-ए- हैवानात कर-कर हाज़िरात करने लगा।

जब चालीस दिन पूरे हुए तब आधी रात को एक ऐसी आँधी आई कि बड़ी-बड़ी इमारतें गिर पड़ीं और दरख्त जड़-पेड़ से उखड़ कर कहीं से कहीं जा पड़े। और परीज़ादों का लश्कर नमूद हुआ। एक तख्त हवा से उतरा। उस पर एक शख्स शानदार, मोतियों का ताज और खिलअत पहने हुए बैठा था। मैंने देखते ही बहुत मोद्दब होकर सलाम किया। उसने मेरा सलाम लिया और कहा कि ऐ अज़ीज़! यह क्या तूने नाहक़ दुन्द मचाया! हम से तुझे क्या मुद्दआ है?

मैंने इल्तिमास किया कि यह आजिज़ बहुत मुद्दत से तुम्हारी बेटी पर आशिक़ है और इसीलिए कहाँ से कहाँ खराब-ओ-खस्ता हुआ और जीते-जी मुआ। अब जिन्दगी से बतंग आया हूँ और अपनी जान पर खेला हूँ जो यह काम किया है। अब आपकी ज़ात से उम्मीदवार हूँ कि मुझ हैरान और सरगरदान को अपनी तवज्जेह से सर-फ़राज़ करो और उसके दीदार से ज़िंदगी और आराम बख्शो तो बड़ा सवाब होगा।

यह मेरी आरज़ू सुनकर बोला कि आदमी खाकी और हम आतशी। इन दोनों में मुवाफिकत आनी मुश्किल है। मैंने क़सम खाई कि मैं उनके देखने का मुश्ताक़ हूँ और कुछ मतलब नहीं। फिर उस तख्तनशीन ने जवाब दिया कि इनसान अपने क़ौल क़रार पर नहीं रहता। ग़रज़ के वक्त सब-कुछ कहता है लेकिन याद नहीं रखता। यह बात मैं तेरे भले के लिए कह सुनाता हूँ कि अगर तूने कभू क़सद कुछ और किया तो वह भी और तू भी दोनों खराब-खस्ता होगे बल्कि खौ़फ़ जान का है। मैंने फिर दोबारा सोगन्द याद की जिसमें तरफ़ैन की खराबी होवे वैसा काम हरगिज़ न करूँगा मगर एक नज़र देखता रहूँगा। ये बातें होतियाँ थीं कि अंचित वह परी (कि जिस का मज़कूर था) निहायत ठस्से से बनाव किये हुए आ पहुँची और बादशाह का तख्त वहाँ से चला गया। तब मैंने बेइख्तियार उस परी को जान की तरह बग़ल में ले आया और यह शेर पढ़ा :

> कमान अबरू मेरे घर क्यों न आवे?
> कि जिसके वास्ते खींचे हैं चिल्ले।

उसी खुशी के आलम में बाहम उस बाग़ में रहने लगे। मारे डर के कुछ और खयाल न करता। बालाई मज़े लेता और फक़त देखा करता। वह परी मेरे क़ौल-ओ-क़रार के निबाहने पर दिल में हैरान रहती और बाज़े वक्त कहती कि 'प्यारे! तुम भी अपनी बात के बड़े सच्चे हो! लेकिन एक नसीहत मैं दोस्ती की राह से करती हूँ। अपनी किताब से खबरदार रहियो कि जिन किसी-न-किसी दिन तुम्हें ग़ाफ़िल पाकर चुरा ले जाएँगे।' मैंने कहा, इसे मैं अपनी जान के बराबर रखता हूँ।

इत्तिफ़ाकन् एक रोज़ रात को शैतान ने वरग़लाया। शहवत की हालत में यह दिल में आया कि जो कुछ हो सो हो, कहाँ तलक अपने तईं थांबूं! उसे छाती से लगा लिया और क़सदे-जिमाआ का किया। वों ही एक आवाज़ आई, यह किताब मुझको दे कि इसमें इसम-ए-आज़म है। बेअदबी न कर। उस मस्ती के आलम में कुछ होश न रहा। किताब बग़ल से निकाल कर बग़ैर जाने-पहचाने हवाले करदी और अपने काम में लगा। वह नाज़नीं यह मेरी नादानी की हरकत देखकर बोली

कि हे ज़ालिम! आखिर चूका। और नसीहत भूला।

यह कहकर बेहोश हो गई। और मैंने उसके सिरहाने एक देव देखा कि किताब लिए खड़ा है। चाहा कि पकड़ कर खूब मारूँ और किताब छीन लूँ। इतने में उसके हाथ से किताब दूसरा ले भागा। मैंने जो अफसूँ याद किये थे, पढ़ने शुरू किये। वह जिन जो खड़ा था, बैल बन गया। लेकिन अफ़सोस कि परी ज़रा भी होश में न आई और वही हालत बेखुदी की रही। तब मेरा दिल घबराया। सारा ऐश तल्ख हो गया। उस रोज़ से आदमियों से नफ़रत हुई। इस बाग़ के गोशे में पड़ा रहता हूँ और दिल के बहलाने की खातिर यह मरतबान जमरूद का झाड़दार बनाया करता हूँ और हर महीने उस मैदान में उसी बैल पर सवार होकर जाया करता हूँ। मरतबान को तोड़ कर ग़ुलाम को मार डालता हूँ, इस उम्मीद पर कि सब मेरी यह हालत देखें और अफ़सोस खावें। शायद कोई खुदा का बँदा मेहरबान होकर मेरे हक़ में दुआ करे तो मैं भी अपने मतलब को पहुँचूँ। ऐ रफ़ीक़! मेरे जुनून और सौदा की यह हक़ीक़त है जो मैंने तुझे कह सुनाई।

मैं सुनकर आबदीदा हुआ और बोला कि ऐ शहज़ादे! तूने वाक़ई इश्क़ की बड़ी मेहनत उठाई लेकिन क़सम खुदा की खाता हूँ कि मैं अपने मतलब से दर गुज़रा। अब तेरी खातिर जंगल, पहाड़ में फिरूँगा और जो मुझसे हो सकेगा सो करूँगा। यह वादा करकर मैं उस जवान से रुखसत हुआ और पाँच बरस तक सौदाई-सा बीराने में खाक़ छानता फिरा। सुराग़ न मिला। आखिर उकता कर एक पहाड़ पर चढ़ गया और चाहा कि अपने तईं गिरा दूँ कि हड्डी-पसली कुछ साबित न रहे कि वही सवार बुरक़ापोश आ पहुँचा और बोला कि अपनी जान मत खो। थोड़े दिनों के बाद तू अपने मक़सद से कामयाब होगा। या साईं अल्लाह! तुम्हारे दीदार तो मुयस्सर हुए। अब खुदा के फ़ज़ल से उम्मीदवार हूँ कि खुशी और खुर्रमी हो और सब नामुराद अपनी मुराद को पहुँचें। ••

सरगुज़श्त आज़ादबख्त बादशाह की

जब दूसरा दरवेश भी अपनी सैर का क़िस्सा कह चुका, रात आखिर हो गई और वक्त सुबह का शुरू होने पर आया, पादशाह आज़ाद बख्त चुपका अपने दौलतखाने की तरफ रवाना हुआ। महल में पहुँचकर नमाज़ अदा की। फिर गुसलखाने में जा खिलअते-फ़ाखरा पहनकर, दीवाने-आम में तख्त पर निकल बैठा और हुक्म किया कि यसाऊल जावे; चार -फ़क़ीर फुलाने मकान पर वारिद हैं, उनको ब-इज्जत तमाम अपने साथ हुज़ूर में ले आवे। बमूजिब हुक्म के चोबदार वहाँ गया। देखा कि चारों बेनवा झाड़ा-झटका फिर, हाथ-मुँह धोकर चाहते हैं कि दिसा करें और अपनी-अपनी राह लें। चेले ने कहा, ''शाहजी! बादशाह ने चारों सूरतों को तलब फरमाया है, मेरे साथ चलिए।'' चारों दरवेश आपस में एक-एक को तकने लगे और चोबदार से कहा, ''बाबा! अपने दिल के बादशाह हैं। हमें दुनिया के पादशाह से क्या काम है?'' उसने कहा, ''मियाँ अल्लाह! मुज़ाइक़ा नहीं! अगर चलो तो अच्छा है।''

इतने में चारों को याद आया कि मौला मुरतज़ा ने जो फरमाया था सो अब पेश आया। खुशी हुए और यसाऊल के हमराह चले। जब क़िले में पहुँचे और रूबरू पादशाह के गये, चारों कलंदरों ने दुआ दी कि बाबा, तेरा भला हो। बादशाह दीवान-ए-खास में जा बैठे और दो-चार खास अमीरों को बुलाया और फरमाया कि चारों गुदड़ीपोशों को बुलाओ। जब वहाँ गये, हुक्म बैठने का किया। अहवालपुरसी फरमायी कि तुम्हारा कहाँ से आना हुआ और कहाँ का इरादा है? मकान मुरशिदों के कहाँ हैं?

उन्होंने कहा कि पादशाह की उम्र-ओ-दौलत ज़ियादा रहे! हम फक़ीर हैं।

एक मुद्दत से इसी तरह सैरो-सफ़र करते फिरते हैं। खाना-बदोश हैं। वह मिस्ल है, ''फक़ीर को जहाँ शाम हुई, वहीं घर है। और जो कुछ इस दुनिया-ए-नापायेदार में देखा है। कहाँ तक बयान करें?

आज़ाद बख्त ने बहुत तसल्ली और तशफ्फी की और खाने को मँगवा कर, अपने रूबरू नाश्ता करवाया। जब फारिग हुए फिर फरमाया कि अपना माजरा बे-कम-ओ-कास्त मुझ से कहो। जो मुझसे तुम्हारी खिदमत हो सकेगी क़सूर न करूँगा। फक़ीरों ने जवाब दिया कि हम पर जो-जो कुछ बीता है, न हमें बयान करने की ताक़त है, न पादशाह को सुनने से फ़रहत होगी। उसको मुआफ़ कीजिए। तब बादशाह ने तबस्सुम किया और कहा, ''शब को जहाँ तुम बिस्तरों पर बैठे अपना-अपना अहवाल कह रहे थे, वहाँ मैं भी मौजूद था। चुनाँचे दो दरवेश का अहवाल सुन चुका हूँ। अब चाहता हूँ कि दोनों जो बाक़ी हैं, वे भी कहें और चन्द रोज़ बखातिर जमा मेरे पास रहें कि क़दमे-दरवेशाँ रद्दे-बला है। पादशाह से यह बात सुनते ही मारे खौफ़ के काँपने लगे और सर नीचे करके चुप हो रहे। ताक़त गोयाईं की न-रही।

आज़ादबख्त ने जब देखा कि अब इन में मारे रोब के हवास नहीं रहे जो कुछ बोलें। फरमाया कि इस जहाँ में कोई शख्स ऐसा न होगा जिस पर एक न-एक वारदात अजीब-ओ-ग़रीब न हुई होगी। बावजूदे कि मैं बादशाह हूँ लेकिन मैंने भी ऐसा तमाशा देखा है कि पहले मैं ही उसका बयान करता हूँ। तुम बखातिर जमा सुनो। दरवेशों ने कहा, ''पादशाह सलामत! आपका अलताफ़ फक़ीरों के हाल पर ऐसा है। इरशाद फरमाइए। आज़ादबख्त ने अपना अहवाल शुरू किया और कहा--

ऐ शाहो! पादशाह का अब माजरा सुनो।
जो कुछ कि मैंने देखा है और है सुना, सुनो।
कहता हूँ मैं फ़क़ीरों की खिदमत में सर-ब-सर।
अहवाल मेरा खूब तरह दिल लगा सुनो।

मेरे क़िब्लगाह ने जब वफ़ात पाई और मैं उस तख्त पर बैठा, ऐन आलम शबाब का था और सारा यह मुल्क रूम का मेरे हुक्म में था। इत्तिफाकन् एक साल कोई सौदागर बदख्शां के मुल्क से आया और असबाब तिजारत का बहुत-सा लाया। खबरदारों ने मेरे हुज़ूर में खबर की कि ऐसा बड़ा ताजिर आज तक शहर में नहीं आया। मैंने उसको तलब फरमाया।

वह तोहफे हर एक मुल्क के लायक़ मेरी नज़र के लेकर आया। फिलवाक़िया हर एक जिन्स बे-बहा नज़र आयी। चुनाँचे एक डिबिया में एक लाल था निहायत

खुशरंग और आबदार। क़द-ओ-क़ामत दुरुस्त और वज़्न में पाँच मिसक़ाल का। मैंने बावजूद सलतनत के, ऐसा जवाहर कभो न देखा था और न कसू से सुना था। पसन्द किया। सौदागर को बहुत-सा इनाम-ओ-इकराम दिया और सनद राहदारी की लिख दी कि उससे हमारी तमाम क़लमरू में कोई मुज़ाहम महसूल का न हो और जहाँ जावे उसको आराम से रखें, चौकी पहरे में हाज़िर रहें, उसका नुकसान अपना नुकसान समझें। वह ताजिर हुज़ूर में दरबार के वक्त हाज़िर रहता अैर आदाब-ए-सलतनत के खूब वाक़िफ़ था। और तक़रीर-ओ-खुशगोई उसकी लायक़ सुनने की थी और मैं उस लाल को हर रोज़ जवाहरखाने से मँगवाकर सरे दरबार देखा करता।

एक रोज़ दीवान-आम किये बैठा था और उमरा अरकान-ए-दौलत अपने-अपने पाये पर खड़े थे और हर मुल्क के बादशाहों के एलची मुबारकबाद की खातिर जो आये थे वो भी सब हाज़िर थे। उस वक्त मैंने मुआफिक़ मामूल के उस लाल को मँगवाया। जवाहरखाने का दारोग़ा लेकर आया। मैं हाथ में लेकर तारीफ करने लगा और फिरंग के एलची को दिया। उनने देखकर तबस्सुम किया और ज़माना-साज़ी से सिफ़त की। इसी तरह हाथों-हाथ हर एक ने लिया और देखा और एक जुबान होकर बोले कि क़िब्ल-ए-आलम के इक़बाल के बाइस यह मुयस्सर हुआ है। वल्लाह! कसू पादशाह के हाथ आज तक ऐसा रक्म बे-बहा नहीं लगा। उस वक्त मेरे क़िब्लागाह का वज़ीर कि मर्द-ए-दाना था और उसी खिदमत पर सरफ़राज़ था विज़ारत की चौकी पर खड़ा था, आदाब ब्जा लाया और इल्तिमास किया कि कुछ अर्ज़ किया चाहता हूँ, अगर जान-बख्शी हो।

मैंने हुक्म किया कि कह। वह बोला, "क़िब्ला-ए-आलम! आप बादशाह हैं और बादशाहों से बहुत बईद है कि एक पत्थर की इतनी तारीफ करें। अगरचे रंग-ढंग संग में लासानी है लेकिन संग है। और इस दम सब मुल्कों के एलची दरबार में हाज़िर हैं। जब अपने अपने शहर में जावेंगे अलबत्ता यह नक्ल करेंगे कि अजंब बादशाह है कि एक लाल कहीं से पाया है, उसे ऐसा तोफ़ा बनाया है कि हर रोज़ रूबरू मंगाता है और आप उसकी तारीफ कर-सबको दिखाता है। पस जो बादशाह या राजा यह अहवाल सुनेगा अपनी मजलिस में हँसेगा। खुदाबन्द, एक अदना सौदागर नीशापुर में है। उसने बारह दाने लाल के कि हर एक सात-सात मिसकाल का है, पट्टे में नसब करकर कुत्ते के गले में डाल दिये हैं।" मुझे सुनते ही गुस्सा चढ़ आया और खिसियाने होकर फरमाया कि इस वज़ीर की गरदन मारो।

जल्लादों ने वोंही उसका हाथ पकड़ लिया और चाहा कि बाहर ले जावें।

फिरंग के बादशाह का एलची दस्तबस्ता रूबरू आ खड़ा हुआ। मैंने पूछा कि तेरा क्या मतलब है? उसने अर्ज़ की: "उम्मीदवार हूँ कि तक़सीर से वज़ीर की वाक़िफ हूँ।" मैंने फरमाया, "झूट बोलने से और बड़ा गुनाह कौन-सा है। खसूसन बादशाहों के रूबरू।" उनने कहा, "उसका दरोग़ साबित नहीं हुआ। शायद जो कुछ कि अर्ज़ की है सच हो! अभी बेगुनाह का क़त्ल करना दुरुस्त नहीं।" उसका मैंने यह जवाब दिया कि हरगिज़ अक्ल में नहीं आता, एक ताजिर कि नफ़े के वास्ते शहर-बशहर और मुल्क-ब-मुल्क खराब होता फिरता है और कौड़ी-कौड़ी जमा करता है, बारह दाने लाल के जो वज़्न में सात-सात मिसकाल के हों, कुत्ते के पट्टे में लगावे!" उसने कहा, "खुदा की क़ुदरत से कुछ वईद नहीं शायद कि बाशद! ऐसे तोहफे अक्सर सौदागारें और फक़ीरों के हाथ आते हैं। इस वास्ते कि ये दोनों हर एक मुल्क में जाते हैं और जहाँ से जो कुछ पाते हैं ले आते हैं। सलाह-ए-दौलत यह है कि अगर वज़ीर ऐसा ही तक़सीरवार है तो हुक्म क़ैद का हो। इसलिए कि वज़ीर पादशाहों की अक्ल होते हैं और यह हरकत सलातीनों से बदनुमा है कि ऐसी बात पर कि झूट-सच उसका अभी साबित नहीं हुआ, हुक्म क़त्ल का फरमाएं और उसकी तमाम उम्र की खिदमत और नमकहलाली भूल जाएँ।"

"पादशाह सलामत, अगले शहरयारों ने बंदीखाना इसी सबब से ईजाद किया है कि पादशाह या सरदार अगर कसू पर ग़ज़ब हों तो उसे क़ैद करें। कई दिन में गुस्सा जाता रहेगा और बेतक़सीरी उसकी ज़ाहिर होगी, पादशाह खून-ए-नाहक़ से महफूज़ रहेंगे। कल को रोज़-ए-क़यामत में माखूज़ न होएंगे।" मैंने जितना उसको क़ायल करने को चाहा, उसने ऐसी गुफ्तगू की कि मुझे लाजवाब किया। तब मैंने कहा कि खैर! तेरा कहना पजीर हुआ। मैं खून से उसके दरगुज़रा लेकिन जिंदान में मुक़य्यद रहेगा। अगर एक साल के अरसे में उसका सखुन रास्त हुआ कि ऐसे लाल कुत्ते के गले में हैं तो उसकी नजात होगी। और नहीं तो बड़े अज़ाब से मारा जावेगा।" फरमाया कि वज़ीर को पंडितखाने में ले जाओ। यह हुक्म सुनकर एलची ने ज़मीन खिदमत की चूमी और तसलीमात की।

जब यह खबर वज़ीर के घर में गई, आह-वावेला मचा और मातमसरा हो गया। उस वज़ीर की एक बेटी थी, बरस चौदह-पन्द्रह की। निहायत खूबसूरत और क़ाबिल, नविश्त-ओ-ख्वान्द में दुरुस्त। वज़ीर उसको निपट प्यार करता था और अज़ीज़ रखता था। चुनाँचे अपने दीवानखाने के पिछवाड़े एक रंगमहल उसकी खातिर बनवा दिया था और लड़कियाँ उमदों की उसकी मुसाहिबत में और खवासें शकील खिदमत में रहतीं, उनसे हँसी-खुशी खेला-कूदा करती।

इत्तिफाकन् जिस दिन वज़ीर को महबूसखाने में भेजा, वह लड़की अपनी हमजोलियों में बैठी थी और खुशी से गुड़िया का बियाह रचाया था। और ढोलक-पखावज लिए हुए रतजगे की तैयारी कर रही थी। और कढ़ाई चढ़ाकर गुलगुले और रहम तलती और बना रही थी कि एकबारगी उसकी माँ रोती-पीटती, सिर खुले, पाऊँ नंगे, बेटी के घर में गई और दोहत्तड़ उस लड़की के सिर पर मारी और कहने लगी, ''काश! कि तेरे बदले खुदा अंधा बेटा देता तो मेरा कलेजा ठंडा होता और बाप का रफीक़ होता!'' वज़ीरज़ादी ने पूछा, ''अंधा बेटा तुम्हारे किस काम आता? जो कुछ कि बेटा करता, मैं भी कर सकती हूँ।'' अम्मा ने जवाब दिया, ''खाक तेरे सिर पर! बाप पर यह बिपता बीती है कि पादशाह के रूबरू कुछ ऐसी बात कही कि बन्दीखाने में क़ैद हुआ।'' उसने पूछा, वह क्या बात थी? ज़रा मैं भी सुनूँ! तब वज़ीर के क़बीले ने कहा कि तेरे बाप ने शायद यह कहा कि नीशापुर में कोई सौदागर है! उसने बारह अदद लाल-ए-बेबहा कुत्ते के पट्टे में टाँके हैं। पादशाह को बावर न हुआ। उसे झूठा समझा और असीर किया। अगर आज के दिन बेटा होता तो हर तरह से कोशिश करकर इस बात को तहक़ीक़ करता और अपने बाप का उपराला करता और पादशाह से अर्ज़ -मारूज़ कर के मेरे खाविन्द को पंडितखाने से मुखलिसी दिलवाता।

वज़ीरज़ादी बोली, ''अम्माजान, तक़दीर से लड़ा नहीं जाता। चाहिए कि इनसान बलाए नागहानी में सब्र करे और उम्मीदवार फज़ल-इलाही का रहे। वह करीम है। मुशकिल कसू की अटकी नहीं रखता। और रोना-धोना खूब नहीं। मुबादा, दुश्मन और तरह से पादशाह के पास लगावें और लुतरे चुग़ली खावें कि बाइस ज्यादा खफ़गी का हो। बल्कि जहाँपनाह के हक़ में दुआ करो। हम उसके खानाज़ाद हैं। वह हमारा खुदावंद है। वही ग़ज़ब हुआ है, वही मेहरबान होगा।'' उस लड़की ने अक्लमंदी से ऐसी-ऐसी तरह माँ को समझाया कि कुछ उसको सब्रो-क़रार आया। तब अपने महल में गई और चुपकी हो रही। जब रात हुई, वज़ीरज़ादी ने दादा को बुलाया, उसके हाथ-पाँव पड़ी, बहुत-सी मिन्नत की और रोने लगी और कहा, ''मैं यह इरादा रखती हूँ कि अम्माजान का ताना मुझ पर न रहे और मेरा बाप मुखलिसी पावे। जो तू मेरा रफीक हो तो मैं नीशापुर को चलूँ और उस ताजिर को (जिसके कुत्ते के गले में ऐसे लाल हैं) देखकर ज़ो बन आवे, कर आऊँ और अपने बाप को छुड़ाऊँ।''

पहले तो उस मर्द ने इनकार किया, आखिर बहुत कहने-सुनने से राज़ी हुआ। तब वज़ीरज़ादी ने फरमाया, ''चुपके-चुपके असबाब सफर का दुरुस्त कर और जिन्स तिजारत की लायक़ नज़र पादशाहों के खरीद कर, और गुलाम-ओ-नौकर-

चाकर जितने ज़रूर हों, साथ ले, लेकिन यह बात कसू पर न खुले।'' दादा ने क़बूल किया और उसकी तैयारी में लगा। जब सब असबाब मुहय्या किया, ऊँटों और खच्चरों पर बार करकर रवाना हुआ। और वज़ीरज़ादी भी लिबास मर्दाना पहन कर साथ जा मिली। हरगिज़ कसू को घर में खबर न हुई। जब सुबह हुई, वज़ीर के महल में चर्चा हुआ कि वज़ीरज़ादी ग़ायब है, मालूम नहीं, क्या हुई!

आखिर बदनामी के डर से माँ ने बेटी का गुम होना छुपाया। और वहाँ वज़ीरज़ादी ने अपना नाम सौदागर-बच्चा रक्खा। मँज़िल-ब-मँज़िल चलते-चलते नीशापुर में पहुँची। खुशी-ब-खुशी कारवांसरा में जा उतरी और सब अपना असबाब उतारा। रात को रही। फजर को हम्माम में गई और पोशाक पाकीज़ा जैसे रूम के बाशिन्दे पहनते हैं, पहनी और शहर की सैर के वास्ते निकली। आते-आते जब चौक में पहुँची, चोराहे पर खड़ी हुई। एक तरफ दुकान जोहरी की नज़र पड़ी कि बहुत-से जवाहिर का ढेर लग रहा है और ग़ुलाम लिबास-ए-फ़ाखिरा पहने हुए दस्त-बस्ता खड़े हैं और एक शख्स जो सरदार है, बरस पचास-एक की उसकी उम्र है, तालेमन्दों की-सी खिलअत और नीम आस्तीन पहने हुए, और कई मुसाहिब बाक्ज़ा नज़दीक उसके कुर्सियों पर बैठे हैं और आपस में बातें कर रहे हैं।

वह वज़ीरज़ादी (जिसने अपने तईं सौदागर-बच्चा कर मशहूर किया था) उसे देखकर मुताज्जुब हुई और दिल में समझकर खुश हुई कि खुदा झूट न करे, जिस सौदागर का मेरे बाप ने, पादाशह से मज़कूर किया है अग़लब है कि यही हो। बारे खुदाया! इसका अहवाल मुझ पर ज़ाहिर कर। इत्तिफ़ाकन् एक तरफ जो देखा तो एक दुकान है, उसमें दो पिंजरे आहनी लटकते हैं और उन दोनों में दो आदमी क़ैद हैं। उनकी मजनूँ की-सी सूरत हो रही है कि चिर्म-ओ-उस्तुख्वाँ बाकी है और सिर के बाल और नाखून बढ़ गये हैं, सिर औंधाए बैठे हैं और दो हबशी बदहैइयत मुसल्लह दोनों तरफ खड़े हैं। सौदागर-बच्चे को अचम्भा आया। लाहौल पढ़कर दूसरी तरफ जो देखा, तो एक दुकान में क़ालीचे बिछे हैं, उन पर एक चौकी हाथीदाँत की, उस पर गदैला मखमल का पड़ा हुआ; एक कुत्ता जवाहर का पट्टा गले में और सोने की ज़ंजीर से बंधा हुआ बैठा है और दो ग़ुलाम अमरद खूबसूरत उसकी खिदमत कर रहे हैं। एक तो मोरछल जड़ाउ दस्ते का लिए झलता है और दूसरा रूमाल तारकशी का हाथ में लेकर मुँह और पाऊँ उसका पोंछ रहा है। सौदागर-बच्चे ने खूब ग़ौर करकर जो देखा तो पट्टे में कुत्ते के, बारहों दाने लाल के, जैसे सुने थे, मौजूद हैं। शुक्र खुदा का किया और फिक्र में गया कि किस सूरत से उन लालों को पादशाह के पास ले जाऊँ और दिखाकर अपने बाप को छुड़ाऊँ। यह तो उस हैरानी में था और तमाम खलकत चौक और रस्ते की,

उसका हुस्न और जमाल देखकर हैरान थी और हक्का-बक्का हो रही थी। सब आदमी आपस में यह चर्चा करते थे कि आज तलक इस सूरत और शबीह का इनसान नज़र नहीं आया। उस ख्वाजा ने भी देखा, एक ग़ुलाम को भेजा कि तू जाकर बमिन्नत उस सौदागर-बच्चे को मेरे पास बुला ला।

वह ग़ुलाम आया और ख्वाजा का पैग़ाम लाया कि अगर मेहरबानी फरमाइए तो हमारा खुदावन्द साहिब का मुश्ताक़ है, चलकर मुलाक़ात कीजिए। सौदागर-बच्चा तो यह चाहता ही था। बोला, "क्या मुज़ाइका ?" जों ही ख्वाजा के नजदीक आया और उस पर ख्वाजा की नज़र पड़ी, एक बरछी इश्क़ की सीने में गड़ी। ताज़ीम की खातिर सर-ओ-क़द उठा लेकिन हवास बाख्ता! सौदागर-बच्चे ने दरयाफ्त किया कि अब यह दाम में आया। आपस में बगलगीरी हुई ? ख्वाजा ने सौदागार-बच्चे की पेशानी को बोसा दिया और अपने बराबर बिठाया। बहुत-सा तमल्लुक करके पूछा कि अपने नाम-ओ-नसब से मुझे आगाह करो। कहाँ से आना हुआ और कहां का इरादा है ? सौदागर-बच्चा बोला कि इस कमतरीन का वतन रूम है और क़दीम से इस्तबूल ज़ादबूम है! मेरे क़िब्लागाही सौदागर हैं। अब ब-सबब-ए-पीरी के ताक़त सैर-ओ सफर की नहीं रही। इस वास्ते मुझे रुखसत किया है कि कारोबार तिजारत का सीखूँ। आज तलक मैंने क़दम घर से बाहर न निकाला था। यह पहला ही सफ़र दरपेश हुआ। दरया की राह से हिवाव न पड़ा, खुश्की की तरफ से क़सद किया। लेकिन इस अजम के मुल्क में आपके अखलाक़ और खूबियों का जो शोर है, महज़ साहब की मुलाक़ात की आरजू में यहाँ तक आया हूँ। बारे, फज़ले-इलाही से, खिदमत-ए-शरीफ में मुशर्रफ हुआ और उससे ज्यादा पाया। तमन्ना दिल की बर आयी। खुदा सलामत रखे, अब यहाँ से कूच करूँगा।

यह सुनते ही ख्वाजा के अक्ल-ओ-होश जाते रहे। बोला कि ऐ फ़रज़न्द! ऐसी बात मुझे न सुनाओ। कोई दिन ग़रीबखाने में करम फरमाओ। भला यह तो बताओ कि तुम्हारा असबाब और नौकर-चाकर कहाँ हैं ? सौदागर-बच्चे ने कहा कि मुसाफिर का घर सराय है। उन्हें वहाँ छोड़कर मैं आपके पास आया हूँ। ख्वाजा ने कहा कि भटियारखाने में रहना मुनासिब नहीं। मेरा इस शहर में ऐतबार है और बड़ा नाम है। जल्द उन्हें बुलवालो। मैं एक मकान तुम्हारे असबाब के लिए खाली कर देता हूँ। जो कुछ जिन्स लाये हो, मैं देखूँ। ऐसी तदबीर करूँगा कि यहीं तुम्हें बहुत-सा नफ़ा मिले। तुम भी खुश होगे और सफर के हरज-मरज से बचोगे और मुझे भी चन्द रोज़ रहने से अपना एहसानमँद करोगे। सौदागर-बच्चे ने ऊपरी दिल से उज़र किया लेकिन ख्वाजा ने पज़ीरा न किया और अपने गुमाश्ते को फरमाया

कि बारबरदार जल्द भेजो और कारवाँसरा से इनका असबाब मँगवाकर फुलाने मकान में रखवाओ।

सौदागर–बच्चे ने एक ज़ंगी गुलाम को उनके साथ कर दिया कि सब माल मता लदवाकर ले आ और आप शाम तलक ख़्वाजा के साथ बैठा रहा। जब गुज़री का वक्त हो चुका और दुकान बढ़ाई, ख़्वाजा घर को चला, तब दोनों गुलामों में से एक ने कुत्ते को बग़ल में लिया, दूसरे ने कुरसी और क़ालीचा उठा लिया और उन दोनों हबशी ग़ुलामों ने उस पिंजरे को मज़दूरों के सिर पर धर दिया और आप पाँचों हथियार बान्धे साथ होलिए। ख़्वाजा सौदागर बच्चे का हाथ हाथ में लिये, बातें करता हुआ, हवेली में आया।

सौदागर–बच्चे ने देखा कि मकान आलीशान, लायक पादशाहों या अमीरों के है। लबे–नहर फर्श चाँदनी का बिछा है और मसनद के रूबरू असबाब ऐश का चुना है। कुत्ते की सन्दली भी उसी जगह बिछाई और ख़्वाजा सौदागर–बच्चे को लेकर बैठा, बेतकल्लुफ तवाज़ू शराब की की। दोनों पीने लगे। जब सरखुश हुए तब ख़्वाजा ने खाना माँगा। दस्तरख़्वान बिछा और दुनिया की नैमत चुनी गई। पहले एक लंगरी में खाना लेकर सर–पोश तिलाई ढाँप कर कुत्ते के वास्ते ले गये और एक दस्तरख़्वान ज़रबुफ्त का बिछाकर उसके आगे धर दी। कुत्ता संदली से नीचे उतर जितना चाहा उतना खाया और सोने की लगन में पानी पिया और फिर चौकी पर जा बैठा। ग़ुलामों ने रूमाल से हाथ–मुँह उसका पाक किया। फिर उस तबाक और लगन को ग़ुलाम पिंजरे के नज़दीक ले गये और ख़्वाजा से कुंजी माँग कर क़ुफल क़फ़स का खोला।

उन दोनों इनसानों को बाहर निकाल कर, कई सोंटे मारकर, कुत्ते का झूटा उन्हें खिलाया और वही पानी पिलाया। फिर ताला बन्द करकर ताली ख़्वाजा के हवाले की। जब यह सब हो चुका तब ख़्वाजा ने आप खाना शुरू किया। सौदागर–बच्चे को यह हरकत पसन्द न आई। घिन खाकर हाथ खाने में न डाला। हरचन्द ख़्वाजा ने मिन्नत की पर उसने इनकार ही किया। तब ख़्वाजा ने सबब उसका पूछा कि तुम क्यों नहीं खाते? सौदागर–बच्चे ने कहा, "यह हरकत तुम्हारी अपने तईं बदनुमा मालूम हुई इसलिए कि इनसान अशरूफ–उल–मखलूक़ात है और कुत्ता नजसुलऐन है। पस खुदा के दो बन्दों को कुत्ते का झूटा खिलाना किस मज़हब और मिल्लत में रवा है? फक़त यह ग़नीमत नहीं जानते कि वे तुम्हारी कैद में हैं? नहीं तो तुम और वे बराबर हैं। अब मेरे तईं शक आयी कि तुम मुसलमान नहीं, क्या जानूँ कि कौन हो कि कुत्ते को पूजते हो? मुझे तुम्हारा खाना खाना मकरूह है जब तलक यह शुबा दिल से दूर न हो?"

ख्वाजा ने कहा, "ऐ बाबा! जो कुछ तू कहता है, मैं यह सब समझता हूँ और इसी खातिर बदनाम हूँ कि इस शहर की खलक़त ने मेरा नाम ख्वाजा-ए-सगपरस्त रक्खा है। इसी तरह पुकारते हैं और मशहूर किया है। लेकिन खुदा की लानत काफ़िरों और मुशरिकों पर हू जिओ। कल्मा पढ़ा और सौदागर-बच्चे की खातिरजमा की। तब सौदागर-बच्चे ने पूछा कि अगर मुसलमान बदिल हो तो इसका क्या बाइस है? ऐसी हरकत करके अपने तईं बदनाम किया है? ख्वाजा ने कहा, "ऐ फरज़न्द! नाम मेरा बदनाम है और दुगुना महसूल इस शहर में भरता हूँ इसी वास्ते कि यह भेद कसू पर ज़ाहिर न हो। अजब यह माजरा है कि जो कोई सुने सिवाय ग़म और गुस्से के उसे कुछ और हासिल न हो। तू भी मुझे माफ रख कि न मुझ में क़ुदरत कहने की और न तुझ में ताक़त सुनने की रहेगी।"

सौदागर-बच्चे ने अपने दिल में ग़ौर की कि मुझे अपने काम से काम है। क्या ज़रूर है जो नाहक़ मैं ज्यादा मुज़्विज़ हूँ। बोला, "खैर! अगर लायक़ कहने के नहीं तो न कहिए।" खाने में हाथ डाला और निवाला उठाकर खाने लगा। दो महीने तक इस होशियारी और अक़लमंदी से सौदागर-बच्चे ने ख्वाजा के साथ गुज़रान की कि कसू पर हरगिज़ न खुला कि यह औरत है। सब यही जानते थे कि मर्द है। और ख्वाजा के साथ रोज़-बरोज़ ऐसी मुहब्बत ज्यादा हुई कि एक दम अपनी आँखों से जुदा न करता।

एक दिन ऐन मयनोशी की सोहबत में सौदागर-बच्चे ने रोना शुरू किया। ख्वाजा ने देखते ही खातिरदारी की और रूमाल से आँसू पोंछने लगा और सबब गिरिये का पूछा। सौदागर-बच्चे ने कहा, "ऐ क़िब्ला! क्या कहूँ! काश! के तुम्हारी खिदमत में बन्दगी पैदा न की होती और यह शफक़त जो साहब मेरे हक़ में करते हैं, न करते। अब दो मुश्किलें मेरे पेश आयी हैं। न तुम्हारी खिदमत से जुदा होने को जी चाहता है और न रहने का इत्तिफ़ाक़ यहाँ हो सकता है। अब जाना ज़रूर हुआ। लेकिन आपकी जुदाई से उम्मीद ज़िन्दगी की नज़र नहीं आती।

यह बात सुनकर ख्वाजा बेइख्तियार ऐसा रोने लगा कि हिचकी बन्ध गई और बोला कि "ऐ नूरे चश्म! ऐसी जल्दी इस अपने बूढ़े खादिम से सैर हुए कि इसे दिलगीर किये जाते हो! क़सद रवाना होने का दिल से दूर करो। जब तलक मेरी ज़िन्दगी है रहो। तुम्हारी जुदाई से एक दम मैं जीता न रहूँगा, बग़ैर अजल के मर जाऊँगा। और इस मुल्क-ए-फारस की आबओ-हवा बहुत खूब और मुआफिक़ है। बेहतर तो यों है कि एक आदमी मोतबर भेजकर अपने वालदैन को मय असबाब यहीं बुलवालो। जो कुछ सवारी और बारबरदारी दरकार हो मैं मौजूद करूँ। जब माँ-बाप तुम्हारे और घरबार सब आया, अपनी खुशी से कारबार

तिजारत का किया करियो। मैंने भी इस उम्र में ज़माने की बहुत सख्तियाँ खींची हैं और मुल्क-मुल्क फिरा हूँ। अब बूढ़ा हुआ। फ़रज़न्द नहीं रखता। मैं तुझे बेहतर अपने बेटे से जानता हूँ और अपना वली-अहद-औ-मुख्तार करता हूँ। मेरे कारखाने से भी होशियार और खबरदार हो। जब तलक जीता हूँ एक टुकड़ा खाने को अपने हाथ से दो। जब मर जाऊँ, गाड़दाब दीजो और सब माल-ओ-मता मेरा लीजो।

तब सौदागर-बच्चे ने जवाब दिया कि वाक़ई साहब ने ज्यादह बाप से मेरी ग़मख्वारी और खातिरदारी की कि मुझे माँ-बाप भूल गये। लेकिन इस आसी के वालिद ने एक साल की रुखसत दी थी। अगर देर लगाऊँगा तो वे इस पीरी में रोते-रोते मर जाएँगे। पस रज़ामन्दी पिदर की, खुशनूदी खुदा की है। और अगर वह मुझसे नाराज़ होंगे तो मैं डरता हूँ कि शायद दुआ-ए-बद न करें कि दोनों जहाँ में खुदा की रहमत से महरूम रहूँ। अब आपकी यही शफ़क़त है कि बन्दे को हुक्म कीजिए कि फरमाना क़िब्लागाह का बजा लावे और हक-ए-पिदरी से अदा होवे। और साहब की तवज्जुह का अदाए-शुक्र, जब तलक दम में दम है, मेरी गरदन पर है। अगर अपने मुल्क में भी जाऊँगा तो हर दम दिल-ओ-जान से याद किया करूँगा। खुदा मुसब्बब-उल-असबाब है। शायद फिर ऐसा कोई सबब हो कि क़दमबोसी हासिल करूँ।

ग़रज़ सौदार-बच्चे ने ऐसी-ऐसी बातें लून-मिर्चें लगाकर ख्वाजा को सुनाईं कि वह बेचारा लाचार होकर होंठ चाटने लगा। अज़ बस कि उस पर शैफ्ता और फरेफ्ता हो रहा था। कहने लगा, "अच्छा, अगर तुम नहीं रहते तो मैं ही तुम्हारे साथ चलता हूँ। मैं तुझको अपनी जान के बराबर जानता हूँ। पस जब जान चली जावे तो खाली बदन किस काम आवे? अगर तू इसी में रज़ामन्द है, तो चल, और मुझे भी ले चल। सौदागर-बच्चे से यह कहकर अपनी भी तैयारी सफ़र की करने लगा। और गुमाश्तों को हुक्म किया कि बारबरदारी की फ़िक्र जल्दी करो।

जब ख्वाजा के चलने की खबर हुई, वहाँ के सौदागरों ने सुनकर सबने तहय्या सफ़र का किया। ख्वाजा-संग-परस्त ने गंज और ज़वाहर बेशुमार, नौकर और ग़ुलाम अनगिनत, तोहफे और असबाबे-शाहाना बहुत-सा साथ लेकर, शहर के बाहर तंबू और कनात और बेचूबे और सरा पर्दे और कुंदले खड़े करवाकर, उनमें दाखिल हुआ। जितने तज्जार थे, अपनी-अपनी बिसात मुआफ़िक माल सौदागरी का लेकर हमराह हुए। बरा-ए-खुद एक लश्कर हो गया।

एक दिन जोगनी को पीठ देकर वहाँ से कूच किया। हज़ारों ऊँटों पर शलीते असबाब के और खच्चरों पर संदूक़ नक्द, जवाहर के लाद कर पाँचसौ ग़ुलाम,

दश्त क़बचाक और ज़ंग–ओ–रूम के मुसल्लह साहब–ए–शमशेर, ताज़ी और तुर्की, व इराक़ी व अरबी घोड़ों पर चढ़कर चले। सबके पीछे ख्वाजा और सौदागर-बच्चा खिलअत–ए–फाखिरा पहने सुखपाल पर सवार और एक तख्त बगदादी ऊँट पर कसा, उस पर कुत्ता मसनद पर सोया हुआ और उन दोनों क़ैदियों के क़फ्स एक शुतुर पर लटकाये हुए, रवाना हुए। जिस मँज़िल पर पहुँचते, सब सौदागर ख्वाजा के दरबार में आकर हाज़िर होते और दस्तरख्वान पर खाना खाते और शराब पीते। ख्वाजा सौदागर–बच्चे के साथ होने की खुशी में, शुक्र खुदा का करता और कूच–दरकूच चला जाता था। बारे, बखैर–ओ–आफियत, नज़दीक कुस्तुंतुनिया के आ पहुँचे। बाहर शहर के मक़ाम किया। सौदागर–बच्चे ने कहा, "ऐ क़िबला, अगर रुखसत दीजिए तो मैं जाकर माँ–बाप को देखूँ और मकान साहिब के वास्ते खाली करूँ। जब मिज़ाजे–सामी में आवे, शहर में दाखिल हूजिये।"

ख्वाजा ने कहा, "तुम्हारी खातिर तो मैं यहाँ आया! अच्छा, जल्द मिलजुलकर मेरे पास आओ। और अपने नज़दीक मेरे उतरने को मकान दो। सौदागर–बच्चा रुखसत होकर अपने मकान में आया। सब वज़ीर के महल के आदमी हैरान हुए कि यह मर्द कौन घुस आया! सौदागर–बच्चा (याने बेटी वज़ीर की) अपनी माँ के पाऊँ पर जा गिरी और रोई और बोली कि मैं तुम्हारी जाई हूँ। सुनते ही वज़ीर की बेगम गालियाँ देनें लगी कि ऐ ततरी! तू बड़ी शत्ताहू निकली! अपना मुँह तूने काला किया और खानदान को रुसवा किया। हम तो तेरी जान को रो–पीटकर, सब्र करके तुझसे हाथ धो बैठे थे! जा! दफ़ा हो!

तब वज़ीरज़ादी ने सिर पर से पगड़ी उतार कर फेंक दी और बोली, "ऐ अम्माजान! मैं बुरी जगह नहीं गयी। कुछ बदी नहीं की। तुम्हारे बमूजिब फरमाने के, बाबा को क़ैद से छुड़ाने की खातिर यह सब फिक्र की। अलहम्दुलिल्लाह! कि तुम्हारी दुआ की बरकत से और अल्लाह के फज़ल से पूरा काम करके आयी हूँ कि नीशापुर से उस सौदागर को बमै कुत्ते (जिसके गले में वे लाल पड़े हैं) अपने साथ लायी हूँ। और तुम्हारी अमानत में भी खयानत नहीं की। सफर के लिए मरदाना भेस किया है। अब एक रोज़ का काम बाकी है, वह करकर, क़िब्लागाह को पंडितखाने से छुड़ाती हूँ और अपने घर में आती हूँ। अगर हुक्म हो तो फिर जाऊँ और एक रोज़ बाहर रह खिदमत में आऊँ।" माँ ने जब खूब मालूम किया कि मेरी बेटी ने मर्दों का काम किया और अपने तईं सब तरह सलामत–ओ–महफूज़ रक्खा है, खुदा के दरबार में नकघिसनी की और खुश होकर बेटी को छाती से लगा लिया और मुँह चूमा, बलाएँ लीं, दुआएँ दीं और रुखसत किया कि तू जो मुनासिब जान, सो कर, मेरी खातिर जमा हुई।

वज़ीरज़ादी फिर सौदागर-बच्चा बनकर ख्वाजा सगपरस्त पास चली, वहाँ ख्वाजा को जुदाई उसकी अज़ बस कि शाक़ हुई। बेइख्तियार होकर कूच किया। इत्तिफाक़न् नज़दीक शहर के ईधर से सौदागर-बच्चा जाता था और उधर से ख्वाजा आता था। ऐन राह में मुलाक़ात हुई। ख्वाजा ने देखते ही कहा, "बाबा! मुझ बूढ़े को अकेला छोड़कर कहाँ गया था? सौदागर-बच्चा बोला, "आपसे इजाज़त लेकर अपने घर गया था। आखिर मुलाक़ात के इश्तियाक़ ने वहाँ रहने न दिया, आकर हाज़िर हुआ। शहर के दरवाज़े पर, दरिया के किनारे एक बाग़ सायादार देखकर खेमा ईस्ताद किया और वहीं उतरे। ख्वाजा और सौदागर-बच्चा बाहम बैठकर शराब-ओ-कबाब पीने-खाने लगे। जब अस्र का वक्त हुआ, सैर-तमाशे की खातिर खेमे से निकलकर संदलियों पर बैठे। इत्तिफाक़न् एक कराउल बादशाही उधर आ निकला। उनका लश्कर और निश्चित-ओ-बरखास्त देखकर अचम्भा हो रहा और दिल में कहा, शायद एलची कसू बादशाह का आया है! खड़ा तमाशा देखता था।

ख्वाजा के शातिर ने उसको आगे बुलाया और पूछा कि तू कौन है? उसने कहा, मैं बादशाह का मीर शिकार हूँ। शातिर ने ख्वाजा से उस का अहवाल कहा। ख्वाजा ने एक ग़ुलाम-ए-काफरी को कहा कि जाकर बाज़दार से कह कि हम मुसाफिर हैं। अगर जी चाहे तो आओ बैठो। क़हवा-क़लियान हाज़िर हैं। जब मीर शिकार ने नाम सौदागर का सुना, ज्यादा मुताज्जुब हुआ और यतीम के साथ ख्वाजा की मजलिस में आया। लवाज़िम और शान-ओ-शौकत और सिपाह-ओ-गुलाम देखे, ख्वाजा और सौदागर-बच्चे को सलाम किया और मरतबा सगका निगाह किया। होश उसके जाते रहे। हक्का-बक्का-सा हो गया! ख्वाजा ने उसे बिठलाकर क़हवे की ज़ियाफ़त की। कराउल ने नाम-ओ-निशान ख्वाजा का पूछा। जब रुखसत माँगी, ख्वाजा ने कई थान और कुछ तोहफे, उसे देकर इजाज़त दी। सुबह को जब बादशाह के दरबार में हाज़िर हुआ, दरबारियों से ख्वाजा-सौदागर का ज़िक्र करने लगा। रफ्ता-रफ्ता मुझको खबर हुई। मीर शिकार को मैंने रूबरू तलब किया और सौदागर का अहवाल पूछा।

उसने जो कुछ देखा था अर्ज़ किया। सुनने से कुत्ते के तजम्मुल के और दो आदमियों के पिंजरे में क़ैद होने के मुझको खफगी आयी। मैंने फरमाया, "वह मरदूद ताजिर वाजिबुल-क़त्ल है। नसकचियों को हुक्म किया कि जल्द जाओ, उस बेदीन का सिर काट लाओ। कज़ाकार, वही ऐलची फिरंग का दरबार में हाज़िर था, मुसकुराया। मुझे और भी ग़ज़ब ज्यादा हुआ। फरमाया, कि "ऐ बेअदब! बादशाहों के हज़ूर में बेसबब दाँत खोलने अदब से बाहर हैं। बे-महल हँसने से रोना बेहतर है। उसने इल्तिमास किया, जहाँपनाह! कई बातें खयाल में गुज़रीं!

लेहाज़ा फिदवी मुतबस्सम हुआ। पहले यह कि वज़ीर सच्चा है, अब क़ैदखाने से रिहाई पावेगा। दूसरे यह कि बादशाह खून-ए-नाहक़ से उस वज़ीर के, बचे। तीसरे यह कि क़िब्ला आलम ने बेसबब और बेतक़सीर उस सौदागर को हुक्म कत्ल का किया। उन हरकतों से ताज्जुब आया कि बे-तहक़ीक़ एक बेवकूफ के कहने से आप हर कसू को हुक्मं-क़तल का कर बैठते हैं। खुदा जाने फिल-हक़ीक़त उस ख्वाजा का अहवाल क्या है। उसे हुज़ूर में तलब कीजिए और उसकी वारदात पूछिए। अगर तक़सीरवार ठहरे, तब मुख्तार हो, जो मर्जी में आवे, उससे सलूक कीजिए।" जब एलची ने इस तरह से समझाया, मुझे भी वज़ीर का कहना याद आया। फरमाया, "जल्द सौदागर को उसके बेटे के साथ, और वह सग और क़फ्स हाज़िर करो।" क़ौरची उसके बुलाने को दौड़ाये। एक दम में सबको हुज़ूर में ले आये। रूबरू तलब किया। पहले ख्वाजा और उसका पिसर आया। दोनों लिबास-ए-फ़खीरा पहने हुए। सौदागर-बच्चे का जमाल देखने से सब अदना, आला, हैरान और भौंचक हुए। एक ख्वान तिलाई जवाहर से भरा हुआ (कि हर एक रक्म की छूट ने सारे मकान को रौशन कर दिया) सौदागर-बच्चा हाथ में लिये आया और मेरे तख्त के आगे निछावर किया। आदाब कूरनिशात बजा लाकर खड़ा हुआ। ख्वाजा ने भी ज़मीन चूमी और दुआ करने लगा। इस गोयाई से बोलता था कि गोया बुलबुले-हजार-दास्ताँ है। मैंने उसकी लियाक़त को बहुत पसंद किया, लेकिन इताब की रू से कहा, "ऐ शैतान! आदमी की सूरत! तूने यह क्या जाल फैलाया है? और अपनी राह में कुआँ खोदा है? तेरा क्या दीन है और यह कौन आईन है? किस पैग़म्बर की उम्मत है? अगर काफ़र है तो भी यह कैसी मत है। और तेरा क्या नाम है कि तेरा यह काम है!"

उनने कहा, "क़िब्ला-ए-आलम की उम्र-ओ-दौलत बढ़ती रहे। ग़ुलाम का दीन यह है कि खुदा वाहिद है, उसका कोई शरीक नहीं। और मुहम्मद मुस्तफ़ा सलिल्लाहु अलैहु व सल्लम का कल्मा पढ़ता हूँ, और उसके बाद बारह इमाम को अपना पेशवा जानता हूँ और आईन मेरी यह है कि पाँचों वक्त की नमाज़ पढ़ता हूँ और रोज़ा रखता हूँ और हज भी कर आया हूँ और अपने माल से खुम्स ज़क़ात देता हूँ और मुसलमान कहलाता हूँ। लेकिन ज़ाहिर में ये सारे ऐब जो मुझ में भरे हैं जिनके सबब से आप नाखुश हुए हैं और तमाम खल्कुल्लाह में बदनाम हो रहा हूँ, इसका एक बाइस है कि ज़ाहिर नहीं कर सकता। हरचन्द सगपरस्त मशहूर हूँ और मुज़ाइफ महसूल देता हूँ, यह सब क़बूल किया है, पर दिल का भेद कसू से नहीं कहा!" इस भाने से मेरा ग़ुस्सा ज़ियादा हुआ और कहा, "मुझे तू बातों में फुसलाता है। मैं नहीं मानने का। जब तलक इस अपनी गुमराही की

दलील-ए-माक़ूल अर्ज़ न करे कि मेरे दिल-नशीन हो, तब तू जान से बचेगा। नहीं तो इसके क़िसास में तेरा पेट चाक कराऊँगा, तो सबको इबरत हो कि बारे-दीगर कोई दीन-ए-मुहम्मदी में रखना न क़रे।"

ख्वाजा ने कहा, "ऐ पादशाह मुझ कबख्त के खून से दरगुज़र कर और जितना माल मेरा है कि गिनती और शुमार से बाहर है, सबको जब्त करले और मुझे और मेरे बेटे को अपने तख्त के तसद्दक करकर छोड़ दे और जान-बख्शी कर।" मैंने तबस्सुम करके कहा, "ऐ बेवक़ूफ! अपने माल की तमअ मुझे दिखाता है। सिवाय सच बोलने के अब तेरी मुखलिसी नहीं।" यह सुनते ही ख्वाजा की आँखों से बेइख्तियार आँसू टपकने लगे और अपने बेटे की तरफ देखकर एक आह भरी और बोला, "मैं तो बादशाह के रूबरू गुनहगार ठहरा, मारा जाऊँगा। अब क्या करूँ? तुझे किसको सौंपूं।" मैंने डाँटा कि "ऐ मक्कार! बस अब उज्र बहुत किये। जो कहना है जल्द कह।"

तब तो उस मर्द ने क़दम बढ़ाकर, तख्त के पास आकर, पाये को बोसा दिया और सिफ़त-ओ-सना करने लगा और बोला, "ऐ शहनशाह! अगर हुक्म क़तल का मेरे हक़ में न होता तो सब सियासतें सहता और अपना माजरा न कहता। लेकिन जान सबसे अज़ीज़ है। कोई आपसे कुएँ में नहीं गिरता। पस जान की मुहाफ़िज़त वाजिब है और तर्क वाजिब का खिलाफ हुक्म-ए-खुदा के है। खैर, जो मर्ज़ी मुबारक यही है, तो सरगुज़श्त इस पीर ज़ईफ की सुनिये। पहले हुक्म हो कि वे दोनों कफ़स जिन में दो आदमी क़ैद हैं, हुज़ूर में लाकर रखें। मैं अपना अहवाल कहता हूँ। अगर कहीं झूट कहूँ तो उनसे पूछकर क़ायल कीजिए। और इनसाफ फरमाइए।" मुझे यह बात उसकी पसंद आई। पिंजरों को मँगवाकर, उन दोनों को निकलवा कर, ख्वाजा के पास खड़ा किया।

ख्वाजा ने कहा, "ऐ पादशाह! यह मर्द जो दाहिनी तरफ है, ग़ुलाम का बड़ा भाई है और जो बाएं खड़ा है, मँझला बिरादर है। मैं इन दोनों का छोटा हूँ। मेरा बाप मुल्क फारस में सौदागर था। जब मैं चौदह बरस का हुआ, क़िब्लागाह ने रहलत की। जब तजहीज़-ओ-तकफ़ीन से फ़राग़त हुई और फूल उठ चुके, एक रोज़ इन दोनों भाइयों ने मुझे कहा कि अब बाप का माल जो कुछ है तक़सीम कर लें। जिसका दिल जो चाहे सो काम करे। मैंने सुनकर कहा, "ऐ भाइयो! यह क्या बात है? मैं तुम्हारा ग़ुलाम हूँ। भाईचारे का दावा नहीं रखता। एक बाप मर गया। तुम दोनों मेरे पिदर की जगह मेरे सिर पर क़ायम हो। एक नान-ए-खुश्क चाहता हूँ कि जिसमें ज़िन्दगी बसर करूँ और तुम्हारी खिदमत में हाज़िर रहूँ। मुझे हिस्से-बखरे से क्या काम है? तुम्हारे आगे के झूठे से अपना पेट भर

लूँगा और तुम्हारे पास रहूँगा। मैं लड़का हूँ। कुछ पढ़ा-लिखा भी नहीं। मुझसे क्या हो सकेगा? अभी तुम मुझे तरबियत करो।"

यह सुनकर जवाब दिया कि तू चाहता है, अपने साथ हमें भी खराब और मुहताज करे! मैं चुपका एक गोशे में जाकर रोने लगा। फिर दिल को समझाया कि भाई आखिर बुजुर्ग हैं। मेरी तामील की खातिर चश्मनुमाई करते हैं कि कुछ सीखे। इसी फिक्र में सो गया। सुबह को एक पियादा क़ाज़ी का आया और मुझे दारुलश्शरह में ले गया। वहाँ देखा तो यही दोनों भाई हाज़िर हैं। क़ाज़ी ने कहा, "क्यों अपने बाप का बिरसा बाँट-चूँट नहीं लेता?" मैंने घर में जो कहा था, वहाँ भी जवाब दिया। भाइयों ने कहा, "अगर यह बात अपने दिल से कहता है तो हमें लादावा लिख दे कि बाप के माल-ओ-असबाब से मुझे कुछ इलाक़ा नहीं।" तब भी मैंने यही समझा कि ये दोनों मेरे बुज़ुर्ग हैं, मेरी नसीहत के वास्ते कहते हैं कि बाप का माल लेकर बेजा तसर्रुफ़ न करे। बमूजिब इनकी मर्ज़ी के फारिग खती बमुहर-काज़ी मैंने लिख दी। ये राज़ी हुये। मैं घर में आया।

दूसरे दिन मुझसे कहने लगे, ऐ भाई! यह मकान जिसमें तू रहता है हमें दरकार है। तू अपनी बूद-ओ-बाश की खातिर और जगह लेकर जा रह। तब मैंने दरयाफ्त किया कि ये बाप की हवेली में भी रहने से खुश नहीं! लाचार इरादा उठ जाने का किया। जहाँपनाह, जब मेरा बाप जीता था तो जिस वक्त सफ़र से आता, हर एक मुल्क का तोहफ़ा बतरीक़े सौग़ात के लाता और मुझे देता। इस वास्ते कि छोटे बेटे को हर कोई ज्यादा प्यार करता है। मैंने उनको बेच बेच कर थोड़ी-सी अपनी निज की पूँजी बहम पहुँचाई थी। उसी से कुछ खरीद-फरोख्त करता। एक़ बार लौंडी मेरी खातिर तुर्किस्तान से मेरा बाप लाया और एक दफा घोड़े लेकर आया। उनमें से एक बछड़ा नाकंद कि होनहार था, वह भी मुझे दिया। मैं अपने पास से दानाघास उसका करता था।

आखिर इनकी बे मुरव्वती देखकर एक हवेली खरीद की, वहाँ जा रहा। यह कुत्ता भी मेरे साथ चला आया। वास्ते ज़रूरियात के असबाब खानादारी का जमा किया और दो ग़ुलाम खिदमत की खातिर मोल लिये। और बाक़ी पूँजी से एक दुकान बज़्ज़ाज़ी की करके खुदा के तवक्कल पर बैठा। अपनी क़िसमत पर राज़ी था। अगरचे भाइयों ने बदखुलकी की, पर खुदा जो मेहरबाँ हुआ, तीन बरस के अरसे में ऐसी दुकान जमीं कि मैं साहिबे ऐतिबार हुआ। सब सरकारों में जो तोहफ़ा चाहता मेरी ही दुकान से जाता। उसमें बहुत-से रुपये कमाये और निहायत फ़रागत से ग़ुज़रने लगी। हर दम जनाबे-बारी में शुकराना करता और आराम से रहता। यह कबित्त अक्सर अपने अहवाल पर पढ़ता :

रूठे क्यों न राजा, वातें कछू नाहीं काजा।
एक तो से महाराजा, और कौन को सराहिये।
रूठे क्यों न भाई, वातें कछू न बसाई।
एक तू ही सहाई, और कौन पास जाइए।
रूठे क्यों न मित्तर शतर, आठों जाम एक।
रावरे चरन के नेह को निभाइए।
संसार है रूठा, एक तूही अनूठा।
सब चूमेंगे अंगूठा, एक तू न रूठा चाहिए।

इत्तिफाक़न् जुमे के रोज़ मैं अपने घर में बैठा था कि एक ग़ुलाम मेरा सौदेसुलफ को बाज़ार गया था। बाद एक दम के रोता हुआ आया। मैंने सबब पूछा कि तुझे क्या हुआ? खफा होकर बोला कि तुम्हें क्या काम है? तुम खुशी मनाओ लेकिन क़यामत में क्या जवाब दोगे? मैंने कहा, "ऐ हबशी! ऐसी क्या बला तुझ पर नाज़िल हुई?" उसने कहा, "यह ग़ज़ब है कि तुम्हारे बड़े भाइयों की चौक के चौराहे में एक यहूदी ने मुशकें बांधी हैं और क़मचियाँ मारता है और हँसता है कि अगर मेरे रुपये न दोगे तो मारते-मारते मार ही डालूँगा। भला मुझे सवाब तो होगा! पस तुम्हारे भाइयों की यह नौबत और तुम बेफिक्र हो, यह बात अच्छी है? लोग क्या कहेंगे?" यह बात ग़ुलाम से सुनते ही, लहू ने जोश मारा। नंगे पाऊँ बाजार की तरफ दौड़ा और ग़ुलामों को कहा, जल्द रुपये लेकर आओ। जों ही वहाँ गया, देखा, तो जो कुछ ग़ुलाम ने कहा था, सच है। इन पर मार पड़ रही है। हाकिम के पियादों को कहा, "वास्ते खुदा के ज़रा रह जाओ। मैं यहूदी से पूछूँ कि ऐसी क्या तक़सीर की है जिसके बदले यह ताज़ीर की है?"

यह कहकर मैं यहूदी के नजदीक गया और कहा, "आज रोज़े-आदीना है। इनको क्यों ज़रब-ए-शल्लाक़ कर रहा है?" उसने जवाब दिया अगर हिमायत करते हो तो पूरी करो। इनके ऐवज़ रुपये हवाले करो। नहीं तो अपने घर की राह लो। मैंने कहा, "कैसे रुपये? दस्तावेज़ निकाल, मैं रुपये गिन देता हूँ।" उनने कहा, "तमस्सुक हाकिम के पास दे आया हूँ।" इसमें मेरे दोनों गुलाम, दो बदरे रुपये लेकर आये। हज़ार रुपये मैंने यहूदी को दिये और भाइयों को छुड़ाया। इनकी यह सूरत हो रही थी कि बदन से नंगे और भूखे-प्यासे। अपने हमराह घर में लाया। वों ही हम्माम में नहलवाया। नई पोशाक पहनाई, खाना खिलाया। हरगिज़ इनसे यह न कहा कि इतना माल बाप का तुमने क्या किया? शायद शर्मिंदा हों। ऐ पादशाह! ये दोनों मौजूद हैं। पूछिए कि सच कहता हूँ या कोई बात झूठ भी है?

खैर, जब कई दिन में मार की क़ोफ्त से बहाल हुए, एक रोज़ मैंने कहा कि ऐ भाइयो, अब इस शहर में तुम बेऐतिबार हो गये हो। बेहतर यह है कि चंद रोज सफ़र करो। यह सुनकर चुप हो रहे। मैंने मालूम किया कि राज़ी हैं। सफर की तैयारी करने लगा। पाल-परतल, बारबरदारी और सवारी की फिक्र करके, बीस हज़ार रुपये की जिन्स तिजारत की खरीद की। एक क़ाफिला सौदागरों का बुखारे को जाता था, उनके साथ कर दिया।

बाद एक साल के वह कारवाँ फिर आया। इनकी खैर-खबर कुछ न पाई। आखिर एक आशना से क़स्में देकर पूछा। उसने कहा, "जब बुखारे में गये, एकने जुएखाने में अपना तमाम माल हार दिया। अब वहाँ की जारूबकशी करता है। और फडको लीपता-पोतता है। जुआरी जो जमा होते हैं, उनकी खिदमत करता है। वो बतरीके-खैरात के कुछ देते हैं। वहाँ गुरगा बना पड़ा रहता है। और दूसरा बूज़ाफरोश की लड़की पर आशिक हो, अपना माल सारा सर्फ किया। अब वह बूजाखाने की टहल किया करता है। काफिले के आदमी इसलिए नहीं कहते, तू शरमिंदा होगा।"

यह अहवाल उस शख्स से सुनकर, मेरी अजीब हालत हुई। मारे फिक्रके, नींद-भूख जाती रही। ज़ादे-राह लेकर क़सद बुखारे का किया। जब वहाँ पहुँचा, दोनों को ढूँढ-ढाँढकर अपने मकान में लाया। ग़ुसल करवा कर नई पोशाक पहनाई और इनकी खजालत के डरसे एक बात मुँहपर न रक्खी। फिर माल सौदागरी का उनके वास्ते खरीदा और इरादा घर का किया। जब नज़दीक नीशापुर के आया, एक गाँव में बमै माल-ओ-असबाब इनको छोड़कर घर में आया इसलिए कि मेरे आने की कसू को खबर न हो। बाद दो दिन के मशहूर किया कि मेरे भाई सफर से आये हैं, कल उनके इस्तिक़बाल की खातिर जाऊँगा। सुबह को चाहा कि जाऊँ। एक गृहस्थ उसी मौज़े का मेरे पास आया और फरियाद करने लगा। मैं उसकी आवाज़ सुनकर बाहर निकला। उसे रोता देखकर पूछा कि क्यों ज़ारी करता है? वह बोला, "तुम्हारे भाइयों के सबब से हमारे घर लूटे गये। काश कि उनको तुम वहाँ न छोड़ आते!"

मैंने पूछा, "क्या मुसीबत गुज़री?" बोला कि रात को डाका आया, उनका माल-ओ-असबाब लूटा और हमारे घर भी लूट ले गये। मैंने अफसोस किया और पूछा कि अब वे दोनों कहाँ हैं? कहा, "शहर के बाहर नंगे-मुंगे खराब खस्ता बैठे हैं।" वोंही दो जोड़े कपड़ों के साथ लेकर गया, पहना कर घर में लाया। लोग सुनकर इनके देखने को आते थे और ये मारे शरमिन्दगी के, बाहर न निकलते थे। तीन महीने इसी तरह गुज़रे। तब मैंने अपने दिल में गौर की कि कब तलक

ये कोने में दुबके बैठे रहेंगे? बने, तो इनको अपने साथ सफ़र में ले जाऊँ।

भाइयों से कहा, "अगर फरमाइये तो यह फिदवी आपके साथ चले। ये खामोश रहे। फिर लवाज़िमा सफर का और जिन्स सौदागरी की तैयारी करके चला, और इनको साथ लिया। जिस वक्त माल की ज़कात देकर असबाब किश्ती पर चढ़ाया और लँगर उठाया, नाव चली। यह कुत्ता किनारे पर सो रहा था, जब चौंका और जहाज़ को मँझधार में देखा, हैरान होकर भौंका और दरिया में कूद पड़ा और तैरने लगा। मैंने एक पनसूई दौड़ा दी। बारे, सग को लेकर किश्ती में पहुँचाया। एक महीना खैर-ओ-आफ़ियत से दरिया में गुज़ारा। कहीं मँझला भाई मेरी लौंडी पर आशिक हुआ। एक दिन बड़े भाई से कहने लगा कि छोटे भाई की मिन्नत उठाने से बड़ी शरमिंदगी हासिल हुई, इसका तदारुक क्या करे? बड़े ने जवाब दिया कि एक सलाह दिल में ठहराई है। अगर बन आवे तो बड़ी बात है। आखिर दोनों ने मसलहत करके तजवीज़ की कि इसे मार डालें और सारे मालो-असबाब के क़ाबिज़ मुतसर्रिफ हों।

एक दिन मैं जहाज की कोठरी में सोता था और लौंडी पाँव दाब रही थी कि मँझला भाई आया और जल्दी से मुझे जगाया। मैं हड़बड़ाकर चौंका और बाहर निकला। यह कुत्ता भी मेरे साथ होलिया। देखूँ तो बड़ा भाई जहाज़ की बाड़ पर हाथ टेके, निहोड़ा हुआ तमाशा दरिया का देख रहा है और मुझे पुकारता है। मैंने पास जाकर कहा, "खैर तो है?" बोला, "अजब तरह का तमाशा हो रहा है कि दर्यायी आदमी मोती की सीपियाँ और मूँगे के दरख्त हाथ में लिए हुए नाचते हैं।" अगर और कोई ऐसी बात खिलाफ-ए-क़यास कहता तो मैं न मानता। बड़े भाई के कहने को रास्त जाना। देखने को सिर झुकाया। हरचन्द निगाह की कुछ नज़र न आया। और वह यही कहता रहा, "अब देखा?" लेकिन कुछ हो तो देखूँ? इसमें मुझे ग़ाफिल पाकर, मँझले ने अचानक पीछे आकर ऐसा ढकेला कि बेइख्तियार पानी में गिर पड़ा और रोने-धोने लगे कि दौड़ियो हमारा भाई दरिया में डूबा।

इतने में नाव बढ़ गई और दरिया की लहर मुझे कहीं से कहीं ले गई। ग़ोते पर ग़ोते खाता था और मोजों में चला जाता था। आखिर थक गया। खुदा को याद करता था कि कुछ बस न चलता था। एकबारगी कसू चीज़ पर हाथ पड़ा। आँख खोलकर देखा तो यही कुत्ता शायद जिस दम मुझे दरिया में डाला, मेरे साथ यह भी कूदा और पैरता हुआ, मेरे साथ लिपटा चला जाता था। मैंने इसकी दुम पकड़ ली। अल्लाह ने इसको मेरी ज़िंदगी का सबब किया। सात दिन और रात यही सूरत गुज़री। आठवें दिन किनारे जा लगे। ताक़त मुतलक़ न थी। लेटे-लेटे करवटें खाकर जों-तों अपने तईं खुश्की में डाला। एक दिन बेहोश पड़ा रहा। दूसरे

दिन कुत्ते की आवाज़ कान में गई। होश में आया। खुदा का शुक्र बजा लाया। इधर-उधर देखने लगा। दूर से सवाद शहर का नज़र आया। लेकिन क़ुवत कहाँ कि इरादा करूँ! लाचार दो क़दम चलता फिर बैठता। इसी हालत से शाम तक कोसभर राह काटी।

बीच में एक पहाड़ मिला। रात को वहाँ गिर रहा। सुबह को शहर में दाखिल हुआ। जब बाज़ार में गया, नानबाई और हलवाइयों की दुकानें नज़र आईं। दिल तरसने लगा। न पास पैसा जो खरीद करूँ, न जी चाहे कि मुफ्त माँगू? इसी तरह अपने दिल को तसल्ली देता हुआ कि अगली दुकान से लूँगा। चला जाता था। आखिर ताक़त न रही। और पेट में आग लगी। नज़दीक था कि रूह बदन से निकले। नागाह दो जवानों को देखा कि लिबास अजम का पहने और हाथ पकड़े चले आते हैं। उनको देखकर खुश हुआ कि ये अपने मुल्क के इनसान हैं, शायद आशना सूरत हों, इनसे अपना अहवाल कहूँगा। जब नज़दीक आये, तो मेरे दोनों बिरादर हक़ीक़ी थे। देखकर निपट शाद हुआ। शुक्र खुदा का किया कि खुदा ने आबरू रखली। ग़ैर के आगे हाथ न पसारा। नज़दीक जाकर सलाम किया और बड़े भाई का हाथ चूमा। उन्होंने मुझे देखते ही गुल-ओ-शोर किया। मँझले भाई ने तमाँचा मारा कि मैं लड़खड़ाकर गिर पड़ा। बड़े भाई का दामन पकड़ा कि शायद यह हिमायत करेगा। उसने लात मारी।

ग़रज़ दोनोंने मुझे खूब खुर्दोखाम किया और हज़रत यूसुफ के भाइयों का-सा काम किया। हरचन्द मैंने खुदा के वास्ते दिये और घिघियाया। हरगिज़ रहम न खाया। एक खलकत इकट्ठी हुई। सबने पूछा, "इसका क्या गुनाह है?" तब भाइयों ने कहा, "यह हरामज़ादा हमारे भाई का नौकर था। सो उसको दरिया में डाल दिया और माल-असबाब सब ले लिया। हम मुद्दत से तलाश में थे। आज इस सूरत से नज़र आया। और मुझसे पूछते थे कि ऐ जालिम! यह क्या तेरे दिल में आया कि हमारे भाई को मार खपाया। क्या उसने तेरी तक़सीर की थी? उनने तुझसे क्या बुरा सलूक किया था कि अपना मुख्तार बनाया था। फिर इन दोनों ने अपने गिरेबान चाक कर डाले और बे इख्तयार झूठमूठ भाई की खातिर रोते थे और लतमुक्की मुझ पर करते थे।

इसमें हाकिम के प्यादे आये। उनको डाँटा कि क्यों मारते हो, और मेरा हाथ पकड़ कर कोतवाल के पास ले गये। ये दोनों भी साथ चले और हाक़िम से भी यही कहा और बतौर रिश्वत कुछ देकर अपना इनसाफ चाहा और खून-ए-नाहक का दावा किया। हाकिम ने मुझसे पूछा। मेरी यह हालत थी कि मारे भूख और मारपीट के, ताक़त गोयायी न थी। सिर नीचे किये खड़ा था। कुछ मुँह से जवाब

न निकला। हाकिम को भी यक़ीन हुआ कि यह मुक़र्रर खूनी है। फरमाया कि इसे मैदान में ले जाकर सूली दो। जहाँपनाह! मैंने रुपये देकर उनको यहूदी की क़ैद से छुड़ाया था। उसके ऐवज़ उन्होंने भी रुपये ख़र्च करके मेरी जान का क़सद किया। ये दोनों हाज़िर हैं। इनसे पूछिए मैं इसमें सर-ए-मूँतफ़ावत कहता हूँ? खैर, मुझे ले गये। जब दार को देखा, हाथ जिंदगी से धोए।

सिवाए इस कुत्ते के कोई मेरा रोने वाला न था। इसकी यह हालत थी कि हर एक आदमी के पाँव में लेटता और चिल्लाता था। कोई लकड़ी, कोई पत्थर मारता। लेकिन यह उस जगह से न सरकता। और मैं रू ब-क़िब्ला खड़ा हो, खुदा को कहता था कि इस बात में तेरी ज़ात के सिवा मेरा कोई नहीं जो आड़े आवे और बेगुनाह को बचावे! अब तू ही बचावे तो बचता हूँ। यह कहकर, कल्मा शहादत का पढ़कर, तिवराकर गिर पड़ा। खुदा की हिकमत से उस मुल्क के बादशाह को कुलंज की बीमारी हुई। उमरा और हकीम जमा हुए। जो इलाज करते थे फाइदेमन्द न होता था। एक बुज़ुर्ग ने कहा कि सबसे बेहतर यह दवा है कि मुहताज को कुछ खैरात करो और बन्दीवानों को आज़ाद करो। दवा से दुआ में बड़ा असर है। वों ही बादशाही चेले पंडितखानों की तरफ दौड़े।

इत्तिफाक़न् एक उस मैदान में आ निकला इज़दिहाम देखकर मालूम किया कि कसू को सूली चढ़ाते हैं। यह सुनते ही घोड़े को दार के नज़दीक लाकर तलवार से तनाबें काट दीं। हाकिम के पियादों को डाँटा और तनबीह की कि ऐसे वक्त में कि बादशाह की यह हालत है, तुम खुदा के बन्दे को क़तल करते हो! और मुझे छुड़वा दिया। तब ये दोनों भाई फिर हाकिम के पास गये और मेरे क़तल के वास्ते कहा। शहने ने तो रिश्वत खाई थी। जो ये कहते थे, सो करता था।

कोतवाल ने उनसे कहा कि खातिरजमा रक्खो। अब मैं उसे ऐसा क़ैद करता हूँ कि आप-से-आप मारे भूखों के बे-आब-ओ-दाना मरजावे। कसूको खबर न हो। मुझे पकड़लाए और एक गोशे में रक्खा। उस शहर से बाहर, कोस एक पर एक पहाड़ था कि हज़रत सुलेमान के वक्त में देवों ने एक कुंआ तंगो-तारीक उसमें खोदा था। उसका नाम जिंदान-ए-सुलेमान कहते थे। जिस पर बड़ा ग़जब-पादशाही होता, उसे वहाँ महबूस करते, वह खुद-ब-खुद मर जाता। अल क़िस्सा, रात को चुपके ये दोनों भाई और कोतवाल के डंडेने, मुझे उस पहाड़ पर ले गये और उस गार में डाल कर अपनी खातिर जमा करके फिरे। ऐ बादशाह! यह कुत्ता मेरे साथ चला गया। जब मुझे कुँए में गिराया, तब यह उसकी मेंड पर लेट रहा। मैं अन्दर बेहोश पड़ा था। ज़रा सुरत आई तो मैंने अपने तईं मुर्दा खयाल किया और उस मकान को गोर समझा। इसमें दो शखसों की आवाज़ कान में पड़ी कि

कुछ आपस में बातें करते हैं। यही मालूम किया कि नक़ीर-मुनकर हैं, तुझसे सवाल करने आये हैं। सरसराहट रस्सी की सुनी जैसे कसूने वहाँ लटकाई। मैं हैरत में था! जमीन को टटोलता, तो हड्डियां हाथ में आतीं।

बाद एक साअत के आवाज़ चपड़-चपड़ मुँह चलाने की मेरे कान में आयी। जैसे कोई कुछ खाता है। मैंने पूछा कि ऐ खुदा के बन्दो! तुम कौन हो? खुदा के वास्ते बताओ। वो हँसे और बोले, "यह जिंदान मेहतर सुलेमान का है और हम क़ैदी हैं।" मैंने उनसे पूछा, "क्या मैं जीता हूँ?" फिर खिलखिलाकर हँसे और बोले, अब तलक तो जिन्दा है। पर अब मरेगा।" मैंने कहा, "तुम जो खाते हो, क्या हो, जो मुझे भी थोड़ासा दो?" तब झुंझलाकर खाली जवाब दिया और कुछ न दिया। वो खा-पीकर सो रहे। मैं मारे जोउफ-ओ-नातवानी के ग़श में पड़ा रोता था और खुदा को याद करता था। क़िब्ला-ए-आलम! सात दिन दरिया में और इतने दिन भाइयों के बोहतान के सबब दाना न मुयस्सर आया। अलावा खाने के बदले मारपीट खायी और ऐसे जिन्दान में फँसा कि सूरत रिहाई की मुतलक़ खयाल में भी न आती थी।

आखिर जान-कंदनी की नोबत पहुँची। कभो दम आता, कभो निकल जाता था। लेकिन कभो-कभो आधी रात को एक शखस आता और रूमाल में रोटियाँ और पानी की सुराही डोरी में बाँधकर लटका देता और पुकारता। वो दोनों आदमी जो मेरे पास महबूस थे, लेलेते और खाते-पीते। ऊपर से कुत्ते ने हमेशा यह अहवाल देखते-देखते अक्ल दौड़ाई कि जिस तरह यह शख्स आब-ओ-नान कुएँ में लटका देता है, तू भी ऐसी फिक्र कर कि इस बेकस को जो मेरा खाविन्द है आजुक़ा पहुँचे तो इसका दम बचे। यह खयाल करके शहर में गया। नानबाई की दुकान में मिनबर पर गिर्दे चुने हुए धरे थे, जस्त मारकर एक कुलचा मुँह में लिया और भागा। लोग पीछे दौड़े, ढेले मारते थे लेकिन इसने नान को न छोड़ा। आदमी थककर फिरे। शहर के कुत्ते पीछे लगे। उनसे लड़ता-भिड़ता, रोटी को बचाए उस चाह पर आया और नान को अन्दर डाल दिया। रोज़े-रौशन था। मैंने रोटी को अपने पास पड़ा देखा और कुत्ते की आवाज़ सुनी। कुलचे को उठा लिया और यह क़ुत्ता रोटी फेंककर, पानी की तलाश में गया।

किसी गाँव के किनारे एक बुढ़िया की झोंपड़ी थी। ठिलिया और बुधना पानी से भरा हुआ धरा था और वह पीर-जन चरखा कातती थी। कुत्ता कूज़े के नज़दीक गया। चाहा कि लोटे को उठावे। औरत ने डाँटा। लोटा उसके मुँहसे छूटा, घड़े पर गिरा। मटका फूटा, बाक़ी बासन लुढ़गये, पानी बह चला। बुढ़िया लकड़ी लेकर मारने को उठी। यह सग उसके दामन में लिपट गया। उसके पाँव पर मुँह

मलने और दुम हिलाने लगा और पहाड़ की तरफ दौड़ गया। फिर उसके पास आकर कभी रस्सी उठाता, कभी डोल मुँह में पकड़ कर दिखाता और मुँह उसके क़दमों पर रगड़ता और आँचल चादर का पकड़कर खींचता। खुदा ने उस औरत के दिल में रहम दिया कि डोल-रस्सी को लेकर उसके हमराह चली। यह उसका आँचल पकड़े, घर से बाहर होकर, आगे-आगे होलिया।

आखिर उसको पहाड़ी पर ले आया। औरत के जी में कुत्ते की इस हरकत से इलहाम हुआ कि इसका मियाँ मुक़र्रर इस ग़ार में गिरफ्तार है। शायद उसकी खातिर पानी चाहता है। ग़रज़ पीर-ज़न को लिए हुए ग़ार के मुँहपर आया। औरत ने लेटा पानी का भर कर रस्सी से लटकाया। मैंने वह बासन ले लिया और नान का टुकड़ा खाया। दो तीन घूँट पानी पिया। इस पेट के कुत्ते को राज़ी किया। खुदा का शुक्र करकर, एक किनारे बैठा और खुदा की रहमत का मुंतज़िर था कि देखिये अब क्या होता है। यह हैवान बेजबान इसी तरह नान ले आता और बुढ़िया के हाथ पानी पिलवाता। जब भठियारों ने देखा कि कुत्ता हमेशा रोटी ले जाता है, तरस खाकर मुक़र्रर किया कि जब उसे देखते एक गिर्वा उसके आगे फेंक देते और अगर वह औरत पानी नहीं लाती तो यह उसके बासन फोड़ डालता। लाचार वह भी हर रोज़ एक सुराही पानी की दे जाती। इस रफीक़ ने आब-ओ-नान से मेरी खातिर जमा की और आप जिंदान के मुँह पर पड़ा रहता। इस तरह छः महीने गुज़रे। लेकिन जो आदमी ऐसे जिंदान में रहे कि दुनिया की हवा उस को न लगे, उसका क्या हाल हो! निरा पोस्त-ओ-उस्तुखवाँ मुझ में बाक़ी रहा। जिंदगी वबाल हुई। जी में आवे कि या इलाही! यह दम निकल जावे तो बेहतर है।

एक रोज़ रात को वो दोनों क़ैदी सोते थे, मेरा दिल उमंड आया, बे इख्तियार रोने लगा और खुदा के दरबार में नकघिसनी करने लगा। पिछले पहर क्या देखता हूँ कि खुदा की कुदरत से एक रस्सी गार में लटकी और आवाज़ सहज में सुनी कि ऐ कमबख्त! बदनसीब! डोर का सिरा अपने हाथ में मज़बूत बाँध और यहाँ से निकल। मैंने सुनकर दिल में खयाल किया कि आखिर भाई मुझपर मेहरबान होकर लहूके जोश से आप ही निकालने आये। निहायत खुशी से उस तनाब को कमर में खूब कसा। कसू ने मुझे ऊपर खींचा। रात ऐसी अंधेरी थी कि जिनने मुझे निकाला उसको मैंने न पहचाना कि कौन है। जब मैं बाहर आया तब उसने कहा, जल्द आ, यहाँ खड़े होने की जगह नहीं। मुझमें ताक़त तो न थी पर मारे डरके, लुढ़ता-पुढ़ता, पहाड़ से नीचे आया! देखूँ तो दो घोड़े ज़ीन बँधे हुए खड़े हैं। उस शख्सने एक पर मुझे सवार किया और एक पर आप चढ़ लिया और आगे

हुआ। जाते-जाते दर्या के किनारे पर पहुँचा।

सुबह हो गयी। उस शहर से दस-बारह कोस निकल आये। उस जवान को देखा कि उपची बना हुआ, जिरह-बक्तर पहने, चार आईना बाँधे, घोड़े पर पाखर डाले, मेरी तरफ ग़ज़ब की नज़रों से घूरकर और हाथ अपना दाँतों से काटकर, तलवार म्यान से खींची और घोड़े को जस्त करकर मुझ पर चलाई। मैंने अपने तईं घोड़े पर से नीचे गिरा दिया और घिघियाने लगा कि मैं बेतक़सीर हूँ। मुझे क्यों क़तल करता है? ऐ साहबे-मुरवत, वैसे जिंदान से मेरे तईं तूने निकाला। अब यह बेमुरव्वती क्या है? उसने कहा, "सच कह, तू कौन है? मैंने जवाब दिया कि मुसाफिर हूँ। नाहक़ की बला में गिरफ्तार हो गया था। तुम्हारे तसद्दुक़ से, बारे, जीता निकला हूँ। और बहुत बातें खुशमद की कीं। खुदा ने उसके दिल में रहम दिया, शमशेर को ग़िलाफ किया और बोला, खैर! खुदा जो चाहे सो करे। जा तेरी जान-बख्शी की। जल्द सवार हो। यहाँ तवक्कुफ का मकान नहीं। घोड़ों को जल्द किया और चले। राह में अफसोस खाता और पछताता जाता था। जुहुर के वक्त तक एक जज़ीरे में जा पहुँचे। वहाँ घोड़े से उतरा। मुझे भी उतारा। ज़ीन खोगीर मरक्कबों की पीठ से खोला और चरने को छोड़ दिया। अपनी भी क़मर से हथियार खोल डाले और बैठा। मुझ से बोला, ऐ बदनसीब! अब अपना अहवाल कह तो मालूम हो कि तू कौन है। मैंने अपना नाम-ओ-निशान बताया और जो-जो कुछ बिपता बीती थी उससे आखिर तक कही।

उस जवान ने जब मेरी सरगुजश्त सब सुनी, रोने लगा और मुखातिब हुआ कि ऐ जवान! अब मेरा माजरा सुन, "मैं कन्या ज़ेरबाद देश के राजा की हूँ और वह गबरू जो जिंदाने सुलेमान में क़ैद है, उसका नाम बहरामन्द है। मेरे पिता के मंत्री का बेटा है। एक रोज़ महाराज ने आज्ञा दी कि जितने राजा और कुँअर हैं, मैदान में ज़ेर झरोखे निकल कर तीर-अंदाजी और चौगानबाज़ी करें तो घुड़चढ़ी और कसब हर एक का ज़ाहिर हो। मैं रानी के नीड़े जो मेरी माता थी, अटारी पर ऊझल में बैठी थी और दाइयाँ और सहेलियाँ हाज़िर थीं, तमाशा देखती थीं। यह दीवान का पूत सबमें सुन्दर था और घोड़े को कावे देकर कसब कर रहा था। मुझको भाया और दिल से उस पर रीझी। मुद्दत तलक यह बात गुपत रक्खी।

आखिर जब बहुत व्याकुल हुई, तब दाई से कहा और ढेर-सा इनाम दिया। वह उस जवान को कसू न कसू ढब से पोशीदा मेरे धिराहर में ले आयी। तब यह भी मुझे चाहने लगा। बहुत दिन इश्क-मुश्क में कटे। एक रोज़ चौकीदारों ने आधी रात को हथियार बान्धे और महल में आते देखकर उसे पकड़ा और राजा से कहा। उसे हुक्मे-क़तल किया। सब अरकाने-दौलत से कह-सनुकर जान-बख्शी

करवाई। तब फरमाया कि इसको जिन्दाने सुलेमान में डाल दो। और दूसरा जवान जो उसके हमराह असीर है उसका भगना है। उस रैन को वह भी उसके साथ था। दोनों को इस कूएँ में छोड़ दिया। आज तीन बरस हुए कि वे फँसे हैं लेकिन कसूने यह दरयाफ्त नहीं किया कि यह जवान राजा के घर में क्यों आया था। भगवान ने मेरी पत रक्खी। उसके शुकराने के बदले मैंने अपने ऊपर लाज़िम किया है कि अन्न और जल उसको पहुँचाया करूँ। जबसे अठवारे में एक दिन आती हूँ और आठ दिनका आजुका इकट्ठा दे जाती हूँ।

कलकी रात सुपने में देखा कि कोई मानुस कहता है, शिताबी उठ और घोड़ा और जोड़ा और कमन्द और कुछ नक़्द खरच के वास्ते लेकर उस ग़ार पर जा और उस बिचारे को वहाँ से निकाल। यह सुनकर मैं चौंक पड़ी और मगन होकर मर्दाना भेस किया और एक सन्दूक़चा जवाहर और अशरफी से भरा हुआ लिया और यह घोड़ा और कपड़ा-जोड़ा लेकर वहाँ गई कि कमन्दसे उसे खींचूं। करम में तेरे था कि वैसी क़ैद से इस तरह छुटकारा पावे। और मेरे इस करतब से महम कोई नहीं। शायद वह कोई देवता था कि तेरी मुखलिसी के खातिर मुझे भिजवाया। खैर, जो भाग में था सो हुआ। यह कथा कह कर पूरी-कचौरी, मासका सालन अंगोछे से खोला। पहले कन्द निकाल कर एक कटोरे में घोला और अरक बैद मुश्क का इसमें डालकर मुझे दिया। मैंने उसके हाथ से लेकर पिया फिर थोड़ासा नाश्ता किया। बाद एक साअत के मेरे तईं लुंगी बंधवाकर दर्या में ले गयी। कैंची से मेरे सिर के बाल कतरे, नाखून लिए, नहला-धुला कर कपड़े पहनाए, नये सिर से आदमी बनाया। मैं दोगाना शुकराने का रू-ब-क़िब्ला होकर पढ़ने लगा। वह नाज़नीन इस मेरी हरकत को देखती रही।

जब नमाज़ से फारिग़ हुआ पूछने लगी कि यह तूने क्या काम किया? मैंने कहा कि जिस खालिक ने सारी खलकत को पैदा किया और तुझ-सी महबूबा से मेरी खिदमत करवायी और तेरे दिल को मुझ पर मेहरबान किया और वैसे जिंदान से खलास करवाया, उसकी ज़ात लाशरीक है। उसकी मैंने इबादत की और बन्दगी बजा लाया और अदाए शुक्र किया। यह बात सुनकर कहने लगी, "तुम मुसलमान हो?" मैंने कहा, "शुक्र, अलहमदुलिल्लाह!" बोली, मेरा दिल तुम्हारी बातों से खुश हुआ। मेरे तईं भी सिखाओ और कलमा पढ़ाओ। मैंने दिल में कहा, "अलहमंदुल्लिाह कि यह हमारे दीन की शरीक हुई।" ग़रज़ मैंने "ला इलाह इल्लुल्लाह मुहम्मदुर्रसूलुल्लाह" पढ़ा और उससे पढ़वाया। फिर वहाँ से घोड़ों पर सवार होकर हम दोनों चले। रात को उतरते तो वह ज़िक्र दीन ईमान का करती और सुनती और खुश होती। इसी तरह दो महीने तलक पैहम शबाना-रोज़ चले

गये।

आखिर एक विलायत में पहुँचे कि दरमियाने सरहदे-मुल्के ज़ेरबाद और सरंदीप के थी। एक शहर नज़र आया कि आबादी में इस्तबूल से बड़ा और आबोहवा बहुत खुश और मुवाफ़िक़। पादशाह उस शहर का क़िसरा से ज्यादह आदिल और रईअतपरवर। देखकर दिल निपट शाद हुआ। एक हवेली खरीद करके बूद-ओ-बाश मुक़र्रर की। जब कई दिन में रंजे-सफ़र से आसूदा हुए, कुछ असबाब ज़रूरी दुरुस्त करके उस बीबी से मुआफिक़ शरै-ए-मुहम्मदी के निकाह किया और रहने लगा। तीन साल में वहाँ के अकाबिर-ओ-असाग़िर से मिलजुल कर ऐतबार बहम पहुँचाया और तिजारत का ठाठ फैलाया। आखिर वहाँ के सब सौदागारों से सबक़त ले गया। एक रोज़ वज़ीर-ए-आज़म की खिदमत में सलाम के लिए चला। एक मैदान में कसरत खल्कुल्लाह की देखी। कसू से पूछा, "क्यों इतना इज़दिहाम है?" मालूम हुआ कि दो शख्सों को ज़िना और चोरी करते पकड़ा है और शायद खून भी किया है। उनको संगसार करने को लाये हैं।

मुझे सुनते ही अपना अहवाल याद आया कि एक दिन मुझे भी इसी तरह सूली चढ़ाने के लिए ले गये थे, खुदा ने बचा लिया। आय! ये कौन हैंगे, कि ऐसी बला में गिरफ्तार हुए हैं? मालूम नहीं कि रास्त है या मेरी तरह तोहमत में गिरिफ्तार हुए हैं। भीड़ को चीर कर अन्दर घुसा, देखा तो यही मेरे दोनों भाई हैं कि टुंडियां कसे, सर-ओ-पा बरहना इनको लिए जाते हैं। उनकी सूरत देखते ही खून ने जोश किया और कलेजा जला। मुहस्सिलों को एक मुट्ठी अशरफियाँ दीं और कहा, "एक साअत तवक्कुफ करो।" और वहाँ से घोड़े को सरपरट फेंककर हाकिम के घर गया। एक दाना याक़ूत-ए-बेबहा का नज़र गुज़राना और इनकी शफ़ाअत की। हाकिम ने कहा, "एक शख्स उनका मुद्दई है और उनके गुनाह साबित हुए हैं। पादशाह का हुक्म हो चुका है, मैं लाचार हूँ।"

बारे, बहुत मिन्नत और ज़ारी से हाकिम ने मुद्दई को बुलवाकर पाँच हज़ार रुपये पर राज़ी किया कि वह दावा खून का मुआफ करे। मैंने रुपये गिन दिये और लादावा लिखवा लिया और ऐसी बला से मुखलिसी दिलवायी। जहाँपनाह, इनसे पूछिए कि सच कहता हूँ या झूट बकता हूँ। वे दोनों भाई सिरनीचे किये शरमिन्दासे खड़े थे। खैर इनको छुड़वाकर घर में लाया। हम्माम करवा कर लिबास पहनवाया। दीवानखाने में मकान रहने को दिया। इस मरतबे अपने क़बीले को इनके रूबरू न किया। इनकी खिदमत में हाज़िर रहता और इनके साथ खाना खाता। सोने के वक्त घर में जाता। तीन बरस तक इनकी खातिरदारी में गुज़री और इनसे भी कोई हरकते-बद वाकआ न हुई कि बाइस रंजीदगी का होवे। जो मैं सवार

होकर कहीं जाता तो ये घर में रहते।

इत्तिफ़ाक़न् वह बीबी नेकबख्त एक दिन हम्माम को गयी थी। जब दीवानखाने में आयी, कोई मर्द नज़र न पड़ा। उसने बुरक़ा उतारा। शायद यह मँझला भाई लेटा हुआ जागता था। देखते ही आशिक़ हुआ। बड़े भाई से कहा। दोनों ने मेरे मार डालने की बाहम सलाह की। मैं इस हरकत से मुतलक़ खबर नहीं रखता था बल्कि दिल में कहता था, अलहमदुल्लिाह! इस मरतबा अब तक इन्होंने कुछ ऐसी बात नहीं की, अब इनकी वजा दुरुस्त हुई। शायद ग़ैरत को काम फरमाया। एक रोज़ बाद खाने के बड़े भाई साहब आबदीदा हुए और अपने वतन की तारीफ और ईरान की खूबियाँ बयान करने लगे। यह सुनकर दूसरे भी बिसूरने लगे। मैंने कहा अगर इरादा वतन का है तो बेहतर, मैं ताबेअ मर्ज़ी के हूँ। मेरी भी यही आरज़ू है। अब इनशा-अल्लाहताला मैं भी आपकी रिकाब में चलता हूं। उस बीबी से दोनों भाइयों की उदासी का मज़कूर किया और अपना इरादा भी कहा। वह आक़िला बोली, कि तुम जानो। फिर कुछ दग़ा किया चाहते हैं। ये तुम्हारी जान के दुश्मन हैं। तुमने साँप आसतीन में पाले हैं और उनकी दोस्ती का भरोसा रखते हो! जो जी चाहे सो करो लेकिन मूज़ियों से खबरदार रहो। बहर-तक़दीर थोड़े अरसे में तैयारी सफ़र की करके खेमा मैदान में ईस्ताद किया। बड़ा काफिला जमा हुआ और मेरी सरदारी और काफिलाबाशी पर राज़ी हुए। अच्छी साअत देखकर रवाना हुआ लेकिन इनकी तरफ से अपनी जानिब मैं होशियार रहता और सब सूरत से फरमाबरदारी और दिलजोई उनकी करता।

एक रोज़ एक मंजिल में मंझले भाईने मज़कूर किया कि एक फरसख इस मकान से एक चश्मा जारी है मानिंद सलसबील के और मैदान में खुदरू कोसों तलक लाला औ नफरमान और नरगिस औ गुलाब फूला है। वाक़ई अजब मकान सैर का है। अगर अपना इख्तियार होता तो कल वहाँ जाकर तफरीह तबीयत की करते और मान्दगी भी रफ़ा होती। मैं बोला कि साहब मुख्तार हैं, फरमाओ तो कल के दिन मुक़ाम करें और वहाँ चलकर सैर करते फिरें। ये बोले, "अज़ईं चै बेहतर?" मैंने हुक्म किया कि सारे काफिले में पुकार दो कि कल मुक़ाम है। और बकावल को कहा कि हाजिरी क़िसम-बक़िसम की तैयार कर, कल सैर को चलेंगे। जब सुबह हुई, इन दोनों बिरादरों ने कपड़े पहन कर कमर बाँधकर मुझे याद दिलाया कि जल्द ठंडे-ठंडे चलिए और सैर कीजिए। मैंने सवारी माँगी। बोले, पा-पियादा जो लुत्फ सैर का होता है सो सवारी में मालूम? नफुरों को कह दो, घोड़े डुरिया कर ले आवें।

दोनों ग़ुलामों ने क़लियान और क़हवादान लेलिया और साथ हुए। राह में

तीर अंदाज़ी करते हुए चले जाते थे। जब क़ाफिले से दूर निकल गये, एक ग़ुलाम को उन्होंने किसी काम को भेजा। थोड़ी दूर आगे बढ़कर दूसरे को भी उसको बुलाने को रुखसत किया। कमबख्ती जो आई मेरे मुँह में जैसे कसूने मुहर देदी। जो वो चाहते थे सो करते थे और मुझे बातों में परचाये लिये जाते थे। मगर यह कुत्ता साथ में रह गया। बहुत दूर निकल गये, न चश्मा नज़र आया न गुलज़ार। मगर एक मैदान पुर-खार था। वहाँ मुझे पेशाब लगा। मैं बवल करने को बैठा अपने पीछे चमक तलवार की सी देखी। मुड़कर देखूँ तो मँझले भाई साहब ने मुझ पर तलवार मारी कि सिर दो पारा हो गया। जब तलक बोलूँ कि ऐ ज़ालिम, मुझे क्यों मारता है, बड़े भाईने शाने पर लगाई! दोनों जख्म कारी लगे। त्यौरा कर गिरा। तब इन दोनों बेरहमों ने बखातिर जमा मेरे तईं चूर जख्मी किया और लहूलुहान किया। यह कुत्ता मेरा अहवाल देखकर उन पर भपका, इसको भी घायल किया। बाद इसके अपने हाथों से अपने बदनों में जख्मों के निशान किये और सरोपा बरहना काफ़िले में गये और ज़ाहिर किया किहरामियों ने उस मैदान में हमारे भाई को शहीद किया और हम भी लड़भिड़ कर जख्मी हुए। जल्दी कूच करो, नहीं तो अब कारवां पर गिर कर सबको नंगिया लेंगे। काफ़िले के लोगों ने बद्दुओं का नाम जो सुना वों ही बदहवास हुए और घबरा कर कूच किया और चल निकले।

मेरे क़बीले ने सुलुक और खूबियाँ इनकी सुन रक्खी थीं, जो-जो मुझसे दग़ाएं की थीं। यह वारदात इन क़ाज़िबों से सुनकर जल्द अपने तईं खंजर से हलाक किया और जान बहक़ तसलीम हुई। ऐ दरवेशो! जब उस ख्वाजा-ए-सगपरस्त ने जब अपनी कैफियत और मुसीबत इस तरह से यहाँ तलक कही, सुनते ही मुझे बेइख्तियार रोना आया। वह सौदागर देखकर कहने लगा कि क़िब्ला-ए-आलम, अगर बे अदबी न होती तो बरहना होकर मैं अपना सारा बदन खोलकर दिखाता। तिस पर भी अपनी रास्ती पर गिरेबान मोढ़े तलक चीर कर दिखाया। वाक़ई चार उंगुल तन उसका बग़ैर जख्म के साबित न था। मेरे हजूर सिर से अम्मामा उतारा। खोपरी में ऐसा बड़ा गढ़ा पड़ा था कि एक अनार समूचा उसमें समावे। अरकान-ए-दौलत जितने हाज़िर थे सबने अपनी आँखें बन्द करलीं, ताक़त देखने की न रही।

फिर खवाजा बोला कि बादशाह सलामत, जब ये भाई अपनी दानिस्त में मेरा काम तमाम करके चले गये, एक तरफ मैं और एक तरफ सग मेरे नज़दीक जख्मी पड़ा था। लहू इतना बदन से गया कि मुतलक़ ताक़त और होश कुछ बाक़ी न था। क्या जानूं दम कहाँ अटक रहा था कि जीता था। जिस जगह मैं पड़ा था विलायत-ए-सरंदीप की सरहद थी और एक शहर बहुत आबाद उसके क़रीब था।

उस शहर में बड़ा बुतखाना था और वहाँ के बादशाह की एक बेटी थी, निहायत क़बूलसूरत और साहबे जमाल!

अक्सर पादशाह और शहज़ादे उसके इश्क़ में खराब थे। वहाँ रस्म हिजाब की न थी। इससे वह लड़की तमाम दिन हमजोलियोंके साथ सैर-शिकार करती फिरती। हमसे नज़दीक एक बादशाही बाग़ था। उस रोज़ बादशाह से इजाज़त लेकर उसी बाग़ में आयी थी। सैर की खातिर उस मैदान में फिरती-फिरती आ निकली। कई खवासें भी साथ सवार थीं। जहाँ मैं पड़ा था, आई। मेरा कराहना सुनकर पास खड़ी हुई। मुझे इस हालत में देखकर वे भागीं और शहज़ादी से कहा, "एक मरद और एक कुत्ता लहू में शोरबोर पड़ा है।" उनसे यह सुनकर आप मलिका मेरे सर पर आई, अफसोस खाकर कहा, "देखो तो कुछ जान बाक़ी है?" दो-चार दाइयोंने उतर कर देखा और अरज़ की, "अबतलक तो जीता है।" तुरत फरमाया कि अमानत क़ालीचे पर लिटाकर बाग़ में ले चलो।

वहाँ लेजाकर जर्राह सरकार का बुलाकर मेरे और मेरे कुत्ते के इलाज की खातिर बहुत ताकीद की और उम्मीदवार इनाम-ओ-बखशिश का किया। उस हज्जाम ने सारा बदन मेरा पूँछ-पाँछकर खाक-ओ-खून से पाक किया और शराब से धोधाकर, जख्मों को टाँके देकर मरहम लगाया और बेद मुश्क का अर्क, पानी के बदले, मेरे हल्क़ में चुवाया। मलिका आप मेरे सिरहाने बैठी रहती और मेरी खिदमत करवाती और तमाम दिनरात में दोचार बार कुछ शोरबा या शरबत अपने हाथ से पिलाती। बारे, मुझे होश आया तो देखा कि मलिका निहायत अफसोस से कहती है, "किस ज़ालिम खूंख्वार ने तुझ पर यह सितम किया? बड़े बुत से भी न डरा?" बाद दस रोज़ के अर्क और शरबत और माजूनों की कुवत से मैंने आँख खोली। देखा तो इन्द्र का अखाड़ा मेरे आस-पास जमा है और मलिका सिरहाने खड़ी है। एक आह भरी और चाहा कि कुछ हरकत करूँ। ताक़त न पाई। बादशाहज़ादी मेहरबानी से बोली कि ऐ अजमी! खातिर जमा रख, कुढ़ मत। अगरचे कसू ज़ालिम ने तेरा यह अहवाल किया लेकिन बड़े बुत ने मुझको तुझपर मेहरबान किया है। अब चंगा हो जावेगा।

क़सम उस खुदा की जो वाहिद और लाशरीक है, मैं उसे देखकर फिर बेहोश हो गया। मलिका ने भी दरयाफ्त किया और गुलाबपाश से गुलाब अपने हाथ से छिड़का। बीस दिन के अरसे में जख्म भर आये और अंगूर कर लाए। मलिका हमेशा रात को जब सब सोजाते, मेरे पास आती और खिला-पिला जाती। ग़रज़ एक चिल्ले में गुस्ल किया। बादशाहज़ादी निहायत खुश हुई। हज्जाम को इनाम बहुत-सा दिया और मुझको पोशाक पहनवाई। खुदा के फज़ल से और खबरगीरी

और सई से मलिका की खूब चाक चोबन्द हुआ और बदन निहायत तैयार हुआ और कुत्ता भी फरबा होगया। रोज़ मुझे शराब पिलाती और बातें सुनती और खुश होती। मैं भी एक-आध नक्ल या कहानी अनूठी कह कर उसके दिल को बहलाता।

एक दिन पूछने लगी कि अपना अहवाल तो बयान करो कि तुम कौन हो और ये वारदात तुम पर क्योंकर हुई। मैंने सारा माजरा अपना अव्वल से आखिर तक कह सुनाया। सुनकर रोने लगी और बोली, अब मैं तुझसे ऐसा सलूक करूँगी कि अपनी सारी मुसीबत भूल जावेगा। मैंने कहा, खुदा तुम्हे सलामत रक्खे, तुमने नये सिर से मेरी जान बख्शी की है। अब मैं तुम्हारा हो रहा हूँ, वास्ते खुदा के इसी तरह हमेशा मुझपर अपनी मेहरबानी की नज़र रखियो। गरज़ तमाम रात अकेली मेरे पास बैठी रहती और सोहबत रखती। बाज़े दिन दाई उसकी भी साथ रहती। हर एक तौर पर जिक्र-मज़कूर सुनती और कहती। जब मलिका उठ ज़ाती और मैं तनहा होता, तहारतकर कोने में छुपकर नमाज़ पढ़ लेता।

एक बार ऐसा इत्तिफाक़ हुआ कि मलिका अपने बाप के पास गयी थी, मैं खातिर जमा से वजू करके नमाज़ पढ़ रहा था कि अचानक शहज़ादी अपनी दाई से बोलती हुई आयी कि देखें, अजमी इस वक्त क्या करता है। सोता है या जागता है! मुझे मकान पर जो देखा ताज्जुब में हुई कि 'अँयं! यह कहाँ गया? कसू से कुछ लग्गा तो नहीं लगाया? कोना-कुठरा देखने लगी और तलाश करने लगी। आखिर मैं जहाँ नमाज़ कर रहा था, वहां आ निकली। उस लड़की ने कभी नमाज़ काहे को देखी थी? चुपकी खड़ी देखा की। जब मैंने नमाज़ तमाम करके दुआ के लिए हाथ उठाए और सजदे में गया, बेइख्तियार खिलखिलाकर हँसी और बोली, "क्या यह आदमी सौदाई हो गया? यह कैसी-कैसी हरकतें कर रहा है!"

मैं हँसने की आवाज़ सुनकर दिल में डरा। मलिका आगे आकर पूछने लगी कि ऐ अजमी! यह तू क्या करता था? मैं कुछ जवाब न दे सका। इसमें दाई बोली, बला लूँ। तेरे सदक़े गयी! मुझे यों मालूम होता है कि यह शख्स मुसलमान है और लातमनात का दुश्मन है। अन-देखे खुदा को पूजता है। मलिकाने यह सुनते ही हाथ पर हाथ मारा, बहुत गुस्से हुई कि मैं क्या जानती थी कि यह तुर्क है और हमारे खुदाओं से मुनकिर है। तभी हमारे बुत के ग़ज़ब में पड़ा था। मैंने नाहक़ इसकी परवरिश की और अपने घर में रख्खा। यह कहती हुई चली गयी। मैं सुनते ही बदहवास हुआ कि देखिए अब क्या सलूक करे? मारे खौफ़ के नींद उचाट हो गई। सुबह तक बेइख्तियार रोया किया और आँसुओं से मुँह धोया किया।

तीन दिन-रात इसी खौफ़-ओ-रजा में रोते गुजरे। हरगिज़ आँख न झपकी। तीसरी शब मलका शराब के नशे में मखमूर और दाई साथ लिये मेरे मकान पर

आई। गुस्से में भरी हुई और तीर-कमान हाथ में लिए हुए बाहर चमन के किनारे बैठी। दाई से प्याला शराब का माँगा। पीकर कहा, "दय्या! वह अजमी जो हमारे बड़े बुत के क़हर में गिरफ्तार है, मुआ या अब तक जीता है!" दाई ने कहा, "बल्लियाँ लूँ! कुछ दम बाक़ी है।" बोली कि अब वह हमारी नज़रों से गिरा। लेकिन कह कि बाहर आवे। दाईने मुझे पुकारा। मैं दौड़ा। देखूँ तो मलिका का चेहरा मारे गुस्से के तमतमा रहा है और सुर्ख हो गया है। रूह क़ालिब में न रही। सलाम किया और हाथ बाँध कर खड़ा हुआ। ग़ज़ब की निगाह से मुझे देखकर दायी से बोली, "अगर मैं इन दीन के दुश्मन को तीर से मारूँ तो मेरी खता बड़ा बुत मुआफ़ करेगा या नहीं? यह मुझसे बड़ा गुनाह हुआ है कि मैंने इसे अपने घर में रखकर खातिरदारी की।"

दायी ने कहा, "पादशाहज़ादी की क्या तक़सीर है? कुछ दुश्मन जान कर नहीं रक्खा। तुमने उस पर तरस खाया। तुमको नेकी के ऐवज़ नेकी मिलेगी और यह अपनी बदी का समरा बड़े बुत से पा रहेगा।" यह सुनकर कहा, "दाई, इसे बैठने को कह।" दाई ने मुझे इशारत की कि बैठ जा। मैं बैठ गया। मलिकाने और जाम शराब का पिया और दायी से कहा कि इस कमबख्त को भी एक प्याला दे तो आसानी से मारा जावे। दायी ने जाम दिया। मैंने बिला उज़्र पिया और सलाम किया। हरगिज़ मेरी तरफ निगाह न की मगर कनखियों से चोरी-चोरी देखती थी। जब मुझे सरूर हुआ कुछ शैर पढ़ने लगा। अज़ाँ जुमला एक बैत यह भी पढ़ी।

काबू में हूँ तेरे गो अब जिया तो फिर क्या?
खंजर तले कसूने टुक दम लिया तो फिर क्या?

सुनकर मुस्कराई और दाई की तरफ देखकर बोली, "क्या तुझे नींद आती है?" दायी ने मर्ज़ी पाकर कहा कि हाँ! मुझ पर ख्वाब ने ग़लबा किया है। वह तो रुखसत होकर जहन्नुम वासिल हुई। बाद एक दम के मलकाने प्याला मुझसे माँगा। मैं जल्द भर कर रूबरू ले गया। एक अदा से मेरे हाथ से लेकर पीलिया। तब मैं क़दमों पर गिरा। मलिका ने हाथ मुझपर झाड़ा और कहने लगी, "ऐ जाहिल, हमारे बड़े बुत में क्या खराबी देखी, जो ग़ायब खुदा की परस्तिश करने लगा?" मैंने कहा, "इनसाफ शर्त है, टुक ग़ौर फरमाइए कि बन्दगी के लायक वह खुदा है कि जिसने एक क़तरे पानी से तुम सारका मेहबूब पैदा किया और यह हुस्नोजमाल दिया कि एक आन में हज़ारों इनसान के दिल को दीवाना कर डालो। बुत क्या चीज़ है कि कोई उसकी पूजा करे? एक पत्थर को संगतराशों ने गढ़कर सूरत बनायी और दाम अहमकों के वास्ते बिछाया। जिनको शैतान को वरग़लाना है वे मसनूअ को सानिअ जानते हैं। जिसे अपने हाथों से बनाते हैं, उसके आगे सर

झुकाते हैं। और हम मुसलमान हैं। जिसने हमें बनाया है हम उसे मानते हैं। उनके वास्ते दोज़ख और हमारे वास्ते बहिश्त बनाया है। अगर बादशाहज़ादी ईमान खुदा पर लावे, तब इसका मज़ा पावे और हक़-ओ-बातिल में फरक़ करे और अपने ऐतिक़ाद को ग़लत समझे।''

बारे, ऐसी-ऐसी नसीहतें सुनकर उस संगदिल का दिल मुलायम हुआ। खुदा के फज़ल-ओ-करम से रोने लगी और बोली, ''अच्छा मुझे भी अपना दीन सिखाओ।'' मैंने कल्मा तलक़ीन किया। उनने ब सिद्क़-ए-दिल पढ़ा और तौबा इस्तग़फ़ार करकर मुसलमान हुई। तब मैं उसके पाँव पड़ा। सुबह तक कल्मा पढ़ती और इस्तग़फ़ार करती रही। फिर कहने लगी, भला मैंने तुम्हारा दीन क़बूल किया लेकिन माँबाप काफ़िर हैं। उनका क्या इलाज! मैंने कहा, ''तुम्हारी बला से, जो जैसा करेगा वैसा पावेगा।'' बोली कि मुझे चचाके बेटेसे मनसूब किया है और वह बुतपरस्त है। कल को खुदा न ख्वास्ता बियाह हुआ और वह काफ़िर मुझसे मिले और उसका नुतफा मेरे पेट में ठहर जावे तो बड़ी क़बाहत है। इसकी फिक्र अभी से किया चाहिए। इस बला से नजात पाऊँ।'' मैंने कहा, ''तुम बात तो माक़ूल कहती हो जो मिज़ाज में आवे सो करो।'' बोली कि मैं अब यहाँ नहीं रहूँगी। कहीं निकल जाऊँगी। मैंने पूछा कि किस सूरत से भागने पाओगी और कहाँ जाओगी? जवाब दिया, ''पहले तुम मेरे पास से जाओ। मुसलमानों के साथ सरा में जा रहो तो सब आदमी सुनें और तुम पर गुमान न ले जावें। तुम वहाँ किश्तियों की तलाश में रहो। जो जहाज़ अजम की तरफ चले मुझे खबर कीजो। मैं इस वास्ते दाई को तुम्हारे पास अक्सर भेजा करूँगी। जब तुम कहला भेजोगे मैं निकलकर आऊँगी। और किश्ती पर सवार होकर चली जाऊँगी। इन कमबख्त बेदीनोंके हाथ से मुखलिसी पाऊँगी।।'' मैंने कहा, ''तुम्हारी जान-ओ-ईमान के क़ुरबान हुआ। दाई को क्या करोगी? बोली, ''उसकी फ़िक्र सहल है। एक प्याले में ज़हर हलाहल पिला दूँगी। यही सलाह मुक़र्रिर हुई। जब दिन हुआ मैं कारवां सरा में गया। एक हुजरा किराये लिया और जा रहा। उस जुदाई में फक्त वस्ल की तवक्को पर जीता था। जब दो महीने में सौदागर रूम ओ शाम ओ इस्फहान के जमा हुए, इरादा कूच का, तरी की राह से किया और अपना असबाब जहाज़ पर चढ़ाने लगे। एक जगह रहने से अक्सर आशना-सूरत हो गये थे, मुझसे कहने लगे, ''क्यों साहब, तुमभी चलो न? यहाँ कुफ़रिस्तान में कब तलक रहोगे?'' मैंने कहा, ''मेरे पास क्या है जो अपने वतन जाऊँ? यही एक लौंडी, एक कुत्ता, एक संदूक़ बिसात में रखता हूँ। अगर थोड़ी-सी जगह बैठ रहने को दो और उसका नवल मुकर्रर करो तो मेरी खातिर जमा हो, मैं भी सवार हूँ।''

सौदागरों ने एक कोठरी मेरे तहत में कर दी। मैंने उसके नवल का रुपया भर दिया। दिल जमई करकर, क़सू बहाने से दाई के घर गया और कहा, "अय अम्मा! तुझसे रुखसत होने आया हूँ। अब वतन को जाता हूँ। अगर तेरी तवज्जुह से एक नज़र मलिका को देख लूँ तो बड़ी बात है।" बारे दाई ने क़बूल किया। मैंने कहा, "मैं रात को आऊँगा। फलाने मकान पर खड़ा रहूँगा।" बोली, "अच्छा" मैं कहकर सरा में आया। सन्दूक़ और बिछौने उठाकर जहाज़ में लाया और नाखुदा को सौंपकर कहा, "कल फजर को अपनी कनीज़ को लेकर आऊँगा।" नाखुदा बोला। जल्द आइयो। सुबह को हम लंगर उठावेंगे। मैंने कहा, बहुत खूब! जब रात हुई उसी मकान का दरवाज़ा खुला और मलिका मैले-कुचैले कपड़े पहिने, एक पेटी जवाहर की लिए बाहर निकली। वह पिटारी मेरे हवाले की और साथ चली। सुबह होते किनारे दरिया के हम पहुँचे। एक लंबोट पर सवार होकर जहाज़ में जा उतरे। यह वफ़ादार कुत्ता भी साथ था। जब सुबह खूब रौशन हुई, लँगर उठाया और रवाना हुए। ब-खातिर-जमा चले जाते थे। एक बंदर से आवाज़ तोपों की शिलिक की आई। सब हैरान और फिकरमन्द हुए। जहाज़ को लंगर किया और आपस में चर्चा होने लगा कि शाहे-बन्दर कुछ दग़ा करेगा। तोप छोड़ने का क्या सबब है?

इत्तिफाक़न् सब सौदागरों के पास खूबसूरत लौंडियाँ थीं। शाहे-बन्दर के खौफ़ से कि मुबादा छीन ले, सबने कनीज़कों को सन्दूकों में बन्द किया। मैंने भी ऐसा ही किया कि अपनी शहज़ादी को सन्दूक़ में बिठाकर कुफ्ल कर दिया। इस अरसे में शाह-बन्दर एक गुर्राब पर बमै नौकर-चाकर बैठा हुआ नज़र आया। आते-आते जहाज़ पर आ चढ़ा। शायद उसके आने का यह सबब था कि पादशाह को दाई के मरने की और मलिका के ग़ायब होने की जब खबर हुई, मारे ग़ैरत के उसका तो नाम न लिया, मगर शाहबन्दर को हुक्म किया कि मैंने सुना है अजमी सौदागरों के पास लौंडियाँ खूब-खूब हैं, सो मैं शाहज़ादी के वास्ते लिया चाहता हूँ, तुम उनको रोक कर, जितनी लौड़ियाँ जहाज़ में हों, हुज़ूर में हाज़िर करोगे। उन्हें देखकर जो पसन्द आवेंगी, उनकी क़ीमत दी जाएगी। नहीं तो वापस होंगी।

बमूजिब हुक्म बादशाह के यह शाह-बन्दर इसलिए आप जहाज़ पर आया। और मेरे नज़दीक एक और शख्स था। उसके पास भी एक बान्दी क़बूलसूरत सन्दूक़ में बन्द थी। शाह-बन्दर उसी सन्दूक पर आ बैठा और लौंडियों को निकलवाने लगा। मैंने खुदा का शुक्र किया कि भला पादशाहज़ादी का मज़कूर नहीं। गरज़ जितनी लौंडियाँ शाह-बन्दर के सिपाहियों ने नाव पर चढ़ाईं और खुद शाह-बन्दर जिस सन्दूक़ पर बैठा था, उसके मालिक से भी हँसते-हँसते पूछा कि तेरे पास

भी लौंडी थी? उस अहमक़ने कहा, "आप के क़दमों की सौगंद! मैंने ही यह काम नहीं किया। सभों ने तुम्हारे डर से लौंडियाँ सन्दूकों में छुपाई हैं।" शाह-बन्दर ने यह बात सुनकर सब सन्दूक़ों का झाड़ा लेना शुरू किया। मेरा भी सन्दूक खोला और मलिका को निकालकर सबके साथ ले गया। अजब तरह की मायूसी हुई कि यह ऐसी हरकत पेश आयी कि तेरी जान तो मुफ्त गयी और मलिका से देखिये क्या सुलूक करे!

उसकी फिक्र में अपनी भी जान का डर भूल गया। सारे दिन-रात खुदा से दुआ माँगता रहा। जब बड़ी फजर हुई सब लौंडियों को किश्ती पर सवार कर के लाये। सौदागर खुश हुए। अपनी-अपनी कनीज़कें लीं। सब आइयाँ मगर एक मलिका उनमें न थी। मैंने पूछा, मेरी लौंडी नहीं आयी, इसका क्या सबब है? उन्होंने जवाब दिया कि हम वाक़िफ नहीं शायद बादशाहने पसन्द की होगी। सब सौदागर मुझे तसल्ली और दिलासा देने लगे कि खैर जो हुआ सो हुआ तू कुढ़ मत। उसकी कीमत हम सब बहरी कर-कर तुझे देंगे। मेरे हवास बाख्ता हो गये। मैंने कहा, अब मैं अजम नहीं जाने का। किश्तीवालों से कहा, "यारो, मुझे भी अपने साथ ले चलो। किनारे पर उतार दीजो।" वे राज़ी हुए। मैं जहाज़ से उतरकर ग़ुर्राब में आ बैठा। यह कुत्ता भी मेरे साथ चला आया। जब बन्दर में पहुँचा, एक सन्दूक़चा जवाहरका जो मलिका अपने साथ लायी थी उसे तो रख लिया और सब असबाब शाह-बन्दर के नौकरों को दिया और मैं जासूसी में हर कहीं फिरने लगा कि शायद खबर मलिका की पाऊँ। लेकिन हरगिज सुराग़ न मिला, न उस बात का पता पाया। एक रात किसी मक्र से बादशाह के भी महल में गया और ढूँढा। कुछ खबर न मिली। क़रीब एक महीने शहर के कूचे और मुहल्ले छान मारे और कुछ खबर न मिली और उस ग़म से अपने तईं क़रीब हलातक के पहुँचाया और कुछ खबर न मिली और उस ग़म से अपने तईं क़रीब हलाकत के पहुँचाया और सौदाई-सा फिरने लगा। आखिर अपने दिल में खयाल किया कि ग़ालिब है शाहबन्दर के घर में मेरी बादशाहज़ादी होवे तो होवे नहीं तो और कहीं नहीं। शाहबन्दर के घर के गिर्द-ओ-पेश देखता फिरता था कि कहीं से भी जाने की राह पाऊँ तो अन्दर जाऊँ। एक बदरौ नज़र पड़ी कि मुवाफिक आदमी की आमद-ओ-रफ्त के है। लेकिन जाली आहनी उसके दहाने पर जड़ी है। यह क़सद किया कि उस बदरौ की राह से चलूँ। कपड़े बदन से उतारे और उस नजिस कीचड़ में उतरा। हज़ार मेहनत से उस जाली को तोड़ा और सँडास की राह से उस चोर महल में गया। औरतों का-सा लिबास बनाकर हर तरफ देखने-भालने लगा। एक मकान से आवाज़ मेरी कान पर पड़ी जैसे कोई मुनाजात कर रहा है। आगे जाकर

देखूँ तो मलिका है कि अजब हालत से रोती है और नक–घिसनी कर रही है और खुदा से दुआ माँगती है कि सदके अपने रसूल के और उसकी आल–ए–पाक के। मुझे इस कुफरिस्तान से नज़ात दे और जिस शख्स ने मुझे इस्लाम की राह बतायी है उससे एक बार खैरियत से मिला। मैं देखते ही दौड़ कर पाँव पर गिर पड़ा। मलिकाने मुझे गले लगा लिया। हम दोनों पर एकदम बेहोशी का आलम हो गया। जब हवास बजा हुए, मैंने कैफियत मलिका से पूछी। बोली, जब शाहबन्दर सब लौंडियों को किनारे पर ले गया मैं खुदा से यही दुआ माँगती थी कि कहीं मेरा राज़ फाश न हो और मैं पहचानी न जाऊँ और तेरी जान पर आफत न आवे। वह ऐसा सत्तार है हरगिज़ कसू ने न दरयाफ्त किया कि वह मलिका है। शाहबन्दर हर एक को बनज़र–खरीदारी देखता था। जब मेरी बारी हुई मुझे पसन्द करकर अपने घर में चुपके भेज दिया। औरों को बादशाह के हुज़ूर गुज़राना।

मेरे बाप ने जब उनमें मुझे न देखा सबको रुखसत किया। यह सब परपंच मेरे वास्ते किया था। अब यों मशहूर किया है कि बादशाहज़ादी बहुत बीमार है। अगर मैं ज़ाहिर न हुई तो कोई दिन में मेरे मरने की खबर सारे मुल्क में उड़ेगी। तो बदनामी बादशाह की न होवे लेकिन अब मैं इस अज़ाब में हूँ कि शाहबन्दर मुझसे और इरादा दिल में रखता है और हमेशा साथ सोने को बुलाता है। मैं राज़ी नहीं होती। अज़ बस कि चाहता है। अब तक मेरी रज़ामंदी मँज़ूर है। लिहाज़ा चुप हो रहता है। पर हैरान हूँ, इस तरह कहाँ तक निभेगी। सो मैंने भी जी में यह ठहराया है, जब मुझसे कुछ और क़सद करेगा तो मैं अपनी जान दूँगी और मर रहूँगी। लेकिन तेरे मिलने से एक और तदबीर दिल में सूझी है। खुदा चाहे तो सिवाए इस फिक्र के दूसरी कोई तरह मुखलिसी की नज़र नहीं आती।

मैंने कहा, "फरमाओ तो कौन–सी तदबीर है?" कहने लगी, "अगर तू सई और मेहनत करे तो हो सके।" मैंने कहा, "मैं फरमाँबरदार हूँ। अगर हुक्म करे तो जलती आग में कूद पड़ूँ और सीढ़ी पाऊँ तो तुम्हारी खातिर आसमां पर चला जाऊँ। जो कुछ फरमाओ सो बजा लाऊँ।" मलिका ने कहा, "तू बड़े बुत के बुतखाने में जा और जिस जगह जूतियाँ उतारते हैं, वहाँ एक सियाह टाट पड़ा रहता है। इस मुल्क की रस्म है कि जो कोई मुफलिस और मुहताज हो जाता है, उस जगह का टाट ओढ़कर बैठता है। यहाँ के लोग जो ज़ियारत को जाते हैं मुआफ़िक़ अपने–अपने मक़दूर के उसे देते हैं।"

जब दो–चार दिन में माल जमा होता है, पण्डे एक खिलअत बड़े बुत की सरकार से देकर उसे रुखसत करते हैं। वह तवंगर होकर चला जाता है। कोई नहीं मालूम करता कि यह कौन था। तू भी जाकर उस पलास के नीचे बैठ और हाथ–

मुँह अपना खूब तरह से छुपा ले और कसूसे न बोल। बाद तीन दिन के बाहमन और बुतपरस्त हरचन्द तुझे खिलअत देकर रुखसत करें, तू वहाँ से हरगिज न उठ। जब निहायत मिन्नत करें तब तू बोलियो कि मुझे रुपया-पैसा कुछ दरकार नहीं। मैं माल का भूखा नहीं, मैं मज़लूम हूँ। फरयाद को आया हूँ। अगर बरहमनों की माता मेरी दाद दे तो बेहतर। नहीं तो बड़ा बुत मेरा इनसाफ़ करेगा और उस ज़ालिम से यही बड़ा बुत मेरी फरियाद को पहुँचेगा। जब तक वह माँ बाहमनों की आप तेरे पास न आवे, बहुतेरा कोई मनावे तू राज़ी न हूजियो। आखिर लाचार होकर वह खुद तेरे नज़दीक आवेगी। वह बहुत बूढ़ी है। दो सौ चालीस बरस की उम्र है और छत्तीस बेटे उसके जने हुए बुतखाने के सरदार हैं। और उसका बड़े बुत के पास बड़ा दरजा है। इस सबब उसका इतना बड़ा हुक्म है कि जितने छोटे-बड़े इस मुल्क के हैं उसके कहने को अपनी सादत जानते हैं। जो वह फरमाती है, बरसर-ओ-चश्म मानते हैं। उस का दामन पकड़कर कहियो, ''अय माई! अगर मुझ मज़लूम-मुसाफिर का इनसाफ ज़ालिम से न करेगी, तो मैं बड़े बुत की खिदमत में टक्करें मारूँगा।'' आखिर वह रहम खाकर तुझ से मेरी सिफ़ारिश करेगा।

जब वह तेरा अहवाल पूछे तो कहियो कि ''मैं अजम का रहने वाला हूँ। बड़े बुत की ज़ियारत की खातिर और तुम्हारी अदालत सुनकर काले कोसों से यहां आया हूँ। कई दिनों आराम से रहा। मेरी बीबी भी मेरे साथ आयी थी। वह जवान है और सूरत-शक्ल भी अच्छी है और आँख-नाक से दुरुस्त है। मालूम नहीं कि शाह-बन्दर ने उसे क्योंकर देखा। बज़ोर मुझसे छीन कर अपने घर में डाल दिया और हम मुसलमानों का यह क़ाइदा है कि जो नामहरम औरत को उनकी देखे या छीन ले तो वाजिब है कि उसको जिस तरह हो, मार डालें और अपनी जोरू को ले लें और नहीं तो खाना-पीना छोड़ दें। क्योंकि जब तलक वह जीता रहे वह औरत खाविन्द पर हराम है। अब यहाँ लाचार होकर आया हूँ। देखिए तुम क्या इनसाफ करती हो।'' जब मलिका ने मुझे यह सब सिखा-पढ़ा दिया, मैं रुखसत हो उसी ताबदान की राह से निकला और वह जाली आहनी फिर लगा दी।

सुबह होते बुतखाने में गया और वह सियाह पलास ओढ़कर बैठा। तीन रोज़ में इतना रुपया और अशरफी और कपड़ा मेरे नज़दीक जमा हुआ कि अम्बार लग गया। चौथे दिन पंडे भजन करते और गाते-बजाते खिलअत लिए मेरे पास आये और रुखसत करने लगे। मैं राज़ी न हुआ और दुहाई बड़े बुतकी दी कि ''मैं गदाई करने नहीं आया, बल्कि इनसाफ के लिए बड़े बुत और बरहमनों की माता के पास आया हूँ। जब तलक अपनी दाद न पाऊँगा यहाँ से न जाऊँगा।''

वे सुनकर उस पीर-ज़ाल के रूबरू गये और मेरा अहवाल बयान किया। बाद उसके एक चौबे आया और मेरे तईं कहने लगा कि "चल माता बुलाती है।" मैं वोंही टाट काला सिर से पाँव तक ओढ़े हुए दिहरे में गया। देखता हूँ कि एक जड़ाव सिंघासन पर, जिस में लाल अलमास मोती-मूँगा लगा हुआ है, बड़ा बुत बैठा है, और एक कुरसी ज़री पर फर्श माक़ूल बिछा है, उस पर एक बुढ़िया सियाहपोश मसनद पर तकिये लगाए और दो लड़के दस-बारह बरस के एक दाहिने, एक बायें, शान-ओ-शौक़त-ओ-तजम्मुल से बैठी है। मुझे आगे बुलाया। मैं अदब से आगे गया और तख़्त के पाये को बोसा दिया फिर उसका दामन पकड़ लिया। उसने मेरा अहवाल पूछा। मैंने उसी तरह जिस तौर से मलिका ने तालीम कर दिया था, ज़ाहिर किया।

सुनकर बोली कि क्या मुसलमान अपनी स्त्रियों को ओझल में रखते हैं? मैंने कहा, "हाँ, तुम्हारे बच्चों की खैर हो! यह हमारी रस्म क़दीम है।" बोली कि तेरा अच्छा मज़हब है। मैं अभी हुक्म करती हूँ कि शाहबन्दर बमै तेरी जोरू आनकर हाज़िर होता है। और उस गौदी को ऐसी सियासत करूँ कि बार-ए-दीगर ऐसी हरकत न करे और सबके कान खड़े हों और डरें। अपने लोगों से पूछने लगी कि शाह-ए-बन्दर कौन है? उसकी यह मजाल हुई कि बिगानी तिरिया को बज़ोर छीन लेता है? लोगों ने कहा कि फुलाना शख़्स है। यह सुनकर उन दोनों लड़कों को जो पास बैठे थे फरमाया कि जल्दी इस मानस को साथ लेकर बादशाह के पास जाओ और कहो कि माता फरमाती है कि हुक्म बड़े बुत का यह है कि शाह-ए-बन्दर आदमियों पर ज़ोर-ज्यादती करता है। चुनाँचे इस ग़रीब की औरत को छीन लिया है। उसकी तक़सीर बड़ी साबित हुई, जल्द उस गुमराह के माल का तालीक़ा करकर, इस तुर्क के कि हमारा मँजूर-ए-नज़र है, हवाले कर। नहीं तो आज रात को तू सत्यानास होगा और हमारे ग़ज़ब में पड़ेगा। वे दोनों तिफ्ल उठकर मंडल से बाहर आये और सवार हुए, सब पंडित संख बजाते और आरती गाते जिलू में हो लिए।

ग़रज़ वहाँ के बड़े-छोटे जहाँ उन लड़कों का पाँव पड़ता था, वहाँ की मिट्टी तबर्रुक जान कर उठा लेते और आँखों से लगाते। उसी तरह पादशाह के क़िले तक गये। पादशाह को खबर हुई। नँगे पाँव इस्तिक़बाल की खातिर निकल आया और उनको बड़े मान-महत से ले जाकर अपने पास तख़्त पर बिठाया और पूछा, "आज क्योंकर तशरीफ फरमाना हुआ?" दोनों बरहमन बच्चों ने माँ की तरफ से जो कुछ सुन आये थे, कहा और बड़े बुत की ख़फ़गी से डराया।

पादशाह ने सुनते ही फरमाया, "बहुत खूब!" और अपने नौकरों को हुक्म

किया कि मुहस्सल जावें और शाह-ए-बन्दर को बमै उस औरत के, जल्द हुज़ूर में हाज़िर करें तो मैं तक़सीर उसकी तजवीज़ करके सज़ा दूँ। यह सुनकर मैं अपने दिल में घबराया कि बात तो अच्छी नहीं हुई। अगर शाह-ए-बन्दर के साथ मलिका को भी लावें तो पर्दा फाश होगा और मेरा क्या अहवाल होगा? दिल में निहायत खौफ़ज़दा होकर खुदा की तरफ रुजू की। लेकिन मेरे मुंह पर हवाइयाँ उड़ने लगीं और बदन काँपने लगा। लड़कोंने यह मेरा रंग देखकर शायद दरयाफ्त किया कि यह हुक्म इसकी मरज़ी के मुआफिक़ न हुआ। वोंही खफ़ा और बरहम होकर उठे और बादशाह को झिड़क कर बोले, "ऐ मरदक! तू दीवाना हुआ है जो फरमाँबरदारी से बड़े बुत की निकला और हमारे बचन को झूठ समझा जो दोनों को बुलवाकर तहक़ीक़ किया चाहता है। अब खबरदार! तू ग़ज़ब में बड़े बुत के पड़ा। हमने तुझे हुक्म पहुँचा दिया। अब तू जान और बड़ा बुत जाने।"

इस कहने से पादशाह की अजब हालत हुई कि हाथ जोड़कर खड़ा हो गया और सिर से पाँव तलक राशा हो गया। मिन्नत करके मनाने लगा। ये दोनों हरगिज़ न बैठे लेकिन खड़े रहे। इसमें जितने अमीर-उमरा वहाँ हाज़िर थे एक मुँह होकर बदगोई शाह-ए-बन्दर की करने लगे कि वह वैसा ही हरामज़ादा बदकार और पापी है। ऐसी-ऐसी हरकतें करता है कि हुज़ूर में बादशाह के क्या-क्या अर्ज़ करें! जो कुछ बरहमनों की माता ने कहला भेजा है दुरुस्त है, इस वास्ते कि हुक्म बड़े बुत का है। यह दरुग़ क्योंकर होगा? पादशाह ने जब सब की जबानी एक ही बात सुनी, अपने कहने से बहुत खजिल और नादिम हुआ। जल्द एक खिलअत-ए-पाकीज़ा मुझे दी और हुक्मनामा अपने हाथ से लिख, उस पर दस्ती मुहर कर-कर मेरे हवाले किया। और एक रुक्का मादर-ए-बरहमनान को लिखा और जवाहिर-अशरफियों के ख्वान लड़कों के रूबरू पेशकश रखकर रुखसत किया। मैं खुशी-बखुशी बुतखाने में आया और उस बुढ़िया के पास गया।

बादशाह का खत जो आया था उसका ये मज़मून था: अलकाब के बाद, बन्दगी अजज़ और नयाज़ लिखकर, लिखा था कि मुआफिक़ हुक्म-ए-हुज़ूर के इस मर्द-ए-मुसलमान को खिदमत शाह-ए-बन्दर की मुक़र्रर हुई और खिलअत दी गयी। अब यह उसके क़त्ल करने का मुख्तार है और सारा माल-ओ-अमवाल उसका इस तुर्क का हुआ। जो चाहे सो करे। उम्मीद वार हूँ कि मेरी तक़सीर मुआफ़ हो। बरहमनों की माँ ने खुश हो कर फरमाया कि नौबतखाने में बुतखाने की नौबत बजे। और पाँव सौ सिपाही बरक़न्दाज़ जो बाल बान्धी कोड़ी मारें, मुसल्लह मेरे हमराह कर दिये। और हुक्म किया कि बन्दर में जाकर शाह-ए-बन्दर को दस्तगीर करके इस मुसलमान के हवाले करें। जिस तरह के अज़ाबसे उसका जी चाहे उसे

मारे। और खबरदार, सिवाय इस अज़ीज के कोई महलसरा में दाखिल न होवे। और उसके माल ओ-खज़ाने को अमानत इसके सुपुर्द करें। जब यह बखुशी रुखसत करे, रसीद और साफ़ीनामा इससे लेकर फिर आवें। और एक सिरे पाव बुत-ए-बुज़ुर्ग की सरकार से मेरे तईं देकर, सवार करवाकर विदा किया।

जब मैं बन्दर में पहुँचा, एक आदमी ने बढ़कर शाह-ए-बन्दर को खबर दी। वह हैरान-सा बैठा था कि मैं जा पहुँचा। गुस्सा तो दिल में भर ही रहा था। देखते ही शाह-ए-बन्दर को तलवार खींचकर ऐसी गरदन में लगाई कि उसका सिर अलग भुट्टासा उड़ गया। और वहाँ के गुमाश्ते, खजाँची, मुशर्रफ दारोग़ों को पकड़वाकर सब दफ्तर जब्त किये। और मैं महल में दाखिल हुआ। मलिका से मुलाक़ात की। आपस में गले लग कर रोए और शुक्र खुदा का किया। मैंने उसके, उसने मेरे आँसू पूँछे। फिर बाहर मसनद पर बैठकर, अहलकारों को खिलअतें दीं और अपनी-अपनी खिदमतों पर सब को बहाल किया। नौकर और ग़ुलामों को सरफराज़ी दी। वो लोग जो मण्डप से मेरे साथ मुतैयन हुए थे, हर एक को इनजाम और बखशिश देकर और उनके जमादार रिसालेदार को जोड़े पहना कर रुखसत किया। और जवाहिर बेशकीमत और थान नूर बाकी और शाल बाफी और ज़रदोज़ी और जिन्स-ओ-तोहफे हर एक मुल्क के और नक्द बहुत-सा पादशाह की नज़र की खातिर और मुआफिक़ हर एक उमराव के दरजा-ब-दरजा और पंडयायन के लिए और सब पंडों के तक़सीम करने की खातिर, अपने साथ लेकर, बाद एक हफ्ते के मैं बुतकदे में आया और उस माता के आगे बतरीक़ भेंट के रक्खा।

उसने एक और खिलअत सरफराज़ी की मुझे बख्शी और खिताब दिया। फिर पादशाह के दरबार में पेशकश गुज़रानी। और जो-जो जुल्म ओ-फसाद शाह-बन्दरने ईजाद किया था, उसके मौक़ूफ करने की खातिर अर्ज़ की। इस सबब से बादशाह और अमीर-सौदागर सब मुझसे राज़ी हुए। बहुत नवाज़िश मुझ पर फरमायी, और खिलअत और घोड़ा देकर मनसब जागीर इनायत की और आबरू हुरमत बख्शी। जब पादशाह के हुजूर से बाहर आया, शागिर्दपेशों को और अहलकारों को इतना कुछ देकर राज़ी किया कि सब मेरा कलमा पढ़ने लगे। ग़रज़ मैं बहुत मुरफ्फा-उल-हाल और निहायत चैन-ओ-आराम से उस मुल्क में मलिका से अक्द बान्धकर रहने लगा और खुदा की बन्दगी करने लगा। मेरे इनसाफ के बाइस रइयत प्रजा सब खुश थे। महीने में एक बार बुतखाने में और पादशाह के हुज़ूर आता-जाता। पादशाह रोज़-बरोज़ सरफराज़ी फरमाता।

आखिर मुसाहिबत में मुझे दाखिल किया। मेरी बे-सलाह कोई काम नहीं करता। निहायत बेफिकरी से जिन्दगी गुज़रने लगी। मगर खुदा ही जानता है, अक्सर

अंदेशा इन दोनों भाइयों का दिल में आता कि वे कहाँ होंगे और किस तरह होंगे। बादमुद्दत दो बरस के एक क़ाफिला सौदागरों का मुल्क ज़ेरबाद से उस बन्दर में आया। वे सब क़सद अजम का रखते थे। उन्होंने यह चाहा कि दर्या की राह अपने मुल्क को जावें। वहाँ का यह क़ाइदा था कि जो कारवाँ आता उसका सरदार सौगात-ओ-तोहफा हर एक मुल्क का मेरे पास लाता और नज़र गुज़रानता। दूसरे रोज़ मैं उसके मकान पर जाता। दह-यक्की बतरीक़-ए-महसूल के उसके माल से लेता और परवानगी कूच की देता। इस तरह वे सौदागर ज़ेरबाद के भी मेरी मुलाक़ात को आये और बेबहा पेशकश लाये। दूसरे दिन मैं उनके खेमे में गया। देखा तो दो आदमी फटे-पुराने कपड़े पहने गठड़ी-बुकचे सर पर उठा कर मेरे रूबरू लाते हैं। बाद मुलाहिज़ा करने के फिर उठा ले जाते हैं और बड़ी मेहनत और खिदमत कर रहे हैं। मैंने खूब रिझाकर जो देखा तो यही मेरे दोनों भाई हैं। उस वक्त गैरत और हुम्मीयतने न चाहा कि उनको इस तरह खिदमतगारी में देखूँ। जब अपने घर को चला, आदमियों को कहा कि उन दोनों शख्सों को ले आओ। जब उनको लाए फिर लिबास ओ पोशाक बनवादी और अपने पास रक्खा। उन बदज़ातोंने फिर मेरे मारने का मनसूबा करकर एक रोज़ आधी रात को सब को ग़ाफ़िल पाकर चोट्टों की तरह मेरे सिरहाने आ पहुँचे। मैंने अपनी जान के डर से चौकीदारों को दरवाज़े पर रक्खा था और यह कुत्ता वफ़ादार मेरी चारपाई की पट्टी तले सोता था। जों उन्होंने तलवारें मियान से खींची, पहले कुत्ते ने भूंक कर उन पर हमला किया। उसकी आवाज़ से सब जाग पड़े। मैं भी हिलबिला कर चौंका। आदमियों ने उनको पकड़ा। मालूम हुआ कि आप ही हैं। सब लानतियाँ देने लगे कि बावजूद इस खातिरदारी के यह क्या हरकत उनसे ज़हूर में आई?

बादशाह सलामत! तब तो मैं भी डरा। मिस्ल मशहूर है एक खता, दो खता, तीसरी खता मादर ब-खता! दिल में यही सलाह ठहरी कि अब उनको मुक़ैयद करूँ। लेकिन अगर बन्दीखाने में रक्खूँ तो उनका कौन खबरगीराँ रहेगा? भूक-प्यास से मर जाएँगे या कोई और स्वांग़ लाएंगे। इस वास्ते क़फ्स में रक्खा है कि हमेशा मेरी नज़रों के तले रहें तो मेरी खातिर जमा रहे। मबादा आँखों से ओझल होकर कुछ और मक्र करें और कुत्ते की इज्जत और हुरमत, उसकी नमकहलाली और वफादारी के सबब हैं। सुबहानल्ला! आदमी बेवफा बदतर हैवान-बावफ़ा से है। मेरी यह सरगुज़श्त थी जो हुजूर में अर्ज़ की। अब ख्वाह क़त्ल फरमाइए या जानबख्शी कीजिए। हुक्म बादशाह का है।

मैंने सुनकर उस जवान बाईमान पर आफरीन की और कहा कि "तेरी मुरव्वत में कुछ खलल नहीं और उनकी बेहयाई और हरमज़दगी में हरग़िज क़ुसूर नहीं।

सच है, कुत्ते की दुम को बारह बरस गाड़ो तो टेढ़ी की टेढ़ी ही रहे।" उसके बाद मैंने हक़ीक़त उन बारहों लाल की, कि उस कुत्ते के पट्टे में थे, पूछी, ख्वाजा बोला कि पादशाह की सद-ओ-बीस्त साल उम्र हो। उसी बन्दर में जहाँ मैं हाकिम था, बाद में चार साल के, एक रोज़ बालाखाने पर महल के कि बुलन्द था, वास्ते सैर और तमाशे दर्या-ओ-सहरा के मैं बैठा था और हर तरफ देखता था। नागाह एक तरफ जँगल में कि वहाँ शाहराह न थी, दो आदमी की तसवीर-सी नज़र आयी कि चले जाते हैं। दूरबीन लेकर देखा तो अजब हैईयत के इनसान दिखाई दिये। चोबदारों को उनके बुलाने के वास्ते दौड़ाया।

जब वे आये, मालूम हुआ कि एक औरत और एक मर्द है। रंडी को महलसरा में मलिका के पास भेज दिया और मर्द को रूबरू बुलाया। देखा तो एक जवान बरस बीस-बाईस का और दाढ़ी-मूँछ आग़ाज़ है। लेकिन धूप की गर्मी से उसके चेहरे का रंग काले तवे का-सा हो रहा है। और सिर के बाल और हाथों के नाखून बढ़ कर बनमानस की सूरत बन रहा है। और एक लड़का बरस तीन-चार एक का कान्धे पर और दो आसतीनें कुरते की भरी हुईं, हैकल की तरह गले में डाले, अजब सूरत और अजब वज़्ा उसकी देखी। मैंने निहायत हैरान होकर पूछा, "ऐ अज़ीज़! तू कौन है? और किस मुल्क का बाशिन्दा है? और यह क्या तेरी हालत है?" वह जवान बेइख्तियार रोने लगा। और वह हमियानी खोलकर मेरे आगे ज़मीन पर रक्खी और बोला, "अलजू अलजू! वास्ते खुदा के कुछ खाने को दो। मुद्दत से घास और बनासपत्तियाँ खाता चला जाता हूँ। एक ज़रा कुव्वत मुझ में बाक़ी नहीं रही।" वोंही नान-ओ-कबाब और शराब मैंने मँगवा दी। वह खाने लगा।

इतने में ख्वाजा सरा महल से कई थैलियाँ और उसके क़बीले के पास से ले आया। मैंने उन सब को खुलवाया। हर एक क़िस्म के जवाहिर देखे कि एक-एक दाना उनका खराज सलतनत को कहा चाहिए। एक से एक अनमोल-डौल में और तौल में और आबदारी में। उनकी जोत पड़ने से सारा मकान बूकलमूं हो गया। जब उसने टुकड़ा खाया और एक जाम दारू का पिया और दम लिया, हवास बजा हुए तब मैंने पूछा, "ये पत्थर तुझे कहाँ हाथ लगे?" जवाब दिया कि मेरा वतन विलायत आज़रबायजान है। लड़कपन में घरबार, माँबाप से जुदा होकर बहुत सख्तियाँ खींची। और एक मुद्दत तलक मैं ज़िन्दा-दरगोर था। और कई बार मलिक-उल-मौत के पंजे से बचा हूँ। मैंने कहा, "ऐ मर्द आदमी! मुफस्सल कह तो मालूम हो।" तब वह अपना अहवाल बयान करने लगा कि मेरा बाप सौदागरपेशा था। हमेशा सफर-ए-हिन्दुस्तान-ओ-रूम-ओ-चीन-ओ-खता-ओ-फरंग का करता है। जब मैं दस बरस का हुआ, बाप हिन्दुस्तान को चला। मुझे अपने साथ ले जाने

को हुआ। हरचन्द वालिदाने, और खाला, मुमानी, फूफी ने कहा कि अभी यह लड़का है, लायक़ सफ़र के नहीं हुआ। वालिद ने न माना और कहा कि मैं बूढ़ा हुआ, अगर यह मेरे रूबरू तरबियत न होगा तो यह हसरत गोर में ले जाऊँगा। मर्द बच्चा है। अब न सीखेगा तो कब सीखेगा?

यह कहकर मुझे ख्वाह-मख्वाह साथ लिया और रवाना हुआ। खैर-ओ-आफ़ियत से राह कटी। जब हिन्दुस्तान में पहुँचे, कुछ जिन्स वहाँ बेची और वहाँ की सौग़ात लेकर ज़ेरबाद के मुल्क को गये। यह भी सफ़र बखूबी हुआ। वहाँ से भी खरीद-ओ-फरोख्त करके, जहाज़ पर सवार हुए एक जल्दी वतन में पहुँचें। बाद एक महीने के एक रोज़ आँधी और तूफान आया और मेंह मूसलाधार बरसने लगा। सारा ज़मीन-ओ-आसमान धुआँधार हो गया। और पतवार जहाज़ की टूट गयी। मुअल्लम नाखुदा सिर पीटने लगे। दस दिन तलक हवा और मोज जीधर चाहती थी ले जाती थी। ग्यारहवें रोज़ एक पहाड़ से टक्कर खा के जहाज़ पुरज़े-पुरज़े हो गया। न मालूम हुआ कि बाप और नौकर-चाकर और असबाब कहाँ गया!

मैंने अपने तईं एक तख्ते पर देखा। सह-शबाना-रोज वह बेड़ा बेइख्तियार चला गया। चौथे दिन किनारे पर जा लगा। मुझमें फ़क्त जान बाक़ी थी। उस पर से उतर कर, घुटनियों चलकर बारे कसू-न-कसू तरह ज़मीन पर पहुँचा। दूर से खेत नजर आये और बहुत-से आदमी वहाँ जमा थे। लेकिन सब सियाह-फ़ाम और नंगे मादरज़ाद! मुझसे कुछ बोले लेकिन मैंने उनकी जुबान मुतलक न समझी। वह खेत चनों का था। वो आदमी आग का अलाव जलाकर बूटों के होले करते थे और खाते थे और कई एक घर भी वहाँ नज़र आये। शायद उनकी खूराक यही थी और वहीं बसते थे। मुझे भी इशारत करने लगे कि तू भी खा। मैंने भी एक मुट्ठी उखाड़ कर भूने और फाँकने लगा। थोड़ा-सा पानी पीकर गोशे में सो रहा।

बाद देर के जब जागा, उनमें से एक शख्स मेरे नज़दीक आया और राह दिखाने लगा। मैंने थोड़ेसे चने उखेड़ लिए और उस राह पर चला। एक कफे-ए-दस्त मैदान था गोया सहराए-क़यामत का नमूना कहा चाहिए। यही बूट खाता हुआ चला जाता था। बाद चार दिन के एक किला नज़र आया। जब पास गया तो एक कोट देखा, बहुत बुलन्द, तमाम पत्थर का। और हर एक अलंग उसकी दो-दो कोस की। और दरवाजा एक संग का तराशा हुआ। एक कुफ्ल बड़ा-सा जड़ा था। लेकिन वहाँ इनसान का निशान नज़र न पड़ा। वहाँ से आगे चला। एक टीला देखा कि उसकी खाक़ सुरमे के रंग सियाह थी। जब उस तल के पार हुआ तो एक शहर नज़र पड़ा, बहुत बड़ा। गिर्द-ए-शहरपनाह और जा-बजा बुर्ज। एक

तरफ शहर के दर्या था, बड़े पाट का। जाते-जाते दरवाज़े पर गया और बिसमिल्ला कह कर क़दम अन्दर रक्खा। एक शख़्स को देखा तो पोशाक अहल-ए-फरंग की पहने हुए कुर्सी पर बैठा है। जो उनने मुझे अजनबी मुसाफिर देखा और मेरे मुँह से बिसमिल्ला सुनी, पुकारा कि आगे आओ। मैंने जाकर सलाम किया। निहायत मेहरबानी से सलाम का जवाब दिया। तुरत मेज़ पर पाव रोटी और मस्का और मुर्ग़ का कबाब और शराब रखकर कहा, "पेट भरकर खाओ"। मैंने थोड़ा-सा खाया और पिया और बेखबर होकर सोया। जब रात हो गई तब आँखें खुलीं। हाथ-मुँह धोया। फिर मुझे खाना खिलाया और कहा, "ऐ बेटा! अपना अहवाल कह।" जो कुछ मुझ पर गुज़रा था सब कह सुनाया। तब बोला, "तू यहाँ क्यों आया?" मैंने दिक़ होकर कहा, "शायद तू दीवाना है। मैंने बाद मुद्दत की मेहनत के अब बस्ती की सूरत देखी है। खुदा ने यहाँ तलक पहुँचाया और तू कहता है, क्यों आया?" कहने लगा, अब तू आराम कर। कल जो कहना होगा कहूँगा।

जब सुबह हुई, बोला, "कोठरी में फावड़ा और छलनी और तोबड़ा है बाहर ले आ। मैंने दिल में कहा कि खुदा जाने रोटी खिलाकर क्या मेहनत मुझ से कराएगा। लाचार वह सब निकाल कर उसके रूबरू लाया। तब उसने फरमाया कि उस टीले पर जा और एक गज़ के मुआफिक़ गढ़ा खोद। वहाँ से जो कुछ निकले, इस छलनी में छान। जो न छन सके, इस तोबड़े में भर कर मेरे पास ला। मैं वे सब चीजें लेकर वहाँ गया और उतना ही खोद कर, छान-छून कर तोबड़े में डाला। देखा तो सब जवाहिर रंग-ब-रंग के थे। उनकी जोत से आँखें चुँधिया गईं। उसी तरह थैले को मुहाँमुंह भरकर उस अज़ीज़ के पास ले गया। देखकर बोला कि जो इसमें भरा है तू ले और यहाँ से जा कि तेरा रहना इस शहर में खूब नहीं। मैंने जवाब दिया कि साहब ने अपनी जानिब में बड़ी मेहरबानी की कि इतना कुछ कंकर-पत्थर दिया लेकिन मेरे किस काम का? जब भूखा हूँगा तो न इनको चबा सकूँगा न पेट भरेगा। पस अगर और भी दो तो मेरे किस काम आएँगे। वह मर्द हँसा और कहने लगा कि मुझको तुझ पर अफसोस आता है कि तू भी हमारी मानिन्द मुल्क अजम का मुतवत्तन है इसलिए मैं मना करता हूँ। नहीं तो जान, अगर ख्वाह-मख्वाह तेरा यही क़सद है कि शहर में जाऊँ तो मेरी अंगूठी लेता जा। जब बाजार के चौक में जावे तो एक शख़्स सफेद रेश वहाँ बैठा होगा और उसकी सूरत-शकल मुझसे बहुत मुशाबा है, मेरा बड़ा भाई है। उसको यह छाप दीजो तो वह तेरी खबरगीरी करेगा। और जो कुछ वह कहे उसी मुआफिक़ काम कीजो। नहीं तो मुफ्त मारा जाएगा। और मेरा हुक्म यहीं तलक है। शहर में मेरा दखल नहीं। मैंने वह खातम उससे ली और सलाम कर-कर रुखसत हुआ। शहर

में गया। बहुत खासा शहर देखा। कूचा-व-बाजार साफ और ज़न-ओ-मर्द बेहिजाब आपस में खरीद और फरोख्त करते सब खुशलिबास। मैं सैर करता और तमाशा देखता जब चौक के चौराहे में पहुँचा, ऐसा इज़दिहाम था कि थाली फेंकिए तो आदमियों के सर पर चली जाए। खलक़त का यह ठठ बन्ध रहा था कि आदमी को राह चलना मुश्किल था। जब कुछ भीड़ छटी मैं भी धक्कम-धक्का करता हुआ आगे गया। बारे, उस अज़ीज़ को देखा कि एक चौकी पर बैठा है और एक जड़ाव चुमाक़ रूबरू धरा है। मैंने जाकर सलाम किया और वह मोहर दी। नज़र-ए-ग़ज़ब से मेरी तरफ देखा और बोला, "क्यों तू यहाँ आया ? और अपने तईं बला में डाला? मगर मेरे बेवक़ूफ भाईने तुझे मना न किया था?"

मैंने कहा, उन्होंने तो कहा लेकिन मैंने न माना। और तमाम कैफियत अपनी इबतिदासे इन्तिहा तक कह सुनाई। वह शख्स उठा और मुझे साथ लेकर अपने घर की तरफ चला। उसका मकान पादशाहों का-सा देखने में आया और बहुत-से नौकर-चाकर उसके थे। जब खिलवत में जाकर बैठा, बमुलायमत बोला कि ऐ फ़रज़न्द! यह क्या तूने हिमाक़त की कि अपने पाँव से गोर में आया? कोई भी इस कमबख्त तिलिस्माती शहर में आता है? मैंने कहा, मैं अपना अहवाल पेशतर कह चुका हूँ। अब तो क़िसमत ले आई। लेकिन शफक़त फरमाकर यहाँ की राह-ओ-रस्म से मुतिल्ला कीजिए तो मालूम करूँ कि किस वास्ते तुमने और तुम्हारे भाईने मुझे मना किया। तब वह जवां मर्द बोला कि पादशाह और तमाम रईस इस शहर के रान्दे हुए हैं। अजब तरह का उनका रवैय्या और मज़हब है। यहाँ बुतखाने में एक बुत है कि शैतान उसके पेट में से नाम और ज़ात और दीन हरकसू का बयान करता है। पस जो कोई ग़रीब मुसाफिर आता है, पादशाह को खबर होती है, उसे मँडप में ले जाता है और बुत को सजदा करवाता है। अगर दंडवत की तो बेहतर, नहीं तो बेचारे को दर्या में डुबवा देता है। अगर वह चाहे कि दर्या से निकल कर भागे तो आलत और खुसिए उसके लंबे हो जाते हैं ऐसे कि ज़मीन में घिसटते हैं। ऐसा कुछ तिलिस्म इस शहर में बनाया है। मुझको तेरी जवानी पर रहम आता है। मगर तेरी खातिर एक तदबीर करता हूँ कि भला कोई दिन तो तू जीता रहे और इस अज़ाब से बचे।

मैंने पूछा, वह क्या सूरत तजवीज़ की है? इरशाद हो! कहने लगा, तुझे कतखुदा करूँ और वज़ीर की लड़की तेरी खातिर ब्याह लाऊँ। मैंने जवाब दिया कि वज़ीर अपनी बेटी मुझसे मुफलिस को कब देगा? मगर जब उनका दीन कबूल करूँ? सो यह मुझसे न हो सकेगा। कहने लगा, कि इस शहर की यह रस्म है कि जो कोई उस बुत को सजदा करे। अगर फक़ीर हो और पादशाह की बेटी

को माँगे तो उसकी खुशी की खातिर हवाले करें और उसे रंजीदा न करें। और मेरा भी पादशाह के नज़दीक ऐतिबार है और अज़ीज़ रखता है। इसलिए सब अरकान और अकाबिर यहाँ के मेरी क़द्र करते हैं और दरमियान एक हफ्ते के दो दिन बुतकदे में ज़ियारत को जाते हैं और इबादत बजा लाते हैं। चुनाँचे कल सब जमा होवेंगे, मैं तुझे ले जाऊँगा।

यह कहकर खिला-पिलाकर सुला रक्खा। जब सुबह हुई, मुझे साथ लेकर बुतखाने की तरफ चला। वहाँ जाकर जो देखा तो आदमी आते-जाते हैं और परस्तिश करते हैं। पादशाह और अमीर बुत के साम्हने पंडों के पास सिर नंगे किये अदब से दो-ज़ानू बैठे थे। और नाकतखुदा लड़कियाँ और लड़के खूबसूरत जैसे हूर-ओ-गिलमान, चारों तरफ सफ बाँधे खड़े थे। तब वह अज़ीज़ मुझसे मुखातिब हुआ कि अब मैं जो कहूँ सो कर। मैंने क़बूल किया कि जो फरमाओ सो बजालाऊँ। बोला कि पहले बादशाह के हाथ-पाँव को बोसा दे। बाद इसके वज़ीर का दामन पकड़। मैंने वैसा ही किया। पादशाह ने पूछा कि यह कौन है? और क्या कहता है? उस मर्द ने कहा, "यह जवान मेरे रिश्ते में है। पादशाह की क़दमबोसी की आरज़ू में बहुत दूर से आया है इस तवक्को पर कि वज़ीर इसको अपनी ग़ुलामी में सरबलन्द करे। अगर हुक्म बुत-ए-कलाँ का और मर्ज़ी हुज़ूरकी होवे।" बादशाह ने पूछा कि हमारा मज़हब और दीन-ओ-आईन क़ुबूल करेगा तो मुबारक है। वों ही बुतखाने का नक्कारखाना बजने लगा और भारी खिलअत मुझे पहनाई। और एक रस्सी सियाह मेरे गले में डालकर, खींचे हुए, बुत के सिंघासन के आगे ले जाकर सजदा करवाकर खड़ा किया।

बुत से आवाज़ निकली कि ऐ ख्वाजाज़ादे खूब हुआ कि तू हमारी बन्दगी में आया। अब हमारी रहमत और इनायत का उम्मीदवार रह। यह सुनकर सब खलक़तने सजदा किया और ज़मीन में लोटने लगे और पुकारे, "धन है! क्यों न हो! तुम ऐसे ही ठाकुर हो।" जब शाम हुई, पादशाह और वज़ीर सवार होकर, वज़ीर के महल में दाखिल हुए। और वज़ीर की बेटी को अपने तौर की रीत-रस्म करके मेरे हवाले किया और बहुत-सा दान-दहेज दिया। और बहुत मिन्नतवार हुए कि बमूजिब-हुक्म बड़े बुत के इसे तुम्हारी खिदमत में दिया है। एक मकान में हम दोनों को रक्खा। उस नाज़नीन को जो मैंने देखा तो फिल-वाक़िया उसका आलम परी का-सा था। नखसिख से दुरुस्त, जो-जो खूबियाँ पद्मिनी की सुनी जाती हैं सो सब उसमें मौजूद थीं। बफराग़त-ए-तमाम मैंने सोहबत की और हज उठाया। सुबह को गुस्ल करके बादशाह के मुजरे में हाज़िर हुआ। पादशाह ने खिलअत-ए-दामाद की इनायत की और हुक्म फरमाया कि हमेशा दरबार में हाज़िर

रहा करे। आखिर को बाद चन्द रोज़ के बादशाह की मुसाहिबत में दाखिल हुआ।

पादशाह मेरी सोहबत से निहायत महज़ूज होते और अक्सर खिलअत और इनाम इनायत करते। अगरचे दुनिया के माल से मैं ग़नी था, इस वास्ते कि मेरे क़बीले के पास इतना नक्द-ओ-जिन्स और जवाहर था जिसकी हद-ओ-निहायत न थी। दो साल तक बहुत ऐश-ओ-आराम से गुज़री। इत्तिफाक़न् वज़ीरज़ादी को पेट रहा। जब सतवांसा हुआ और अनगिना महीना गुज़रकर पूरे दिन हुए, पीरें लगीं। दाई जनाई आई तो मुआ लड़का पेट में से निकला। उसका बिस जच्चा को चढ़ा। वह भी मर गई। मैं मारे ग़म के दीवाना हो गया कि यह क्या आफत टूटी। उसके सिरहाने बैठा रोता था। एकबारगी रोने की आवाज़ सारे महल में बुलंद हुई और चारों तरफ से औरतें आने लगीं। जो आती थी, एक दोहत्तड़ मेरे सिर पर मारती और अपनी कुस और कूनको नंगा करके मेरे मुँह के मुकाबिल खड़ी रहती और रोना शुरू करती। इतनी रंडियाँ इकट्ठी हुई कि मैं उनके चूतड़ों में छुप गया। नज़दीक था कि जान निकल जावे।

इतने में कसूने पीछे से गिरेबान मेरा खींचकर घसीटा। देखूँ तो वही मर्द अजमी है जिसने मुझे ब्याहा था। कहने लगा कि अहमक़! तू किस लिए रोता है? मैंने कहा, "ऐ ज़ालिम! यह तूने क्या बात कही? मेरी पादशाहत लुट गई। आराम खानादारी का गया-गुज़रा, तू कहता है क्यों ग़म करता है?" वह अज़ीज़ तबस्सुम करके बोला कि "अब अपनी मौत की खातिर रो। मैंने पहले ही तुझे कहा था कि शायद इस शहर में तेरी अजल ले आई है, सो ही हुआ। अब सिवाय मरने के तेरी रिहाई नहीं।" आखिर लोग मुझे पकड़ कर बुतखाने में ले गए। देखा तो पादशाह और उमरा और छत्तीस फिरक़ा रइय्यत-प्रजा वहाँ जमा हैं और वज़ीरज़ादी का माल-अमवाल सब धरा है। जो चीज़ जिसका जी चाहता है, लेता है और उसकी क़ीमत के रुपये धर देता है।

ग़रज़ सब असबाब के नक़द रुपये हुए। उन रूपों का जवाहिर खरीदा गया और एक सन्दूक़चे में बन्द किया। और एक दूसरे संदूक़ में नान, हलुआ और गोश्त के कबाब और मेवा खुश्क-ओ-तर और खाने की चीज़ें लेकर भरीं। और लाश उस बीबी की एक संदूक़ में रखकर सन्दूक़ आज़ूके का एक ऊँट पर लदवा दिया और मुझे सवार किया और संदूकचा जवाहिर का मेरी बग़ल में दिया और सारे बाहमन आगे-आगे भजन करते, संख बजाते चले। और पीछे एक खलक़त मुबारकबादी कहती हुई साथ हो ली। इस तौर से उसी दरवाज़े से कि मैं पहले रोज़ आया था शहर के बाहर निकला। जोंही दारोग़ा की निगाह मुझ पर पड़ी, रोने लगा और बोला कि "ऐ! कमबख्त! अजलगिरफ्ता! मेरी बात न सुनी और

इस शहर में जाकर मुफ्त अपनी जान दी। मेरी तक़सीर नहीं। मैंने मना किया था।'' उनने यह बात कही लेकिन मैं तो हक्का-बक्का हो रहा था। न जुबान यारी देती थी कि जवाब दूँ, न ओसान बजा थे, देखिए कि अंजाम मेरा क्या होता है!

आखिर उसी क़िले के पास, जिसका मैंने पहले रोज़ दरवाज़ा बन्द देखा था, ले गये और बहुत-से आदमियों ने मिलकर क़ुफ्ल को खोला और ताबूत और सन्दूक़ को अन्दर ले चले। एक पंडत मेरे नज़दीक आया और समझाने लगा कि मानुस एक दिन जनम पाता है और एक रोज़ नास होता है। दुनिया का यही आवागवन है। अब यह तेरी स्त्री, और पूत और धन और चालीस दिन का असबाब भोजन का मौजूद है। इसको ले और यहाँ रह जब तलक बड़ा बुत तुझ पर मेहरबान होवे। मैंने गुस्से में चाहा कि उस बुत पर और वहाँ के रहने वालों पर और उस रीतरस्म पर लानत कहूँ और उस बाहमन को धौल-छक्कड़ करूँ! वही मर्द-ए-अजमी अपनी जुबान में मानेअ हुआ कि खबरदार! हरगिज़ दम मत मार। अगर कुछ भी बोला तो इसी वक्त तुझे जला देंगे। खैर जो तेरी क़िसमत में था सो हुआ। अब खुदा के करम से उम्मीदवार रह। शायद अल्लाह तुझे यहां से जीता निकाले!

आखिर सब मुझे तन तनहा छोड़कर उस हिसार से बाहर निकले और दरवाजा फिर मुक़फ़्फ़ल कर दिया। उस वक्त मैं अपनी तनहाई और बेबसी पर बेइख्तियार रोया और उस औरत की लोथ पर लातें मारने लगा कि ऐ मुरदार! अगर तुझे जनते ही मर जाना था, ब्याह काहे को किया था! और पेट से क्यों हुई थी? मार-मूरकर फिर चुपका बैठा। इसमें दिन चढ़ा और धूप गर्म हुई। सिर का भेजा पकने लगा और ताफ्फुन के मारे रूह निकलने लगी। जिधर देखता हूँ, मुर्दों की हड्डियाँ और सन्दूक़ जवाहिर के ढेर लगे हैं। कतई सन्दूक पुराने लेकर नीचे-ऊपर रक्खे कि दिन को धूप से और रात को ओस से बचाव हो। आप पानी की तलाश करने लगा। एक तरफ झरना-सा दीखा कि क़िले की दीवार में पत्थर का तराशा हुआ घड़े के मुँह के मुआफ़िक़ है। बारे, कई दिन उस पानी और खाने से ज़िन्दगी हुई।

आखिर आजुका तमाम हुआ। मैं घबराया और खुदा की जनाब में फरियाद की। वह ऐसा करीम है कि दरवाजा कोट का खुला और एक मुर्दे को लाए। उसके साथ एक पीरमर्द आया! जब उसे भी छोड़कर गये; यह दिल में आया कि उस बूढ़े को मारकर उसके खाने का संदूक सब का सब ले। एक सन्दूक़ का पाया हाथ में लेकर उसके पास गया। वो बेचारा सिर ज़ानू पर धर हैरान बैठा था। मैंने पीछे से आकर उस के सिर में ऐसा मारा कि सिर फूट कर मग़ज़ का गूदा निकल पड़ा और फिलफौर जाँ-ब-हक़ तसलीम हुआ। उसका आज़ूका लेकर मैं खाने

लगा। मुद्दत तलक यही मेरा काम था कि जो ज़िन्दा मुर्दे के साथ आता उसे मैं मार डालता और खाने का असबाब लेकर बफराग़त खाता।

बाद कितनी मुद्दत के एक मर्तबा एक लड़की ताबूत के हमराह आई। निहायत क़बूल-सूरत! मेरे दिल ने न चाहा कि उसे मारूँ। उनने मुझे देखा और मारे डर के बेहोश हो गई। मैं उसका आज़ूक़ा उठाकर अपने पास ले आया। लेकिन अकेला न खाता। जब भूक लगती खाना उसके पास ले जाता और साथ मिलकर खाता। जब उस औरत ने देखा कि मुझे यह शख़्स नहीं सताता दिन-ब-दिन उसकी वहशत कम हुई और राम होती चली। मेरे मकान में आने-जाने लगी। एक रोज़ उसका अहवाल पूछा कि तू कौन है? उसने जवाब दिया कि मैं बादशाह के वकील-ए-मुतलक़ की बेटी हूँ। अपने चचा के बेटे से मनसूब हुई थी। शबे-उरूसी के दिन उसे क़ौलंज हुआ। ऐसा दर्द से तड़पने लगा कि एक आन की आन में मर गया। मुझे उसके ताबूत के साथ लाकर यहाँ छोड़ गये हैं। तब उसने मेरा अहवाल पूछा। मैंने भी तमाम ओ कमाल बयान किया और कहा, "खुदा ने तुझे मेरी खातिर यहाँ भेजा है।" वह मुस्कराकर चुपकी हो रही।

इसी तरह कई दिन में आपस में मुहब्बत ज्यादह हो गई। मैंने उसे अरकान-ए-मुसलमानी सिखाकर कलमा पढ़ाया और मुतआकर कर सोहबत की। वह भी हामिला हुई। एक बेटा पैदा हुआ। करीब तीन बरसके इसी सूरत गुज़री। जब लड़के का दूध बढ़ाया, एक रोज़ बीबी से कहा कि यहाँ कब तलक रहेंगे? और किस तरह यहाँ से निकलेंगे? वह बोली, "खुदा निकाले तो निकलें! नहीं तो एक रोज़ यों ही मर जाएंगे।" मुझे उसके कहने पर और अपने रहने पर कमाल रिक़्क़त आई। रोते-रोते सो गया। एक शख़्स को ख़्वाब में देखा कि कहता है, "परनाले की राह से निकलना है तो निकल। मैं मारे खुशी के चौंक पड़ा और जोरू को कहा कि लोहे की मेखें और सीखें जो पुराने सन्दूकों में हैं जमा करके ले आओ तो उसको कुशादा करूँ। ग़रज़ मैं उस मोरी के मुँह पर मेख रखकर पत्थरों से ऐसा ठोंकता कि थक जाता। एक बरस की मेहनत से वह सुराख इतना बड़ा हुआ कि आदमी निकल सके।

बाद इसके मुर्दों की आसतीनों में अच्छे-अच्छे जवाहिर चुनकर भरे, और साथ लेकर ऐसी राह से हम तीनों बाहर निकले। खुदा का शुक्र किया और बेटे को कांधे पर बिठा लिया। एक महीना हुआ कि सरे राह छोड़कर, मारे डरके जंगल-पहाड़ों की राह से चला आता हूँ। जब गुरसंगी होती है, घासपात खाता हूँ। कुव्वत बात कहने की मुझ में न रही। यह मेरी हक़ीक़त है जो तुमने सुनी। बादशाह सलामत! मैंने उसकी हालत पर तरस खाया और हम्माम करवाकर अच्छा लिबास पहनवाया

और अपना नाइब बनाया। और मेरे घर में मलिका से कई लड़के पैदा हुए लेकिन खुर्दसाली में मरमर गये। एक बेटा पाँच साल का होकर मुआ। उसके ग़म में मलिकाने भी वफ़ात पाई। मुझे कमाल ग़म हुआ और वह मुल्क बग़ैर उसके काटने लगा। दिल उदास हो गया। इरादा अजम का किया। बादशाह से अर्ज़ करकर खिदमत शाह-ए-बन्दर की उस जवान को दिलवादी। उस अर्से में बादशाह भी मर गया। मैं इस वफ़ादार कुत्ते को और सब माल, खजाना, जवाहिर साथ लेकर नीशापुर में आ रहा। इस वास्ते कि मेरे भाइयों के अहवाल से कोई वाक़िफ़ न होवे। मैं ख्वाजा सगपरस्त मशहूर हुआ और इस बदनामी में दुगना महसूल आज तक पादशाह-ए-ईरान की सरकार में भरता हूँ।

इत्तिफाक़न् यह सौदागर बच्चा वहाँ गया। इस के वसीले से जहाँपनाह का कदम बोस किया। मैंने पूछा, क्या यह तुम्हारा फर्ज़न्द नहीं? ख्वाजा ने जवाब दिया, "क़िब्ला-ए-आलम! यह मेरा बेटा नहीं। आप ही की रईयत है। लेकिन अब मेरा मालिक और रईयत जो कुछ कहिए सो यही है।" यह सुनकर सौदागर बच्चे से मैंने पूछा कि तू किस ताजिर का लड़का है और तेरे माँबाप कहाँ रहते हैं? उस लड़के ने ज़मीन चूमी और अमानत माँगी और कहा कि यह लौंडी सरकार के वज़ीर की बेटी है। मेरा बाप हुजूर के इताब में ब-सबब इसी ख्वाजा के लालों के पड़ा और हुक्म यों हुआ कि अगर एक साल तक उसकी बात कुरसीनशीं न होगी, तो जान से मारा जावेगा। मैंने सुनकर यह भेस बनाया और अपने तईं नीशापुर पहुँचाया। खुदा ने ख्वाजा को बमै कुत्ते और लालों के पहुँचा दिया। अपने तमाम अहवाल सुन लिया, उम्मीदवार हूँ कि मेरे बूढ़े बाप की मुखलिसी हो।

यह बयान वज़ीरज़ादी से सुनकर ख्वाजाने एक आह की और बेइख्तियार गिर पड़ा। जब गुलाब उस पर छिड़का गया तब होश में आया और बोला कि हाय कमबख्ती! इतनी दूर से यह रंज-ओ-मेहनत खींचकर मैं इस तवक्को पर आया था कि इस सौदागर बच्चे को मुतबन्ना कर-कर अपना फर्ज़न्द करूँगा और अपने माल-ओ-मता का इसको हिब्बानामा लिख दूँगा तो मेरा नाम रहेगा और सारा आलम उसे ख्वाजाज़ादा कहेगा। सो मेरा खयाल खाम हुआ और बिल-अक्स काम हुआ। इनने औरत होकर मुझ मर्द पीर को खराब किया। मैं रंडी के चरित्र में पड़ा। अब मेरी यह कहावत हुई "घर में रहे न तीरथ गये, मूँड मुँडा फजीहत भये।"

अलक़िस्सा मुझे उसकी बेक़रारी और नाला-ओ-ज़ारी पर रहम आया। ख्वाजा को नज़दीक बुलाया और कान में मुज़्दा उसके वस्लका सुनाया कि ग़मगीन मत हो, उसी से तेरी शादी कर देंगे। खुदा चाहे तो औलाद तेरी होगी और यही तेरी

मालिक होगी। इस खुशखबरी के सुनने से फिलजुमला उसकी तसल्ली हुई। तब मैंने कहा कि वज़ीरज़ादी को महल में ले जाओ और वज़ीर को पंडितखाने से ले आओ और हम्माम में नहलाओ। और खिलअत सरफराज़ी की पहनाओ, और जल्दी मेरे पास लाओ। जिस वक्त वज़ीर आया, लब-ए-फर्श तक उसका इस्तिक़बाल फ़रमाया और अपना बुजुर्ग जानकर गले लगाया। और नये सिर से कलमदान विज़ारत का इनायत फरमाया। और ख्वाजा को भी जागीर और मनसब दिया। और साअत-ए-सईद देखकर, वज़ीरज़ादी से निकाह पढ़वाकर मनसूब किया।

कई साल में दो बेटे और एक बेटी उसके घर में पैदा हुए। चुनांचे बड़ा बेटा मलिकुतुज्जार है और छोटा हमारी सरकार का मुख्तार है। ऐ दरवेशो! मैंने इसलिए यह नक्ल तुम्हारे साम्हने की कि कल की रात दो फक़ीरों की सरगुज़श्त मैंने सुनी थी। अब तुम दोनों भी जो बाक़ी रहे हो, यह समझो कि हम उसी मकान में बैठे हैं और मुझे अपना खादिम और इस घर को अपना तकिया जानो। बे-वसवास अपनी-अपनी सैर का अहवाल कहो और चन्दे मेरे पास रहो। जब फ़क़ीरों ने बादशाह की तरफ से बहुत खातिरदारी देखी, कहने लगे, ''खैर, जब तुमने गदाओं से उलफ़त की तो हम दोनों भी अपना माजरा बयान करते हैं। सुनिए।'' ●●

सैर तीसरे दरवेश की

तीसरा दरवेश कोट बांध बैठा और अपनी सैर का बयान इस तरह से करने लगा—

अहवाल इस फ़क़ीर का ऐ दोस्ताँ सुनो!
याने जो मुझ पे बीती है वह दास्ताँ सुनो!
जो कुछ कि शाहे-इश्क़ ने मुझ से किया सलूक,
तफ़सीलवार करता हूँ उसका बयाँ सुनो!

कि यह कमतरीन पादशाहज़ादा अजम का है। मेरे वली नैमत वहाँ के पादशाह थे। और सिवाय मेरे और फर्ज़न्द नहीं रखते थे। मैं जवानी के आलम में मुसाहिबों के साथ चौपड़, गंजीफा, शतरंज, तख्ता-नर्द खेला करता। या सवार होकर सैर-ओ-शिकार में मशग़ूल रहता। एक दिन का यह माजरा है कि सवारी तैयार करवाकर और सब यार-आशनाओं को लेकर मैदान की तरफ निकला। बाज़, बहरी, जुर्रा, बाशा, सुरखाब और तीतरों पर उड़ाता हुआ दूर निकल गया। अजब तरह का एक क़ित्ता बहार का नज़र आया कि जीधर निगाह जाती थी, कोसों तलक सब्ज और फूलों से लाल ज़मीन नज़र आती थी। यह समा देखकर घोड़ों की बागें डाल दियाँ और क़दम-क़दम सैर करते हुए चले जाते थे। नागाह उस सहरा में देखा कि एक काला हिरन, उस पर ज़रबफ्त की झूल और भँवर कली मुरस्सा थी, और घुंगुरू सोने के ज़रदोज़ी पट्टे में टंके हुए गले में पड़े, खातिर जमा से उस मैदान में कि जहाँ इनसान का दखल नहीं और परिन्दा पर नहीं मारता, चरता फिरता है। हमारे घोड़ों की सुम की आहट पाकर चौकन्ना हुआ और सिर उठाकर देखा और आहिस्ता-आहिस्ता चला।

मुझे उसके देखने से यह शौक़ हुआ कि रफीक़ों से कहा कि तुम यहीं खड़े

रहो, मैं उसे जीता पकडूँगा। खबरदार! तुम क़दम आगे न बढ़ाइयो और मेरे पीछे न आइयो! और घोड़ा मेरी रानों तले ऐसा परिन्द था कि बारहा हिरनों के ऊपर दौड़ाकर, उनकी करछालों को भुलाकर, हाथों से पकड़-पकड़ लिए थे। उसके अक़ब में दौड़ाया। वह देखकर छलाँगें भरने लगा और हवा हुआ। घोड़ा भी बाद से बातें करता था लेकिन उसकी गर्द को नहीं पहुँचा। वह राहवार भी पसीने-पसीने हो गया और मेरी भी जीब मारे प्यास के चटखने लगी। पर कुछ बस न चला। शाम होने लगी और मैं क्या जानूँ कि कहां से कहाँ निकल आया! लाचार होकर उसे भुलावा दिया। और तुक्कश में से तीर निकालकर और कुरबान से कमान सँभालकर, चिल्ले में जोड़कर, कशिश कान तलक लाकर, रान को उसकी ताक, 'अल्लाह अकबर' कहकर मारा। बारे, पहला ही तीर उसके पाँव में तराज़ू हुआ। तब लँगड़ाता हुआ पहाड़ के दामन की समत चला। फक़ीर भी घोड़े पर से उतर पड़ा और पापियादा उसके पीछे चला। उसने कोह का इरादा किया और मैंने भी उसका साथ दिया। कई उतार-चढ़ाव के बाद एक गुम्बद नज़र आया। जब पास पहुँचा तो एक बागीचा और एक चश्मा देखा। वह हिरन तो नज़रों से छलावा हो गया। मैं निहायत थका था, हाथ-पाँव धोने लगा।

एकबारगी आवाज़ रोने की उस बुर्ज के अन्दर से मेरे कान में आई; जैसे कोई कहता है कि ऐ बच्चे! जिसने तुझे तीर मारा, मेरी आह का तीर उसके कलेजे में लगियो, वह अपनी जवानी से फल न पावे और खुदा उसको मेरा-सा दुखिया बनावे। मैं यह सुनकर वहाँ गया। देखा तो एक बुज़ुर्ग रेश सफेद, अच्छी पोशाक पहने एक मसनद पर बैठा है और हिरन आगे लेटा है। उसकी जाँग से तीर खींचता है और बद्दुआ देता है। मैंने सलाम किया और हाथ जोड़कर कहा कि "हज़रत सलामत! यह तक़सीर नादानिस्ता इस ग़ुलाम से हुई; मैं यह न जानता था। खुदा के वास्ते मुआफ़ करो।" बोला कि बेज़ुबान को तूने सताया है। अगर अनजान यह हरकत तुझसे हुई, अल्लाह मुआफ़ करेगा। मैं पास जा बैठा और तीर निकालने में शरीक हुआ। बड़ी दिक्कत से तीर को निकाला और जख्म में मरहम भरकर छोड़ दिया। फिर हाथ धो-धाकर उस पीर मर्द ने कुछ हाज़री, जो उस वक्त मौजूद थी, मुझे खिलाई। मैंने खापीकर एक चारपाई पर लंबी तानी।

मान्दगी के सबब खूब पेट भरकर सोया। उस नींद में आवाज़ नोहा-ओ-ज़ारी की कान में आई। आँखें मलकर देखता हूँ तो उस मकान में न तो वह बूढ़ा है और न कोई और है। अकेला मैं पलंग पर लेटा हूँ। और वह दालान खाली पड़ा है। चारों तरफ भयानक होकर देखने लगा। एक कोने में पर्दा पड़ा नज़र आया। वहाँ जाकर उसे उठाया। देखा तो एक तख्त बिछा है और उस पर एक परीज़ाद

औरत बरस चौदह एक की, महताब की सी सूरत, और जुल्फें दोनों तरफ छूटी हुईं, हँसता चेहरा, फरंगी लिबास पहने हुए अजब अदा से देखती है और बैठी है। और वह बुजुर्ग अपना सिर उसके पाँव पर धरे बेइख्तियार रो रहा है और होश-हवास खो रहा है। मैं उस पीर मर्द का यह अहवाल और उस नाज़नीन का हुस्न-ओ-जमाल देख कर मुर्छा गया और मुर्दे की तरह बेजान होकर गिर पड़ा। वह मर्द-ए-बुज़ुर्ग यह मेरा हाल देखकर शीशा गुलाब का ले आया और मुझ पर छिड़कने लगा। जब मैं जीता उठकर उस माशूक़ के मुक़ाबिल जाकर सलाम किया, उसने हरगिज़ न हाथ उठाया और न होंठ हिलाया। मैंने कहा, "ऐ गुलबदन! इतना ग़ुरूर करना और जवाब सलाम का न देना किस मज़हब में दुरुस्त है?

कम बोलना अदा है हर चंद पर न इतना—
मुँद जाए चश्म-ए-आशिक, तो भी वह मुँह न खोले!

वास्ते उस खुदा के जिसने तुझे बनाया है कुछ तो मुँह से बोल। हम भी इत्तिफाक़न् यहाँ आ निकले हैं। मेहमान की खातिर जरूर है।" मैंने बहुतेरी बातें बनाईं लेकिन कुछ काम न आईं। वह चुपकी बुतकी तरह बैठी सुना की। तब मैंने भी आगे बढ़कर हाथ पाँव पर चलाया। जब पाँव को छेड़ा तब सख्त मालूम हुआ। आखिर यह दरयाफ्त किया कि पत्थर से इस लाल को तराशा है। और आज़र ने उस बुत को बनाया है। तब उस पीर मर्द बुतपरस्त से पूछा कि मैंने तेरे हिरन की टाँग में खपरा मारा, तूने इस इश्क़ के नाविक से मेरा कलेजा छेद कर वार पार किया। तेरी दुआ क़बूल हुई। अब इस की कैफियत मुफस्सल बयान कर कि यह तिलिस्म क्यों बनाया है। और तू ने बस्ती को छोड़कर जंगल पहाड़ क्यों बसाया है? तुझ पर जो कुछ बीता है मुझसे कह।"

जब उसका बहुत पीछा लिया तब उसने जवाब दिया कि इस बात ने मुझे तो खराब किया, क्या तू भी सुनकर हलाक हुआ चाहता है? मैंने कहा, "लो अब बहुत मकरचकर किया। मतलब की बात कहो, नहीं तो मार डालूँगा।" मुझे निहायत दरपै देखकर बोला, "ऐ जवान! हक़-ताला हर एक इनसान को इश्क़ की आँच से महफूज़ रक्खे। देख तो, इस इश्क़ ने क्या-क्या आफतें बरपा की हैं। इश्क़ ही के मारे औरत खाविन्द के साथ सती होती है और अपनी जान खोती है। और फरहाद-ओ-मजनूँ का क़िस्सा सब को मालूम है। तू उसके सुनने से क्या फल पावेगा? नाहक़ घरबार, दौलत-दुनिया छोड़-छाड़ कर निकल जावेगा।" मैंने जवाब दिया, "बस अपनी दोस्ती तहकर रक्खो। इस वक्त मुझे अपना दुश्मन समझो। अगर जान अज़ीज़ है तो साफ कहो।" लाचार होकर आँसू भर लाया और कहने लगा, "मुझ खानाख़राब की यह हक़ीक़त है कि बन्दे का नाम नौमान सय्याह है।

मैं बड़ा सौदागर था। इस सिन में तिजारत के सबब हफ्त इक़लीम की सैर की और सब पादशाहों की खिदमत में रसाई हुई।

"एक बार यह खयाल जी में आया कि चारों दांग मुल्क तो फिरा लेकिन जज़ीरए-फरंग की तरफ न गया और वहाँ के पादशाह को, रइयत व सिपाह को न देखा और रस्म-ओ-राह वहाँ की कुछ दर्याफत न हुई। एक दफ़ा वहाँ भी चला चाहिए। रफीक़ों और शफ़ीकों से सलाह लेकर इरादा मुसम्मम किया। और तोहफा-हदाया जहाँ-तहाँ का, जो वहाँ के लायक़ था लिया। और एक क़ाफिला सौदागरों का इकट्ठा करकर, जहाज़ पर सवार होकर रवाना हुआ। हवा जो मुआफिक़ पाई, कई महीनों में उस मुल्क में जा दाखिल हुआ। शहर में डेरा किया। अजब शहर देखा कि कोई शहर उस शहर की खूबी को नहीं पहुँचता। हर एक बाज़ार व कूचे में पक्ता सड़कें बनी हुई और छिड़काव किया हुआ। सफाई ऐसी कि एक तिनका कहीं पड़ा नज़र न आया। कूड़े का तो क्या ज़िक्र है। और इमारतें रंग-बिरंग की। और रात को रस्तों में दो-रस्ता कदम-ब-कदम रौशनी। और शहर के बाहर बाग़ात कि जिन में अजायब गुलबूंटे और मेवे नज़र आए कि शायद सिवाय बहिश्त के कहीं और न होंगे। जो वहाँ की तारीफ करूँ सो बजा है।

"ग़रज़ सौदागरों के आने का चर्चा हुआ। एक ख्वाजासरा मोतबर सवार होकर और कई खिदमतगार साथ लेकर क़ाफ़िले में आया और ब्योपारियों से पूछा कि तुम्हारा सरदार कौनसा है? सभों ने मेरी तरफ इशारत की। वह मुहल्ली मेरे मकान में आया। मैं ताज़ीम बजा लाया। बाहम सलामअलैक हुई। उसको सोजुनी पर बिठाया। तकिए की तवाजुअ की! बाद इसके मैंने पूछा कि साहब के तशरीफ लाने का क्या बाइस है? फरमाइए। जवाब दिया कि शहज़ादी ने सुना है कि सौदागर आए हैं और बहुत जिन्स लाए हैं। लेहाज़ा मुझे हुक्म किया कि जाकर उनको हुज़ूर में ले आओ। पस तुम जो कुछ असबाब लायक़ पादशाह की सरकार के हों, साथ लेकर चलो। और सआदत आसताना-बोसी की हासिल करो।

"मैंने जवाब दिया कि आज तो माँदगी के बाइस क़ासिर हूँ, कल ज़ान-ओ-माल से हाज़िर हूँ। जो कुछ इस आजिज़ के पास मौजूद है, नज़र गुज़रानूँगा। जो पसन्द आवे, माल सरकार का है। यह वादा कर-कर और इत्र-पान देकर, ख्वाजा को रुखसत किया। और सब सौदागरों को अपने पास बुलाकर, जो-जो तोहफा जिस के पास था, ले-लेकर जमा किया। और जो मेरे घर में था वह भी लिया। और सुबह के वक्त दरवाज़े पर पादशाही महल के हाज़िर हुआ। बारोदारों ने मेरी खबर अर्ज़ की। हुक्म हुआ कि हुज़ूर में लाओ। वही ख्वाजासरा निकला और मेरा हाथ हाथ में लेकर दोस्ती की राह से बातें करता हुआ ले चला। पहले ख्वासपुरे

से होकर, एक मकान आलीशान में ले गया। ऐ अज़ीज़! तू बावर न करेगा, यह आलम नज़र आया, गोया पर काट कर परियों को छोड़ दिया है। जिस तरफ़ देखता था निगाह गड़ जाती थी। पाँव ज़मीन से उखड़े जाते थे। ब-ज़ोर अपने तईं सम्भालता हुआ रूबरू पहुँचा। जोंही पादशाहज़ादी पर नज़र पड़ी, ग़श की नौबत हुई और हाथ-पाँव में राअशा हो गया।

"बहर-सूरत सलाम किया। दोनों तरफ दस्त-ए-रास्त और दस्त-ए-चप सफ़-ब-सफ़, नाज़नीनान-ए-परी चेहरा दस्त-बस्ता खड़ी थीं। मैं जो कुछ क़िस्म-ए-जवाहिर, और पारचा-ए-पोशाकी और तोहफा अपने साथ ले गया था, जब कई कश्तियाँ हुज़ूर में चुनी गईं, अज़ बस कि सब जिन्स लायक़ पसन्द के थी, खुश होकर खाँसामाँ के हवाले हुई और फरमाया कि क़ीमत इसकी ब-मोजिब-ए-फर्द के कल दी जाएगी। मैं तसलीमात बजा लाया और दिल में खुश हुआ कि इस बहाने से भला कल भी आना होगा। जब रुखसत होकर बाहर आया तो सौदाई की तरह कहता कुछ था और मुँह से कुछ निकलता था। इसी तरह सरा में आया लेकि हवास बजा न थे। सब आशना-दोस्त पूछने लगे कि तुम्हारी क्या हालत है? मैंने कहा, "इतनी आमद-ओ-रफ्त से गरमी दिमाग़ में चढ़ गई है।"

ग़रज़ वह रात तलफते काटी। फजर को फिर जाकर हाज़िर हुआ। और उसी ख्वाजा के साथ फिर महल में पहुँचा। वही आलम जो कल देख था, देखा। पादशाह-ज़ादी ने मुझे देखा और हर एक को अपने-अपने काम पर रुखसत किया। जब परछा हुआ, खलवत में उठ गई और मुझे तलब किया। जब मैं वहाँ गया बैठने का हुक्म किया। मैं आदाब बजा लाकर बैठा। फरमाया कि यहाँ जो तू आया और ये असबाब लाया, उसमें मुनाफा कितना मँजूर है? मैंने अर्ज़ की कि आप के क़दम देखने की बड़ी ख्वाहिश थी सो खुदा ने मुयस्सर की। अब मैंने सब कुछ भरपाया और दोनों जहाँ की सादत हासिल हुई। और क़ीमत जो कुछ फहरिस्त में है निस्फ की खरीद है और निस्फ नफ़ा है। फरमाया, नहीं जो क़ीमत तूने लिखी है वह इनायत होगी। बल्कि और भी इनाम दिया जाएगा बशरते कि एक काम तुझसे हो सके, तो हुक्म करूँ।

मैंने कहा कि ग़ुलाम का जान-ओ-माल अगर सरकार के काम आवे तो मैं अपने तालिओं की खूबी समझूँ और आँखों से करूँ। यह सुनकर क़लमदान याद फरमाया। एक शुक्का लिक्खा और मोतियों की दुलमियाँ में रखकर, एक रूमाल शबनम का और ऊपर लपेटकर मेरे हवाले किया। और एक अंगूठी निशान के वास्ते उँगली से उतार दी और कहा कि इस तरफ को एक बड़ा बाग़ है। दिलकुशा उसका नाम है। वहाँ तू जाकर एक शख्स कि खुसरो नाम दारोग़ा है, उसके हाथ

में यह अंगुश्तरी दीजो और हमारी तरफ से दुआ कहिओ और इस रुक्के का जवाब माँगिओ। लेकिन जल्द आइओ। अगर खाना वहाँ खाइओ तो पानी यहाँ पीजयो। इस काम का इनाम तुझे ऐसा दूँगी कि तू देखेगा। मैं रुखसत हुआ और पूछता-पूछता चला। करीब दो कोस के जब गया, वह बाग़ नज़र पड़ा। जब पास पहुँचा एक अज़ीज़ मुसल्लेह मुझको पकड़ के दरवाज़े में बाग़ के ले गया। देखूँ तो एक ज़वान शेर की सी सूरत सोने की कुरसी पर जर्र-ए-दाउदी पहने, चार आईना बांधे, फौलादी खोद सर पर धरे निहायत शान-शौकत से बैठा है और पान से जवान तैयार ढाल-तलवार हाथ में लिये, और तरकश कमान बाँधे मुस्तैद परा बाँधे खड़े हैं।

मैंने सलाम किया। मुझे नज़दीक बुलाया। मैंने वह खातम दी और खुशामद की बातें करकर वह रूमाल दिखाया और शुक्के के भी लाने का अहवाल कहा। उसने सुनते ही उँगली दाँतों से काटी और सिर धुनकर बोला कि शायद तेरी अजल तुझ को ले आई है। खैर! बाग़ के अन्दर जा। सरु के दरख्त में एक आहिनी पिंजरा लटकता है। उसमें एक जवान क़ैद है। उसको यह खत देकर, जवाब लेकर जल्दी फिर आ। मैं शिताब बाग़ में घुसा। बाग़ क्या था, गोया जीते-जी बहिश्त में गया। एक-एक चमन रंग-बिरंग का फूल रहा था और फव्वारे छूट रहे थे। जानवर चहचहे मार रहे थे। मैं सीधा चला गया और उस दरख्त में वह कफ़स देखा। उसमें एक जवान हसीन नज़र आया। मैंने अदब से सिर निहोड़ा और सलाम किया और वह खरीता सर-ब-मोहर पिंजरे की तीलियों की राह से दिया। वह अज़ीज़ रुक्का खोल कर पढ़ने लगा और मुझ से मुश्ताक़वार अहवाल मलिका का पूछने लगा।

अभी बातें तमाम न हुई थीं कि एक फौज ज़ँगियों की नमूद हुई और चारों तरफ से मुझ पर आ टूटी और बेतहाशा बर्छी और तलवार मारने लगी। एक आदमी निहत्थे की बिसात क्या? एक दम में चूर जख्मी किया। मुझे कुछ अपनी सुध-बुध न रही। फिर जो होश आया, अपने तईं चारपाई पर पाया कि दो पियादे उठाए लिए जाते हैं और आपस में ब्रतियाते हैं। एक ने कहा, इस मुर्दे की लोथ को मैदान में फेंक दो, कुत्ते-कव्वे खा जाएँगे। दूसरा बोला, अगर पादशाह तहक़ीक़ करे और यह खबर पहुँचे तो जीता गड़वा दे और बालबच्चों को कोल्हू में पिरवा दे। क्या हमें अपनी जान भारी पड़ी है जो ऐसी नामाक़ूल हरकत करें?

मैंने यह गुफ्तगू सुनकर दोनों याजूज माजूज से कहा कि वास्ते खुदा के मुझ पर रहम करो। अभी मुझमें एक रमक़ जान बाक़ी है। जब मर जाऊँगा जो तुम्हारा जी चाहेगा सो कीजो। मुर्दा ब-दस्त-ए-ज़िंदा! लेकिन यह तो कहो, मुझ पर यह क्या हक़ीक़त बीती, मुझे क्यों मारा और तुम कौन हो? भला इतना तो कह सुनाओ।

तब उन्होंने रहम खाकर कहा कि वह जवान जो कफ़स में बन्द है, इस पादशाह का भतीजा है और पहले इस का बाप तख्तनशीन था। रेहलत के वक्त यह वसीयत अपने भाई को की कि अभी मेरा बेटा जो वारिस इस सलतनत का है, लड़का और बेशऊर है। कारबार बादशाहत का खैरख्वाही और होशयारी से तुम किया कीजो। जब यह बालिग़ हो, अपनी बेटी से शादी इसकी कर दीजो और मुख्तार तमाम मुल्क और खज़ाने का कीजो।

यह कहकर उन्होंने वफ़ात पाई और सलतनत की नौबत छोटे भाई पर आई। उसने वसीयत पर अमल न किया बल्कि दीवाना और सौदाई मशहूर करके पिंजरे में डाल दिया। और चौकी गाढ़ी चारों तरफ बाग के रक्खी है कि परिंदा पर नहीं मार सकता। और कई मरतबा ज़हर-हलाहल दिया है। लेकिन ज़िन्दगी ज़बर्दस्त है। असर नहीं किया। और वह शहज़ादी और यह शहज़ादा दोनों आशिक़-माशूक़ बन रहे हैं। वह घर में तलफे है और यह क़फस में तड़फे है। तेरे हाथ शौक़ का नामा उसने भेजा। यह खबर हरकारों ने ब-जिन्स पादशाह को पहुँचाई। हबशियों का दस्ता मुतैय्यन हुआ। तेरा यह अहवाल किया और उस जवान क़ैदी के क़त्ल की वज़ीर से तदबीर पूछी। उस नमकहराम ने मलिका को राज़ी किया है कि उस बेगुनाह को पादशाह के हुज़ूर अपने हाथ से मार डाले।

मैंने कहा, "चलो! मरते-मरते यह भी तमाशा देख लें।" आखिर राज़ी होकर वो दोनों और मैं जख्मी चुपके एक गोशे में जाकर खड़े हुए। देखा तो तख्त पर पादशाह बैठा है और मलिका के हाथ में नंगी तलवार है। और शहज़ादे को पिंजरे से बाहर निकाल कर रूबरू खड़ा किया। मलिका जल्लाद बन कर, शमशीर बरहिना, लिए हुए अपने आशिक़ को क़तल करने को आई। जब नज़दीक पहुँची, तलवार फेंक दी और गले में चिमट गई। तब वह आशिक़ बोला कि ऐसे मरने पर मैं राज़ी हूँ। यहाँ भी तेरी आरज़ू है, वहाँ भी तेरी तमन्ना रहेगी। मलिका बोली कि इस बहाने से मैं तेरे देखने को आई थी। बादशाह यह हरकत देखकर सख्त बरहम हुआ और वज़ीर को डाँटा कि तू यह तमाशा मुझे दिखलाने को लाया था? मुहल्ली मलिका को जुदा करके महल में ले गये और वज़ीर ने खफ़ा होकर तलवार उठाई और पादशाहज़ादे के ऊपर दौड़ा कि एक ही वार में काम उस बिचारे का तमाम करे। जो चाहता है कि तेग़ा चलावे, ग़ैब से एक तीर नागहानी उसकी पेशानी पर बैठा कि दो सार हो गया और वह गिर पड़ा।

पादशाह यह वारदात देखकर महल में घुस गये। जवान को फिर क़फ़स में बन्द करकर बाग़ में ले गए। मैं भी वहाँ से निकला। राह में से एक आदमी मुझे बुलाकर मलिका के हज़ूर में ले गया। मुझे घायल देखकर एक जर्राह को

बुलवाया और निहायत तक़ैय्यद से फरमाया कि इस जवान को जल्द चंगा करके ग़ुसल शिफ़ा का दे। यही तेरा मुजरा है। इसके ऊपर जितनी मेहनत तू करेगा वैसा ही इनाम और सरफ़राज़ी पावेगा। ग़रज़ वह जर्राह बमूजिब इरशाद मलिका के, तग-ओ-दो करके एक चिल्ले में नहला-धुला मुझे हुजूर में ले गया। मलिका ने पूछा कि अब तो कुछ कसर बाक़ी नहीं रही? मैंने कहा कि आपकी तवज्जोह से अब हट्टा-कट्टा हूँ। तब मलिका ने एक खिलअत और बहुत-से रुपये जो फरमाए थे, बल्कि उस से भी दोचन्द अता किए और रुखसत किया।

मैंने वहाँ से सब रफ़ीक़ और नौकर-चाकरों को लेकर कूच किया। जब इस मकान पर पहुँचा, सबको कहा, "तुम अपने वतन को जाओ।" और मैंने इस पहाड़ पर वह मकान और उसकी सूरत बनाकर अपना रहना मुक़र्रर किया और नौकरों और गुलामों को मुआफिक़ हर एक की क़द्र के रुपये देकर आज़ाद किया और यह कह दिया कि जब तलक मैं जीता रहूँ मेरी क़ुवत की खबरगीरी तुम्हें ज़रूर है। आगे मुख्तार हो। अब वोही अपनी नमकहलाली से मेरे खाने की खबर लेते हैं। और मैं बखातिरजमा इस बुत की परस्तिश करता हूँ। जब तलक जीता हूँ, मेरा यही काम है। यह मेरी सरगुज़श्त है जो तूने सुनी। या फक़रा-अल्लाह! मैंने ब-मुजर्रद सुनने इस क़िस्से के कफ़नी गले में डाली और फक़ीरों का लिबास किया और इश्तियाक़ में फरंग के मुल्क के देखने के, रवाना हुआ। कितने एक अर्से जंगल और पहाड़ों की सैर करता हुआ मजनूँ और फरहाद की सूरत बन गया।

आखिर मेरे शौक़ ने उस शहर तलक पहुँचाया। गली-कूचे में बावला सा फिरने लगा। अक्सर मलिका के महल के आस-पास रहा करता लेकिन कोई ढब ऐसा न होता था जो वहाँ तलक रसाई हो। अजब हैरानी थी कि जिस वास्ते यह मेहनतकशी करकर गया, वह मतलब हाथ न आया। एक दिन बाज़ार में खड़ा था कि एकबारगी आदमी भागने लगे और दुकानदार दुकानें बन्द करके चले गए। या वह रौनक़ थी या सुनसान हो गया! एक तरफ से एक जवान रुस्तम का-सा कल्ला-जबड़ा, शेर की मानिंद गूँजता और तलवार दोदस्ती झाड़ता हुआ ज़िरे-बक्तर गले में और टोप झलम का सिर पर, और तमंचे की जोड़ी कमर में, कैफी की तरह बकता-झकता नज़र आया। और उसके पीछे दो ग़ुलाम बनात की पोशाक पहने, एक ताबूत मखमल-ए-काशानी से मढ़ा हुआ सिर पर लिए चले जाते हैं।

मैंने यह तमाशा देखकर साथ चलने का क़सद किया। जो कोई आदमी मेरी नज़र पड़ता, मुझे मना करता। लेकिन मैं कब सुनता हूँ। रफ्ता-रफ्ता वह जवां मर्द एक आलीशान मकान में चला, मैं भी साथ हुआ। उसने फिरते ही चाहा कि एक हाथ मारे और मुझे दो टुकड़े करे। मैंने उसे कसम दी कि मैं भी यही चाहता हूँ।

मैंने अपना खून मुआफ किया। कसू तरह इस ज़िंदगी के अज़ाब से छुड़ा दे कि निहायत तंग आया हूँ। मैं जान-बूझ कर तेरे सामने आया हूँ, देर मत कर। मुझे मरने पर साबितक़दम देखकर खुदा ने उसके दिल में रहम डाला और ग़ुस्सा भी ठंडा हुआ। बहुत तवज्जोह और मेहरबानी से पूछा कि तू कौन है ? और क्यों अपनी ज़िंदगी से बेज़ार हुआ है ?

मैंने कहा, "ज़रा बैठिए तो कहूँ, मेरा क़िस्सा बहुत दूर-दराज़ है और इश्क़ के पंजे में गिरफ्तार हूँ। इस सबब से लाचार हूँ। यह सुनकर उसने अपनी कमर खोली और हाथ-मुँह धोधाकर कुछ नाश्ता किया। मुझे भी बाइस हुआ। जब फराग़त करके बैठा, बोला, "कह, तुझ पर क्या गुज़री है ?" मैंने सब वारदात उस पीर-मर्द की और मलिका की और अपने वहाँ जाने की कह सुनाई। पहले सुनकर रोया और यह कहा कि इस कमबख्त ने किस-किस का घर घाला! लेकिन तेरा इलाज मेरे हाथ में है। अग़लब है, इस आसी के सबब से तू अपनी मुराद को पहुँचे। और तू अँदेशा न कर और खातिर जमा रख। हज्जाम को फरमाया कि इसकी हजामत करके हम्माम करवा दे। एक जोड़ा कपड़ा उसके गुलाम ने लाकर पहनाया। तब मुझसे कहने लगा कि यह ताबूत जो तूने देखा उसी शहज़ादा मरहूम का है जो क़फ़स में मुक़य्यद था। उसको दूसरे वज़ीर ने आखिर मक्र से मारा। उसकी तो नजात हुई कि मज़लूम मारा गया। मैं उसका कूका हूँ। मैंने भी उस वज़ीर को ब-ज़र्बे शमशीर मारा और पादशाह के मारने का इरादा किया। पादशाह गिड़गिड़ाया और सौगंद खाने लगा कि मैं बेगुनाह हूँ। मैंने उसे नामर्द जान कर छोड़ दिया। जबसे मेरा काम यही है कि हर महीने की नौचन्दी जुमेरात को मैं इस ताबूत को इसी तरह शहर में लिए फिरता हूँ और उसका मातम करता हूँ।

उसकी जुबानी यह अहवाल सुनने से मुझे तसल्ली हुई कि अगर यह चाहेगा तो मेरा मक़सद बर आएगा। खुदा ने बड़ा एहसान किया जो ऐसे जुनूनी को मुझपर मेहरबान किया। सच है, खुदा मेहरबान तो कुल मेहरबान! जब शाम हुई और आफ़ताब ग़ुरूब हुआ, उस जवान ने ताबूत को निकाला और एक ग़ुलाम के ऐवज़ वह ताबूत मेरे सिर पर धरा और अपने साथ लेकर चला। फरमाने लगा कि मलिका के नज़दीक जाता हूँ। तेरी सिफारिश ता बमक़दूर करूँगा। तू हरगिज़ दम न मारियो। चुपका बैठा सुना कीजियो। मैंने कहा, जो कुछ साहब फरमाते हैं, सो ही करूँगा, खुदा तुमको सलामत रक्खे जो मेरे अहवाल पर तरस खाते हो। उस जवान ने क़सद पादशाही बाग़ का किया। जब अन्दर दाखिल हुआ, एक चबूतरा संगे-मरमर का हस्त पहलू बाग़ के सेहन में था। और उस पर एक नमगीरा सफेद बादले का, मोतियों की झालर लगी हुई, अलमास के इस्तादों पर खड़ा था। और एक मसनद-

ए-मुग़र्रक बिछी हुई थी। गाव तकिया और बग़ली तकिए ज़रबुफ्त के लगे हुए थे। वह ताबूत वहाँ रखवाया और हम दोनों को फरमाया कि उस दरख्त के पास जाकर बैठो।

बाद एक साअत के मशाल की रौशनी नज़र आई। मलिका आप कई खवासें पस-ओ-पेश अहतिमाम करती हुई तशरीफ लाईं। लेकिन उदासी और खफ़गी चेहरे पर ज़ाहिर थी। आ के मसनद पर बैठी। यह कूका अदबसे दस्त-बस्ता खड़ा रहा। फिर अदबसे दूर फर्श के किनारे मुअद्दब बैठा। फातहा पढ़ी और कुछ बातें करने लगा। मैं कान लगाए सुन रहा था। आखिर उस जवान ने कहा कि मलिका-ए-जहाँ सलामत! मुल्के अजम का शहज़ादा आपकी खूबियाँ और महबूबियाँ ग़ायबाना सुनकर अपनी सलतनत को बरबाद दे, फक़ीर बन, मानिन्द इब्राहीम-अदहम के तबाह हुआ। और बड़ी मेहनत खींचकर यहाँ तलक आ पहुँचा है, 'साईं तेरे कारने छोड़ा शहर बलख'-- और इस शहर में बहुत दिनों से हैरान-परेशान फिरता है। आखिर वह क़सद मरने का करके मेरे साथ लग चला। मैंने तलवार से डराया, उसने गरदन आगे धरी और क़सम दी कि अब मैं यही चाहता हूँ। देर मत कर! ग़रज़ तुम्हारे इश्क़ में साबित है। मैंने खूब आज़माया, सब तरह पूरा पाया। इस सबब से उसका मज़कूर दरमियान में लाया। अगर हुज़ूर से उसके अहवाल पर, मुसाफिर जान कर, तवज्जुह हो तो खुदा-तरसी और हक़शनासी से दूर नहीं।

यह जिक्र मलिका ने सुनकर फरमाया, "कहाँ है? अगर शहज़ादा है तो क्या मुज़ायका। रूबरू आवे।" वह कूका वहाँ से उठकर आया और मुझे साथ लेकर गया। मैं मलिका के देखने से निहायत शाद हुआ लेकिन अक्ल-ओ-होश बरबाद हुए। आलम सकूतका हो गया। यह हवाव न पड़ा कि कुछ कहूँ। एक दम में मलिका सिधारी और कूका अपने मकान को चला। घर आकर बोला कि मैंने तेरी सब हक़ीक़त अव्वल से आखिर तक मलिका को कह सुनाई और सिफारिश भी की। अब तू हमेशा रात को बिला नाग़ा जाया कर और ऐश-खुशी मनाया कर। मैं उसके क़दम पर गिर पड़ा। उसने गले लगा लिया। तमाम दिन घड़ियां गिनता रहा कि कब साँझ हो जो मैं जाऊँ। जब रात हुई, मैं उस जवान से रुखसत होकर चला और पाईं बाग़ में मलिका के चबूतरे पर तकिया लगाकर जा बैठा।

बाद एक घड़ी के मलिका तन-तनहा एक खवास को साथ लेकर आहिस्ता-आहिस्ता आकर मसनद पर बैठीं। खुश-ताले से यह दिन मुयस्सर हुआ। मैंने क़दम बोस किया। उन्होंने सिर मेरा उठा लिया और गले से लगाया और बोली कि इस फुरसत को गनीमत जान और मेरा कहा मान। मुझे यहाँ से ले निकल। कसू और मुल्क को चल। मैंने कहा, "चलिए।" यह कहकर हम दोनों बाग़ के बाहर तो

हुए पर हैरत से और खुशी से हाथ-पाँव फूल गए और राह भूल गये। एक तरफ को चले जाते थे पर कुछ ठिकाना नहीं पाते थे। मलिका बरहम होकर बोली कि अब मैं थक गई। तेरा मकान कहाँ है? जल्द चल कर पहुँच। नहीं तो क्या किया चाहता है? मेरें पाँव में फफोले पड़ गए हैं। रस्ते में कहीं बैठ जाऊँगी।

मैंने कहा कि मेरे ग़ुलाम की हवेली नज़दीक है, अब आ पहुँचे खातिरजमा रक्खो और कदम उठाओ। झूठ तो बोला पर दिल में हैरान था कि कहाँ ले जाऊँ। ऐन राह एक दरवाज़ा मुक़फ़्फ़ल नज़र पड़ा। जल्दी से कुफ्ल को तोड़कर मकान के भीतर गये। अच्छी हवेली, फर्श बिछा हुआ। शराब के शीशे भरे क़रीने से ताक़ में धरे और बावरचीखाने में नान-कबाब तैयार थे। माँदगी कमाल हो रही थी। एक-एक गुलाबी शराब पुर्तगाली की उस गज़क के साथ ली और सारी रात बाहम खुशी की। जब उस चैन से सुबह हुई। शहर में गुल मचा कि शहज़ादी ग़ायब हुई। मुहल्ला-मुहल्ला, कूचा-कूचा मुनादी फिरने लगी और कुटनियाँ और हरकारे छूटे कि जहाँ से हाथ आवे पैदा करें। और सब दरवाज़ों पर शहर के पादशाही गुलामों की चौकी आ बैठी। गुज़रबानों को हुक्म हुआ कि बग़ैर परवानगी चिउंटी बाहर शहर के न निकल सके। जो कोई सुराग़ मलिका का ला देगा, हज़ार अशरफी और खिलअत इनाम पावेगा। तमाम शहर में कुटनियाँ फिरने और घर-घर में घुसने लगीं।

मुझे जो कमबख्ती लगी, दरवाज़ा बन्द न किया। एक बुढ़िया शैतान की खाला, उसका खुदा करे मुँहकाला, हाथ में तसबीह लटकाए बुरका ओढ़े, दरवाज़ा खुला पाकर निधड़क चली आई और साम्हने मलिका के खड़े होकर हाथ उठाकर दुआ देने लगी कि "इलाही! तेरी नथचूड़ी सुहाग की सलामत रहे। और कमाऊ की पगड़ी कायम रहे! मैं ग़रीब रंडिया फकीरनी हूँ! एक बेटी मेरी है कि वह दोजी से पूरे दिनों दरविज़े में मरती है। और मुझको इतनी वुसअत नहीं कि अद्दी का तेल चिराग़ में जलाऊँ, खाने-पीने को तो कहाँ से लाऊँ? अगर मर गई तो गोरकफ़न क्योंकर करूँगी और जनी तो दाई-जनाई को क्या दूँगी? और जच्चा को सथवारा, अछवानी कहाँ से पिलाऊँगी। आज दो दिन हुए हैं कि भूखी-प्यासी पड़ी है। ऐ साहबज़ादी! अपनी खैर, कुछ टुकड़ा पारचा दिला तो उसको पानी पीने का आधार हो।

मलिका ने तरस खाकर अपने नज़दीक बुलाकर चार नान और कबाब और एक अंगूठी छंगलिया से उतारकर हवाले की कि इस को बेच-बाचकर गहना-पाता बना दीजो और खातिरजमा से गुज़रान कीजो और कभी आया कीजो, तेरा घर है। उसने अपने दिल का मुद्दआ जिसकी तलाश में आई थी, ब-जिन्स पाया।

खुशी से दुआएँ देती और बलाएँ लेती दफ़ा हुई। ड्योढ़ी में नान-कबाब फेंक दिए मगर अंगूठी को मुट्ठी में ले लिया कि पता मलिका के हाथ का मेरे हाथ आया। खुदा उस आफत से जो बचाया चाहे, उस मकान का मालिक जवांमर्द सिपाही, ताज़ी घोड़े पर चढ़ा हुआ नेज़ा हाथ में लिए, शिकारबन्द से एक हिरन लटकाए, आ पहुँचा। अपनी हवेली का ताला टूटा और किवाड़ खुले पाए। उस दल्लाला को निकलते देखा। मारे गुस्से के एक हाथ से उसके झोंटे पकड़कर लटका लिया और घर में आया। उसके दोनों पाँव में रस्सी बांध कर एक दरख्त की टहनी में लटकाया। सिर तले, पाँव ऊपर किये। एक दम में तड़प-तड़प कर मर गई। उस मर्द की सूरत देखकर यह हैबत ग़ालिब हुई कि हवाइयाँ उड़ने लगीं और मारे डर के कलेजा काँपने लगा। उस अज़ीज़ ने हम दोनों को बदहवास देखकर तसल्ली दी कि बड़ी नादानी तुमने की। ऐसा काम किया और दरवाज़ा खोल दिया।

मलिका ने मुस्कुराकर फरमाया कि शहज़ादा अपने गुलाम की हवेली कहकर मुझे ले आया और मुझको फुसलाया। उसने इल्तिमास किया कि शहज़ादे ने बयान वाक़ई कहा। जितनी खलकुल्लाह है, पादशाहों की लौंडी ग़ुलाम हैं। उन्हीं की बरकत और फैज़ से सबकी परवरिश और निबाह है। यह ग़ुलाम बेदाम-दिरम ज़रखरीद तुम्हारा है। लेकिन भेद छुपाना अक्ल का मुक्तज़ा है। ऐ शहज़ादे! तुम्हारा और मलिका का इस ग़रीबखाने में तवज्जुह फरमाना और तशरीफ लाना मेरी सादत दोनों जहान की है और अपने फिदवी को सरफ़राज़ किया। मैं निसार होने को तैयार हूँ। कसू सूरत में जान-माल से दरेग़ न करूँगा। आप शौक़ से आराम फरमाइए। अब कौड़ी-भर खतरा नहीं। यह मुरदार कुटनी अगर सलामत जाती तो आफत लाती। अब जब तलक मिज़ाजे-शरीफ चाहिए बैठे रहिए। और जो कुछ दरकार हो इस खानाज़ाद को कहिए। सब हाज़िर करेगा। और पादशाह तो क्या चीज़ है, तुम्हारी खबर फरिश्ते को भी न होगी। उस जवान मर्द ने ऐसी-ऐसी बातें तसल्ली की कहीं, टुक खातिर जमा हुई। तब मैंने कहा, "शाबाश! तुम बड़े मर्द हो! इस मुरव्वत का ऐवज़ हम से भी जब हो सकेगा, तब ज़ुहूर में आवेगा। तुम्हारा नाम क्या है?" उसने कहा कि ग़ुलाम का नाम बहज़ाद खाँ है। ग़रज़ छह महीने तक जितनी शर्त खिदमत की थी ब-जान ओदिल बजा लाया। खूब आराम से गुज़री।

एक दिन मुझे अपना मुल्क और माँ-बाप याद आए। इसलिए निहायत मुतफिक्कर बैठा था। मेरा चेहरा मलीन देखकर बहज़ादखाँ रूबरू हाथ जोड़कर खड़ा हुआ और कहने लगा कि इस फिदवी से अगर कुछ तक़सीर चरन-बरदारी में वाक़ै हुई हो तो इरशाद हो। मैंने कहा, "अज़बराए-खुदा! यह क्या मज़कूर है? तुमने ऐसा सुलूक किया कि इस शहर में ऐसे आराम से रहे जैसे अपनी माँ

के पेट में कोई रहता है। नहीं तो यह ऐसी हरकत हम से हुई थी कि तिनका-तिनका हमारा दुश्मन था। ऐसा दोस्त हमारा कौन था कि ज़रा दम लेते। खुदा तुम्हें खुश रक्खे। बड़े मर्द हो।'' तब उसने कहा, ''अगर यहाँ से दिल बरदाश्ता हुआ हो, तो जहाँ हुक्म हो, वहाँ खैर-ओ-आफ़ियत से पहुँचा दूँ। फक़ीर बोला कि अगर अपने वतन तक पहुँचूँ तो वालिदैन को देखूँ। मेरी तो यह सूरत हुई, खुदा जाने उनकी क्या हालत हुई होगी। मैं जिस वास्ते जलावतन हुआ था, मेरी तो आरज़ू बर आई, अब उनकी भी क़दमबोसी वाजिब है। मेरी खबर उनको कुछ नहीं है कि मुआ या जीता है। उनके दिल पर क्या कुलक गुज़रता होगा!'' वह जवांमर्द बोला कि बहुत मुबारक है, चलिए। यह कहकर एक रास घोड़ा तुर्की, सौ कोस चलने वाला और एक घोड़ी जल्द जिसके पर नहीं कटे थे, लेकिन शाइस्ता, मलिका की खातिर लाया। और हम दोनों को सवार करवाया। फिर ज़िरहबख्तर पहन, सिलाह बाँध, ऊपची बन अपने मरकब पर चढ़ बैठा और कहने लगा, ''गुलाम आगे हो लेता है। साहब खातिर जमा से घोड़े दबाए हुए चले आवें।''

जब शहर के दरवाज़े पर आया, एक नारा मारा और तबर से कुफ्ल को तोड़ा और निगाहबानो को डांट डपटकर ललकारा, ''बड़चोदो! अपने खाविन्द को जाकर कहो कि बहज़ादखाँ, मलिका महर निगार और शहज़ादा कामगार को, जो तुम्हारा दामाद है, हाँके-पुकारे लिए जाता है। अगर मर्दुमी का कुछ नशा है तो बाहर निकलो और मलिका को छीन लो। यह न कहियो कि चुपचाप ले गया। नहीं तो क़िले में बैठे आराम किया करो।'' यह खबर बादशाह को जल्द जा पहुँची। वज़ीर और मीर बख्शी को हुक्म हुआ, उन तीनों बदज़ात मुफसिदों को बाँधकर लाओ या उनके सिर काटकर हुज़ूर में पहुँचाओ। एक दम के बाद ग़ट फौज का नमूद हुआ और तमाम ज़मीन-ओ-आसमान गर्दबाद हो गया। बहज़ादखाँ ने मलिका को और इस फक़ीर को एक दर में पुल के कि बारह पुले और जौनपुर के पुल के बराबर था, खड़ा किया। और आप घोड़े को तुंगियाकर उस फौज की तरफ फिरा। और शेर की मानिन्द गूँज कर, मरकब को डपटकर फौज के दरमियान घुसा। तमाम लश्कर काई-सा फट गया और यह दोनों सरदारों तलक जा पहुँचा। दोनों के सिर काट लिए। जब सरदार मारे गये, लश्कर तितर-बितर हो गया। वह कहावत है सिर से सिरवाह, जब बेल फूटी, राई राई हो गई। वोंही आप पादशाह कितनी फौज बक्तरपोशों की साथ लेकर कुमक को आए। उनकी भी लड़ाई उस यक्का जवान ने मार दी। शिकस्ते-फ़ाश खाई।

पादशाह पसपा हुए। सच है फतह दादे-इलाही है। लेकिन बहज़ादखाँ ने ऐसी जवाँमर्दी की कि शायद रुस्तम से भी न हो सकती। जब बहज़ाद खाँ ने

देखा कि मतला साफ हुआ, अब कौन बाकी रहा है जो हमारा पीछा करेगा? बे-वसवास होकर और खातिर जमा कर, जहाँ हम खड़े थे, आया और मलिका को और मुझको साथ लेकर चला। सफर की उम्र कोताह होती है। थोड़े अर्से में अपने मुल्क की सरहद में जा पहुँचे। एक अर्ज़ी सही-सलामत आने की पादशाह के हुज़ूर में, जो क़िब्लागाह मेरे फ़कीर के थे, लिखकर रवाना की। जहाँपनाह पढ़कर शाद हुए। और दुगाना शुक्र का अदा किया। जैसे सूखे धान में पानी पड़ा। खुश होकर, सब अमीरों को जलव में लेकर इस आजिज़ के इस्तिक़बाल की खातिर लबे-दर्या आकर खड़े हुए। और निवाड़ों के वास्ते अमीर-ए-बहर को हुक्म हुआ। मैंने दूसरे किनारे पर, सवारी पादशाह की खड़ी देखी। क़दमबोसी की आरज़ू में घोड़े को दर्या में डाल दिया। हीला मारकर हुज़ूर में हाज़िर हुआ। मुझे मारे इश्तियाक़ के कलेजे से लगा लिया।

अब एक और आफत-ए-नागहानी पेश आई कि जिस घोड़े पर मैं सवार था शायद वह बच्चा उसी मादिया का था जिस पर मलिका सवार थी। या जिनसियत के बाइस, मेरे मरकब को देखकर, घोड़ी ने भी जल्दी कर-कर, अपने तईं मलिका-समेत मेरे पीछे दर्या में गिराया और पैरने लगी। मलिका ने घबराकर बाग खींची। वह मुँह की नर्म थी। उलट गई। मलिका गोते खाके बमैं घोड़ी दर्या में डूब गई कि फिर उन दोनों का निशान नज़र न आया। बहज़ादखाँ ने यह हालत देखकर, अपने तईं घोड़े समेत मलिका की मदद की खातिर दर्या में पहुँचाया। वह भी उस भँवर में आ गया। फिर निकल न सका। बहुतेरे हाथ-पाँव मारे। कुछ बस न चला। डूब गया। जहाँपनाह ने यह वारदात देखकर महाजाल मँगवा कर फिंकवाया। और मल्लाहों और गोताखोरों को फरमाया। उन्होंने सारा दर्या छान मारा। थाह की मिट्टी ले के आये पर वे दोनों हाथ न आये। या फुक़रा! यह हादिसा ऐसा हुआ कि मैं सौदाई और जनूनी हो गया और फक़ीर बनकर यही कहता फिरता था :

"इन नैनों का यही बसीख,
वह भी देखा, यह भी देख।"

अगर मलिका कहीं ग़ायब हो जाती या मर जाती तो दिल को तसल्ली आती। फिर तलाश को निकलता या सब्र करता। लेकिन जब नज़रों के रूबरू ग़र्क हो गई तो कुछ बस न चला। आखिर जी में यही लहर आई कि दर्या में डूब जाऊँ शायद अपने महबूब को मरकर पाऊँ।

एक रोज़ रात को उसी दर्या में पैठा और डूबने का इरादा करकर गले तक पानी में गया। चाहता हूँ कि आगे पाँव रक्खूँ और गोता खाऊँ, वही सवार बुर्क़ापोश, जिन्होंने तुमको बशारत दी है, आ पहुँचे। मेरा हाथ पकड़ लिया और दिलासा दिया

कि खातिरजमा रख, मलिका और बहज़ादखाँ जीते हैं, तू अपनी जान नाहक़ क्यों खोता है ? दुनिया में ऐसा भी होता है। खुदा की दरगाह से मायूस मत हो। अगर जीता रहेगा, तो तेरी मुलाक़ात उन दोनों से, एक-न-एक रोज़ हो रहेगी। अब तू रोम की तरफ जा। और भी दो दरवेश दिलरेश वहाँ गये हैं। उनसे तू जब मिलेगा, अपनी मुराद को पहुँचेगा। या फुक़रा! बमूजिब हुक्म अपने हादी के मैं भी खिदमत-ए-शरीफ में आकर हाज़िर हुआ हूँ। उम्मीद क़वी है कि हरएक अपने-अपने मतलब को पहुँचे। इस टुक्कड़गदा का यह अहवाल था जो तमाम कमाल कह सुनाया। ●●

सैर चौथे दरवेश की

चौथा फक़ीर अपनी सैर की हक़ीक़त रो-रोकर इस तरह दुहराने लगा—

किस्सा हमारी बेसरोपाई का अब सुनो,
टुक अपना ध्यान रखकर मेरा हाल सब सुनो,
किस वास्ते मैं आया हूँ याँ तक तबाह हुआ।
सारा बयान करता हूँ उसका सबब सुनो।

या मुरशिद अल्लाह! ज़रा मुतवज्जेह हो। यह फक़ीर जो इस हालत में गिरफ्तार है, चीन के बादशाह का बेटा है। नाज़-ओ-नैमत से परवरिश पाई और बखूबी तरबियत हुआ। ज़माने के भले-बुरे से कुछ वाक़िफ़ न था। जानता था कि यों ही हमेशा निभेगी। ऐन बेफिक्री में यह हादिसा रूबकार हुआ। क़िब्लए आलम, जो वालिद इस यतीम के थे, उन्होंने रिहलत फरमाई। जान-कन्दनी के वक्त अपने छोटे भाई को, जो मेरे चचा हैं, बुलाया और फरमाया कि हमने तो सब माल-मुल्क छोड़कर, इरादा कूच का किया लेकिन यह वसीयत मेरी तुम बजा लाइओ और बुजुर्गी को काम फरमाइओ। जब तलक शहज़ादा, जो मालिक इस तख्त और छत्र का है, जवान हो और शऊर संभाले और अपना घर देखे-भाले, तुम उसकी नयाबत कीजो और सिपाह और रैयत को खराब न होने दीजो। जब वह बालिग़ हो, उसको सब कुछ समझा-बुझाकर तख्त हवाले करना। और रौशन अख्तर जो तुम्हारी बेटी है, उससे शादी करके तुम सलतनत से किनारा पकड़ना। इस सुलूक से पादशाहत हमारे खानदान में क़ायम रहेगी। कुछ खलल न आवेगा। यह कहकर

आप तो जान बहक़ तसलीम हुए, चचा पादशाह हुआ और बन्दोबस्त मुल्क का करने लगा। मुझे हुक्म किया कि ज़नाने महल में रहा करे। जब तक जवान न हो, बाहर न निकले। यह फक़ीर चौदह बरस की उम्र तक बेगमात और खवासों में पला किया और खेला-कूदा किया। चचा की बेटी से शादी की खबर सुनकर शाद था। और इस उम्मीद पर बेफिक्र रहता और दिल में कहता कि अब कोई दिन में पादशाहत भी हाथ लगेगी और कतखुदाई भी होगी। दुनिया-ब-उम्मीद क़ायम है। एक हबशी मुबारक नाम, कि वालिद मरहूम की खिदमत में तरबियत हुआ था और उसका बड़ा ऐतिबार था और साहबे-शऊर और नमकहलाल था। मैं अक्सर उसके नज़दीक जा बैठता। वह भी मुझे बहुत प्यार करता और मेरी जवानी देखकर खुश होता और कहता कि अलहमदुलिल्लाह! ऐ शहज़ादे! अब तुम जवान हुए। इन्शा अल्लाताला अनक़रीब तुम्हारा अमू ज़िल्ल-ए-सुबहानी की नसीहत पर अमल करेगा। अपनी बेटी और तुम्हारे वालिद का तख्त तुम्हें देगा।

एक रोज़ यह इत्तिफाक़ हुआ कि एक अदना सहेली ने बेगुनाह मेरे तईं तमाँचा ऐसा खींच कर मारा कि मेरे गाल पर पाँचों उँगलियों का निशान उघड़ आया। मैं रोता हुआ मुबारक के पास गया। उनने मुझे गले से लगा लिया और आँसू आसतीन से पोंछे और कहा कि चलो आज तुम्हें पादशाह पास ले चलूँ। शायद देखकर मेहरबान हो और लायक़ समझकर तुम्हारा हक़ तुम्हें दे। उसी वक्त चचा के हुजूर में ले गया। चचा ने दरबार में निहायत शफ़क़त की और पूछा कि क्यों दिलगीर हो और आज यहाँ क्योंकर आए? मुबारक बोला, कुछ अर्ज़ करने आए हैं। यह सुनकर खुद-बखुद कहने लगा कि अब मियाँ का ब्याह कर देते हैं। मुबारक ने कहा, बहुत मुबारक है। वोंही नजूमी और रम्मालों को रूबरू तलब किया और ऊपरी दिल से पूछा कि इस साल कौन-सा महीना, कौनसा दिन और घड़ी, महूरत मुबारक है कि सरंजाम शादी का करूँ। उन्होंने मर्ज़ी पाकर गिनगिनाकर अर्ज़ की कि क़िब्ला-ए-आलम! यह बरस सारा नहस है। किसी चान्द में कोई तारीख शुद्ध नहीं ठहरती। अगर यह साल तमाम बखैर-ओ-आफ़ियत कटे तो आइन्दा कार-ए-खैर के लिए बेहतर है।

पादशाह ने मुबारक की तरफ देखा और कहा कि शाहज़ादे को महल में ले जा। खुदा चाहे तो इस साल के गुज़रने से उसकी अमानत उसके हवाले कर दूँगा। खातिर जमा रक्खे और पढ़े-लिखे। मुबारक ने सलाम किया और मुझे साथ लिया, महल में पहुँचा दिया। दो-तीन दिन के बाद मैं मुबारक के पास गया। मुझे देखते ही रोने लगा। मैं हैरान हुआ और पूछा कि "दादा! खैर तो है? तुम्हारे रोने का क्या बाइस है?" तब वह खैरख्वाह कि मुझे दिल-ओ-जान से चाहता था,

बोला, कि मैं उस रोज़ तुम्हें उस ज़ालिम के पास ले गया, काश के, अगर यह जानता तो न ले जाता। मैंने घबराकर कहा, "मेरे जाने में क्या ऐसी कबाहत हुई? कहो तो सही!" तब उसने कहा कि सब अमीर और वज़ीर, अरकान-ए-दौलत छोटे-बड़े तुम्हारे बाप के वक्त के, तुम्हें देखकर खुश हुए और खुदा का शुक्र करने लगे कि अब हमारा साहबज़ादा जवान हुआ और सलतनत के लायक़ हुआ। अब कोई दिन में हक़ हक़दार को मिलेगा। तब हमारी क़द्रदानी करेगा और खानाज़ाद और मौरूसियों की क़द्र समझेगा। यह खबर उस बेईमान को पहुँची। उसकी छाती पर साँप फिर गया। मुझे खिलवत में बुलाकर कहा, 'ऐ मुबारक! अब ऐसा काम कर कि शाहज़ादे को किसी फरेब से मार डाल और उसका खतरा मेरे जी से निकाल जो मेरी खातिर जमा हो।' तब से मैं बे-हवास हो रहा हूँ कि तेरा चचा तेरी जान का दुश्मन हुआ। जोंही मुबारक से यह खबर नामुबारक मैंने सुनी बगैर मारे मर गया। और जान के डर से उसके पाँव पर गिर पड़ा कि वास्ते खुदा के मैं सलतनत से गुजरा, कसू तरह मेरा जी बचे। उस ग़ुलाम-ए-बावफा ने मेरा सिर उठाकर छाती से लगा लिया और जवाब दिया कि कुछ खतरा नहीं। एक तदबीर मुझे सूझी है, अगर रास्त आई तो कुछ परवाह नहीं, ज़िंदगी है तो सब कुछ है।

अग़लब है कि उस फिक्र से तेरी जान भी बचे और अपने मलतब से कामयाब हो। यह भरोसा देकर, मुझे साथ लेकर, उस जगह जहाँ बादशाह-ए-मग़फूर, याने वालिद इस फक़ीर के सोते-बैठते थे, गया और मेरी बहुत खातिर जमा की। वहाँ एक क़ुर्सी बिछी थी। एक तरफ मुझे कहा और एक तरफ आप पकड़ कर सँदली को सरकाया और कुरसी के तले का फर्श उठाया और ज़मीं को खोदने लगा। एक बारगी एक खिड़की नमूद हुई कि ज़ंजीर और कुफ्ल उस में लगा है। मुझे बुलाया। मैं अपने दिल में मुकर्रर यह समझा कि मेरे ज़िबह करने और गाड़ देने को यह गढ़ा इसने खोदा है। मौत आँखों के सामने फिर गई। लाचार चुपके-चुपके कलमा पढ़ता हुआ नज़दीक गया। देखता हूँ तो उस दरीचे के अन्दर इमारत है और चार मकान हैं। हर एक दालान में दस-दस खुमें सोने की ज़ंजरों में जकड़ी हुई लटकती हैं और हर एक गोली के मुँह पर एक सोने की ईंट और एक बंदर जड़ाव का बना हुआ बैठा है। उनतालीस गोलियाँ चारों मकान में गिनीं। और एक खुम को देखा कि मुहाँ-मुँह अशरफियाँ भरी हैं। उस पर न मैमून है, न खिश्त है। और एक हौज़ जवाहिर से लबालब भरा हुआ देखा। मैंने मुबारक से पूछा कि ऐ दादा! यह क्या तिलिस्म है और किस का मकान है? और ये किस काम के हैं? बोला कि ये बूज़ने जो देखते हो, उनका यह माजरा है कि तुम्हारे बाप ने जवानी के वक्त से मलिक-सादिक़, जो बादशाह जिनों का है, उसके साथ दोस्ती

और आमद-ओ-रफ्त पैदा की थी।

चुनाँचे हर साल में एक दफा कई तरह की तोहफा खुशबुएँ और इस मुल्क की सौगातें ले जाते और एक महीने के क़रीब उसकी खिदमत में रहते। जब रुखसत होते तो मलिक सादिक़ एक बन्दर ज़मर्रद का देता। हमारा पादशाह उसे लाकर इस तहखाने में रखता। इस बात से सिवाए मेरे कोई दूसरा मुत्तलै न था। एक बार ग़ुलाम ने अरज़ की कि जहाँपनाह, लाखों रुपये के तोहफे ले जाते हैं और वहाँ से एक बोज़्ना पत्थर का मुर्दा आप ले आते हैं। इसका आखिर फाइदा क्या है? जवाब मेरी इस बात का मुस्कुरा कर फरमाया, ''खबरदार! कहीं ज़ाहिर न कीजो। खबर शर्त है। यह एक एक मैमून-ए-बेजान जो तू देखता है, हर एक के हज़ार देव जबरदस्त ताबे और फरमाँबरदार हैं लेकिन जब तलक मेरे पास चालीसों बन्दर पूरे जमा न होवें, तब तक ये सब निकम्मे हैं, कुछ काम न आवेंगे। सो एक बन्दर की कमी थी कि उसी बरस बादशाह ने वफ़ात पाई।

इतनी मेहनत कुछ नेक न लगी। उसका फाइदा ज़ाहिर न हुआ। ऐ शाहज़ादे! तेरी यह हालत बेकसी की देख कर मुझे याद आया और यह जी में ठहराया, कसू तरह तुझ को मलिक सादिक़ के पास ले चलूँ और तेरे चचा का ज़ुल्म बयान करूँ। ग़ालिब है कि वह दोस्ती तुम्हारे बाप की याद कर-कर एक बोज़ना, जो बाक़ी है, तुझे दे। तब उन की मदद से तेरा मुल्क तेरे हाथ आवे और चीन-माचीन की सलतनत तू बखातिर जमा करे। और बिलफैल, इस हरकत से तेरी जान बचती है। अगर और कुछ न हो, तो इस ज़ालिम के हाथ से, सिवाए इस तदबीर के और कोई सूरत मुखलिसी की नज़र नहीं आती। मैंने उसकी जुबानी यह सब कैफियत सुन कर कहा कि दादा जान! अब तू मेरी जान का मुख्तार है, जो मेरे हक़ में भला हो सो कर। मेरी तसल्ली करके, आप इत्र और बखूर और जो कुछ वहाँ के ले जाने की खातिर मुनासिब जाना, खरीद करने बाज़ार में गया।

दूसरे दिन मेरे उस काफ़िर चचा के पास जो बजाए अबू जहल के था, गया और कहा, ''जहाँपनाह! शाहज़ादे के मार डालने की एक सूरत मैंने दिल में ठहराई है, अगर हुक्म हो तो अर्ज़ करूँ।'' वह कमबख्त खुश होकर बोला, ''वह क्या तदबीर है?'' तब मुबारक ने कहा कि उसके मार डालने में सब तरह आपकी बदनामी है। मगर मैं उसे बाहर जंगल में ले जाकर ठिकाने लगाऊँ और गाड़दाब कर चला आऊँ, हरगिज़ कोई महरम न होगा कि क्या हुआ।'' यह बन्दिश मुबारक से सुनकर बोला कि बहुत मुबारक! मैं यह चाहता हूँ कि वह सलामत न रहे। उसका दग़दग़ा मेरे दिल में है। अगर मुझे इस फिक्र से तू छुड़ावेगा तो इस खिदमत के ऐवज़ बहुत-कुछ पावेगा। जहाँ तेरा जी चाहे ले जा कर खपादे। और मुझे यह

खुशखबरी लादे।

मुबारक ने बादशाह की तरफ से अपनी दिलजमई करके मुझे साथ लिया और वे तोहफे लेकर आधी रात को शहर से कूच किया और उत्तर की सिमत चला। एक महीने तलक पैहम चला गया। एक रोज़ रात को चले जाते थे कि मुबारक बोला, "शुक्र खुदा का, अब मँज़िल-ए-मक़सूद को पहुँचे।" मैंने सुनकर कहा कि दादा! यह तूने क्या कहा? कहने लगा, "ऐ शहज़ादे! जिनों का लश्कर क्या तू नहीं देखता?" मैंने कहा, "मुझे तेरे सिवा और कुछ नज़र नहीं आता।" मुबारक ने एक सुरमेदानी निकालकर, सुलेमानी सुरमे की सलाइयाँ मेरी दोनों आँखों में फेर दीं। वोंही जिनों की खलकत और लश्कर के तम्बू-कनात नज़र आने लगे। लेकिन सब खुशरू और खुशलिबास। मुबारक को पहचान कर हर एक आशनाई की राह से गले मिलता और मज़ाख करता।

आखिर जाते-जाते बादशाही सराचों के नज़दीक गये और बारगाह में दाखिल हुए। देखता हूँ तो रोशनी क़रीने से रौशन है और संदलियाँ तरह-बतरह की दो रूया बिछी हैं और आलिम, फ़ाज़िल, दरवेश और अमीर-वज़ीर, मीरबख्शी, दीवान उन पर बैठे हैं, और यसावुल, गुर्ज़बरदार, अहदी, चेले हाथ बाँधे खड़े हैं। और दरमियान में एक तख्त मुरस्सा का बिछा है; उस पर मलिक सादिक़ ताज और चारक़ुब मोतियों के पहने हुए मसनद पर तकिए लगाए बड़ी शान-ओ-शौकत से बैठा है। मैंने नज़दीक जाकर सलाम किया। मेहरबानगी से बैठने का हुक्म किया। फिर खाने का चर्चा हुआ। बाद फराग़त के दस्तरख्वान बढ़ाया गया। तब मुबारक की तरफ मुतवज्जेह होकर अहवाल मेरा पूछा। मुबारक ने कहा कि अब इनके बाप की जगह पर चचा इनका बादशाहत करता है और इनका दुश्मने जानी हुआ है। इसलिए मैं इन्हें वहाँ से ले भागकर आप की खिदमत में लाया हूँ कि यतीम हैं और सलतनत इन का हक़ है। लेकिन बग़ैर मुरब्बी कसू से कुछ नहीं हो सकता। हुज़ूर की दस्तगीरी के बाइस इस मज़लूम की परवरिश होती है। इनके बाप की खिदमत का हक़ याद करके इनकी मदद फरमाइए और वह चालीसवाँ बन्दर इनायत कीजिए जो चालीसों पूरे हों। और यह अपने हक़ को पहुँच कर तुम्हारे जान-ओ-माल को दुआ दें। सिवाए साहिब की पनाह के कोई इनका ठिकाना नज़र नहीं आता।

यह तमाम कैफ़ियत सुनकर सादिक़ ने ताम्मुल करके कहा कि वाक़ई हक़ूक़-ए-खिदमत और दोस्ती पादशाह-ए-मग़फूर के हमारे ऊपर बहुत थे। और यह बेचारा तबाह होकर, अपनी सलतनत-ए-मौरूसी छोड़कर, जान बचाने के वास्ते यहाँ तलक आया है और हमारे दामन-ए-दौलत में पनाह ली है। ता-मक़दूर कसू तरह हमसे

कमी न होगी और दरगुज़र न करूँगा। लेकिन एक काम हमारा है, अगर वह इससे हो सका और खयानत न की और बखूबी अंजाम दिया और इस इमतिहान में पूरा उतरा तो मैं कौल-करार करता हूँ कि ज्यादह पादशाह से सुलूक करूँगा और जो यह चाहेगा सा दूँगा।'' मैंने हाथ बाँधकर इल्तिमास किया कि इस फ़िदवी से ता-बमक़दूर जो खिदमत सरकार की हो सकेगी, ब-सर-ओ-चश्म बजा लावेगा। और उसको बखूबी दयानतदारी और होशयारी से करेगा और अपनी सादत दोनों जहाँ की समझेगा। फरमाया कि तू अभी लड़का है, इस वास्ते बार-बार ताकीद करता हूँ। मबादा खयानत करे और आफत में पड़े! मैंने कहा, "खुदा पादशाह के इक़बाल से आसान करेगा। और मैं हत्तुल-मक़दूर कोशिश करूँगा और अमानत हुजूर तक ले आऊँगा।"

यह सुनकर मलिक सादिक़ ने मुझको करीब बुलाया और एक कागज़ दस्तकी से निकालकर मेरे तई दिखलाया और कहा, "यह जिस शख्स की शबीह है उसे, जहाँ से जाने, तलाश कर के मेरी खातिर पैदा करके ला। और जिस घड़ी तू इसका नाम-ओ-निशान पावे और साम्हने जावे, मेरी तरफ से बहुत इश्तियाक़ ज़ाहिर कीजो। अगर यह खिदमत तुझ से सरंजाम हुई तो जितनी तवक्कु तुझे मंजूर है उससे ज्यादा ग़ौर परदाख्त की जाएगी। व इल्लाना, जैसा करेगा वैसा पावेगा।" मैंने उस कागज़ को जो देखा, एक तस्वीर नज़र पड़ी कि ग़श-सा आने लगा। बज़ोर मारे डर के अपने तई संभाला और कहा, "बहुत खूब! मैं रुखसत होता हूँ। अगर खुदा को मेरा भला करना है तो वमूजिब हुक्म हुजूर के मुझसे अमल में आवेगा।" यह कहकर मुबारक को हमराह लेकर जंगल की राह ली। गाँव-गाँव, बस्ती-बस्ती, शहर-शहर, मुल्क-मुल्क फिरने लगा और हर एक से उसका नाम-ओ-निशान तहक़ीक़ करने लगा। कसू ने न कहा कि हाँ! मैं जानता हूँ या किसी से मज़कूर सुना है। सात बरस तक इसी आलम में हैरानी ओ परेशानी सहता हुआ एक नगर में वारिद हुआ। इमारत आली और आबाद लेकिन वहाँ का हर एक मुतनफ़्फ़िस इस्म-ए-आज़म पढ़ता था और खुदा की इबादत बन्दगी करता था।

एक अन्धा हिन्दुस्तानी फक़ीर भीक माँगता नज़र आया लेकिन कसू ने एक कौड़ी या एक निवाला न दिया। मुझे ताज्जुब आया और उसके ऊपर रहम खाया। जेब में से एक अशरफी निकालकर उसके हाथ दी। वह लेकर बोला कि "ऐ दाता! खुदा तेरा भला करे। तू शायद मुसाफिर है। इस शहर का बाशिन्दा नहीं।" मैंने कहा, "फिलवाक़या सात बरस से मैं तबाह हुआ हूँ। जिस काम को निकला हूँ, उसका सुराग़ नहीं मिलता। आज इस बलदे में आ पहुँचा हूँ।" वह बूढ़ा दुआएँ देकर चला। मैं उसके पीछे लग गया। बाहर शहर के एक मकान आलीशान नज़र

आया। वह उसके अन्दर गया। मैं भी चला। देखा तो जाबजा इमारत गिर पड़ी है और बे-मरम्मत हो रही है।

मैंने दिल में कहा कि यह महल लायक पादशाहों के है। जिस वक्त तैयारी इसकी होगी क्या ही मकाने-दिलचस्प बना होगा! और अब तो वीरानी से क्या सूरत बन रही है! पर मालूम नहीं कि उजाड़ क्यों पड़ा है और यह नाबीना इस महल में क्यों बसता है? वह कूर लाठी टेकता हुआ चला जाता था कि एक आवाज़ आई, जैसे कोई कहता है कि ऐ बाप! खैर तो है? आज सवेरे क्यों फिरे आते हो? पीर मर्द ने सुनकर जवाब दिया कि बेटी, खुदा ने एक ज़वान मेरे अहवाल पर मेहरबान किया। उसने एक मोहर मुझको दी। बहुत दिनों से पेट भर कर अच्छा खाना न खाया था। सो गोश्त मसाला, घी, तेल, आटा, लून मोल लिया। और तेरी खातिर कपड़ा जो ज़रूर था खरीद किया। अब इसको क़ता कर और सी कर पहन। और खाना पका। तो खा-पी के उस सखी के हक़ में दुआ दें। अगरचे मतलब उसके दिल का मालूम नहीं पर खुदा दाना बीना है, हम बेकसों की दुआ क़बूल करे।" मैंने यह अहवाल उसकी फाक़ाकशी का जो सुना, बेइख्तियार जी में आया कि बीस अशरफियाँ और उसको दूँ। लेकिन आवाज़ की तरफ ध्यान जो गया तो एक औरत देखी कि ठीक वह तस्वीर उसी माशूक़ की थी। तस्वीर को निकाल कर मुक़ाबिल किया। सर-ए-मू तफावत न देखा। एक नारा दिलसे निकला और बेहोश हुआ। मुबारक मेरे तईं बग़ल में ले के बैठा और पंखा करने लगा। मुझ में ज़रासा होश आया। उसकी तरफ ताक रहा था, जो मुबारक ने पूछा कि तुम को क्या हो गया? अभी मुँह से जवाब नहीं निकला, वह नाज़नीं बोली कि ऐ जवाँ! खुदा से डर और बिगानी स्त्री पर निगाह मत कर, हया और शर्म सब को ज़रूर है।

इस लियाक़त से गुफ्तगू की कि मैं उसकी सूरत और सीरत पर महव हो गया। मुबारक मेरी खातिरदारी बहुत सी करने लगा लेकिन दिल की हालत की उसको क्या खबर थी? लाचार होकर मैं पुकारा, ऐ खुदा के बन्दो और इस मकान के रहनेवालो! मैं ग़रीब मुसाफिर हूँ। अगर अपने पास मुझे बुलाओ और रहने को जगह दो तो बड़ी बात है। उस अंधे ने नज़दीक बुलाया और आवाज़ पहचान, कर गले लगाया। और जहाँ वह गुलबदन बैठी थी उस मकान में ले गया। वह एक कोने में छुप गई। उस बूढ़े ने मुझसे पूछा कि अपना माजरा क़ह कि क्यों घरबार छोड़कर अकेला पड़ा फिरता है और तुझे किस की तलाश है? मैंने मलिक सादिक़ का नाम न लिया और वहाँ का कुछ ज़िक्र-मज़कूर न किया। इस तौर से कहा कि यह बेकस शाहज़ादा चीन-ओ-माचीन का है। चुनाँचे मेरे वली नैमत

हुनूज़ पादशाह हैं, एक सौदागर से लाखों रुपये देकर यह तस्वीर मोल ली थी। इसके देखने से सब होश-आराम जाता रहा और फ़क़ीर का भेस करकर तमाम दुनिया छान मारी। अब यहाँ मेरा मतलब मिला है सो तुम्हारा इख्तियार है।

यह सुनकर अंधे ने एक आह मारी और बोला, "ऐ अज़ीज़! मेरी लड़की एक बड़ी मुसीबत में गिरफ्तार है। कसू बशर की मजाल नहीं कि इससे निकाह करे और फल पावे।" मैंने कहा, "उम्मीदवार हूँ कि मुफस्सल बयान करो।" तब उस मर्द-ए-अजमी ने अपना माजरा इस तौर से ज़ाहिर किया कि सुन ऐ पादशाहज़ादे! मैं रईस और अकाबिर इस कमबख्त शहर का हूँ। मेरे बुजुर्ग नामआवर और आला खानदान के थे। हक़-ए-ताला ने यह बेटी मुझे इनायत की। जब बालिग़ हुई तो इसकी खूबसूरती और नज़ाक़त और सलीक़े का शोर हुआ और सारे मुल्क में मशहूर हुआ कि फुलाने के घर में ऐसी लड़की है कि उसके हुस्न के मुक़ाबिल हूर, परी शरमिन्दा है; इनसान का तो क्या मुँह है कि बराबरी करे। यह तारीफ इस शहर के शहज़ादे ने सुनी! ग़ायबाना और बग़ैर देखे-भाले आशिक़ हुआ। खानापीना छोड़ दिया। अठवाई-खटवाई लेकर पड़ा।

आखिर बादशाह को यह बात मालूम हुई। मेरे तईं रात को खलवत में बुलाया और यह मज़कूर दरमियान में लाया और मुझे बातों में फुसलाया। हत्ताकि निसबत-नाता करने में राज़ी किया। मैं भी समझा कि जब बेटी घर में पैदा हुई तो कसू-न-कसू से बिहाया ही चाहिए। पस इससे क्या बेहतर है कि पादशाहज़ादे से मनसूब कर दूँ? इससे पादशाह भी मिन्नतदार होता है। मैं कुबूल करके रुखसत हुआ। उसी दिन से दोनों तरफ तैयारी ब्याह की होने लगी। एक रोज़ अच्छी साअत में क़ाज़ी, मुफ्ती, आलम-फ़ाज़िल, अकाबिर सब जमा हुए। निकाह बांधा गया और मेहर मुअय्यन हुआ। दुलहन को बड़ी धूमधाम से ले गए। सब रस्म-रसूमात कर के फारिग़ हुए। नौशा ने रात को जब क़सद जिमा का किया, उस मकान में एक शोर-गुल ऐसा हुआ कि जो बाहर लोग चौकी में थे, हैरान हुए। दरवाज़ा कोठरी का खोलकर चाहा देखें कि यह क्या आफ़त है! अन्दर से ऐसा बन्द था कि किवाड़ खोल न सके। एक दम में वह रोने की आवाज़ भी कम हुई। पट की चूल उखाड़ कर देखा तो दूल्हा सर क़टा हुआ पड़ा तड़पता है और दुलहन के मुँह से कफ़ चला जाता है और उसी मिट्टी-लहू में लिथड़ी हुई बेहवास पड़ी लोटती है।

यह क़यामत देखकर सबके होश जाते रहे। ऐसी खुशी में यह ग़म ज़ाहिर हुआ। पादशाह को खबर पहुँची, सर पीटता हुआ दौड़ा। तमाम अरकान सल्तनत के जमा हुए, पर कसू की अक्ल काम न करती कि उस अहवाल को दरयाफ्त करे। निहायत को पादशाह ने उस क़ल्क की हालत में हुक्म किया कि इस कमबख्त

भूण्डपैरी दुल्हन का भी सिर काट डालो। यह बात बादशाह की जबान से जों ही निकली, फिर वैसा ही हंगामा बरपा हुआ। पादशाह डरा और अपनी जान के खतरे से निकल भागा और फरमाया कि इसे महल से बाहर निकाल दो। खवासों ने इस लड़की को मेरे घर में पहुँचा दिया। यह चर्चा दुनिया में मशहूर हुआ। जिनने सुना, हैरान हुआ और शहज़ादे के मारे जाने के सबब से खुद पादशाह और जितने बाशिन्दे इस शहर के हैं, मेरे दुश्मन-ए-जानी हुए।

जब मातमदारी से फराग़त हुई और चिहलुम हो चुका पादशाह ने अरकान-ए-दौलत से सलाह पूछी कि अब क्या किया चाहिए? सभों ने कहा, और तो कुछ हो नहीं सकता पर ज़ाहिर में दिल की तसल्ली और सब्र के वास्ते उस लड़की को उसके बाप समेत मरवा डालिए और घरबार ज़ब्त कर लीजिए। जब मेरी यह सज़ा मुक़र्रर की, कोतवाल को हुक्म हुआ। उसने आकर चारों तरफ से मेरी हवेली को घेर लिया और नरसिंगा दरवाज़े पर बजाया और चाहा कि अन्दर घुसें और पादशाह का हुक्म बजा लावें। ग़ैब से ईंट-पत्थर ऐसे बरसने लगे कि तमाम फौज ताब न ला सकी। अपना सिर-मुँह बचाकर जिधर-तिधर भागी और एक आवाज़-ए-महीब बादशाह ने महल में अपने कानों सुनी--'क्यों कमबख्ती आयी है, क्या शैतान लगा है? भला चाहता है तो उस नाज़नीन के अहवाल का मुतअर्रिज़ न हो। नहीं तो जो कुछ तेरे बेटे ने उससे शादी कर-कर देखा तू भीं उसकी दुश्मनी से देखेगा। अब अगर उनको सतावेगा तो मज़ा पावेगा।

बादशाह को मारे दहशत के तप चढ़ी। वोंही हुक्म किया कि उन बदबख्तों से कोई मुज़ाहिम न हो, कुछ कहो, न सुनो। हवेली में पड़ा रहने दो। ज़ोर-ज़ुल्म उन पर न करो। उस दिन से आमिल, बावबतास जानकर, दुआ-तावीज़ और सियाने जन्तरमन्तर करते हैं। और सब बाशिन्दे इस शहर के इस्म-ए-आज़म और क़ुरान मजीद पढ़ते हैं। मुद्दत से यह तमाशा हो रहा है लेकिन अब तक कुछ असरार मालूम नहीं होता और मुझे भी हरगिज़ इत्तिला नहीं। मगर इस लड़की से एक बार पूछा कि तुमने अपनी आँखों से क्या देखा था? यह बोली कि और तो कुछ मैं नहीं जानती लेकिन यह नज़र आया कि जिस वक्त मेरे खाविन्द ने क़सद मुबाशरत का किया, छत फटकर एक तख्त मुरस्सा का निकला। उस पर एक जवान खूबसूरत शाहाना लिबास पहने बैठा था और साथ बहुत से आदमी इहतिमाम करते हुए उस मकान में आए और शहज़ादे के कत्ल के मुस्तैद हुए। वह शख्स सरदार मेरे नज़दीक आया और बोला, क्यों जानी! अब हमसे कहाँ भागोगी? उनकी सूरतें आदमी की सी थीं लेकिन पाँव बकरियों के से नज़र आए। मेरा कलेजा धड़कने लगा और खौफ से ग़श में आ गई। फिर मुझे कुछ सुध नहीं कि आखिर क्या हुआ?

तब से मेरा यहा अहवाल है कि इस फूटे मकान में हम दोनों जी पड़ रहते हैं। पादशाह के गुस्से के बाइस अपने रफ़ीक़ सब जुदा हो गए। और मैं गदाई करने जो निकलता हूँ तो कोई कौड़ी नहीं देता। बल्कि दुकान पर खड़े रहने के रवादार नहीं। इस कमबख्त लड़की के बदन पर लत्ता नहीं कि सर छुपावे और खाने को मुयस्सर नहीं जो पेटभर खावे। खुदा से यह चाहता हूँ कि मौत हमारी आवे या ज़मीन फाटे और यह नाशुदनी समावे। इस जीने से मरना भला है। खुदा ने शायद हमारे ही वास्ते तुझे भेजा है जो तूने रहम खाकर एक मोहर दी। खाना भी मज़ेदार पकाकर खाया और बेटी की खातिर कपड़ा भी बनाया। खुदा की दरगाह में शुक्र किया और तुझे दुआ दी। अगर इस पर आसेब जिन या परी का न होता तो तेरी खिदमत में लौंडी की जगह देता और अपनी सादत जानता। यह अहवाल इस आजिज़ का है। तू इसके दरपै मत हो और इस क़सद से दरगुज़र।

यह सब माजरा सुनकर मैंने बहुत मिन्नत-ओ-ज़ारी की कि मुझे अपनी फरज़न्दी में क़ुबूल कर। जो मेरी किसमत में बदा होगा सो होगा। वह पीर-मर्द हरगिज़ राज़ी न हुआ। शाम जब हुई उससे रुखसत होकर सरा में आया। मुबारक ने कहा, "शहज़ादे! मुबारक हो! खुदा ने असबाब तो दुरुस्त किया है। बारे यह मेहनत अकारत न गई।" मैंने कहा, "आज कितनी खुशामद की, पर वह अन्धा बेईमान राज़ी नहीं होता। खुदा जाने देवेगा या नहीं!" पर मेरे दिल की यह हालत थी कि रात काटनी मुश्किल हुई कि कब सुबह हो तो फिर जाकर हाज़िर हूँ। कभी यह खयाल आता था—अगर वह मेहरबान हो और क़बूल करे तो मुबारक मलिक सादिक़ के खातिर ले जाएगा। फिर कहता, भला हाथ तो आवे! मुबारक को मनावना कर मैं ऐश करूँगा। फिर जी में यह खतरा आता कि अगर मुबारक भी क़ुबूल करे तो जिनों के हाथ से वही नौबत मेरी होगी जो पादशाहज़ादे की हुई। और इस शहर का पादशाह कब चाहेगा कि उसका बेटा मारा जाए और दूसरा खुशी मनाए!

तमाम रात नींद उचाट हो गई और इसी मनसूबे के उलझेड़े में कटी। जब रोज रौशन हुआ, मैं चला। चौक में से अच्छे-अच्छे थान पोशाकी और गोटा-किनारी और मेवा खुश्क-ओ-तर खरीद करके उस बुजुर्ग की खिदमत में हाज़िर हुआ। निहायत खुश होकर बोला कि सबको अपनी जान से ज्यादह कुछ अज़ीज़ नहीं। पर अगर मेरी जान भी तेरे काम आवे तो दिरेग़ न करूँ और अपनी बेटी तेरे हवाले करूँ। लेकिन यही खौफ़ आता है कि इस हरकत से तेरी जान को खतरा न हो कि यह दाग़ लानत का मेरे ऊपर ताक़यामत रहे। मैंने कहा, अब तक इस बस्ती में बेकस वाक़ा हूँ और तुम मेरे दीन-दुनिया के बाप हो। मैं इस आरज़ू

में मुद्दत से क्या-क्या तबाही और परेशानी खींचता हुआ और कैसे-कैसे सदमे उठाता हुआ यहाँ तक आया और मलतब का भी सुराग़ पाया। खुदा ने तुम्हें भी मेहरबान किया जो ब्याह देने पर रज़ामन्द हुए। लेकिन मेरे वास्ते आगापीछा करते हो। ज़रा मुनसिफ़ होकर ग़ौर फरमाओ तो इश्क़ की तलवार से सिर बचाना और अपनी जान को छुपाना किस मज़हब में दुरुस्त है? हरचे बादाबाद, मैंने सब तरह अपने तईं बरबाद दिया है। माशूक़ के विसाल को मैं ज़िन्दगी समझता हूँ। अपने मरने-जीने की मुझे कुछ परवाह नहीं बल्कि नाउमीद हूँगा तो बिन अजल मर जाऊँगा और तुम्हारा क़यामत में दामनगीर हूँगा।

ग़रज़ इस गुफ्त-ओ-शनीद, हाँ-नाह में क़रीब एक महीने के खौफ़-ओ-रज़ा में गुजरा। हर रोज़ उस बुजुर्ग की खिदमत में दौड़ा जाता और खुशामद-बरामद किया करता। इत्तिफाकन् वह बूढ़ा काहिला हुआ। मैं उसकी तीमारदारी में हाज़िर रहा। हमेशा क़ारूरा हकीम पास ले जाता। जो नुस्खा लिख देता, उसी तरकीब से बनाकर पिलाता। और शूला और ग़िज़ा अपने हाथ से पका कर कोई निवाला खिलाता। एक दिन मेहरबान होकर कहने लगा, "ऐ जवान! तू बड़ा जिद्दी है। मैंने हरचन्द सारी क़बाहतें कह सुनाईं और मना करता हूँ कि इस काम से बाज़ आ। जी है तो जहान है। पर ख्वाहमख्वाह कुएँ में गिरा चाहता है! अच्छा आज अपनी लड़की से तेरा मज़कूर करूँगा। देखूँ वह क्या कहती है। या फुकरा अल्लाह! यह खुशखबरी सुनकर मैं ऐसा फूला कि कपड़ों में न समाया। आदाब बजा लाया और कहा कि अब आपने मेरे जीने की फिक्र की। रुखसत होकर मकान पर आया और तमाम शब मुबारक से यही ज़िक्र-मज़कूर रहा। कहाँ की नींद और कहाँ की भूख! सुबह को नूर के वक्त फिर जाकर मौजूद हुआ। सलाम किया। फरमाने लगा कि लो! अपनी बेटी हमने तुमको दी। खुदा मुबारक करे। तुम दोनों को खुदा की हिफ्ज़ और अमान में सौंपा। जब तलक मेरे दम में दम है, मेरी आँखों के साम्हने रहो। जब मेरी आँख मुँद जाएगी, जो तुम्हारे जी में आवेगा सो कीजो, मुख्तार हो!

कितने दिन पीछे वह मर्द-ए-बुजुर्ग जान-बहक़ तसलीम हुआ। रो-पीटकर तजहीज़-तकफ़ीन किया। बाद तीजे के उस नाज़नीं को मुबारक डोली कर-कर कारवां सरा में ले आया और मुझसे कहा कि यह अमानत मलिक सादिक़ की है। खबरदार! खयानत न कीजो और यह मेहनत-मशक्कत बरबाद न दीजो! मैंने कहा, "ऐ काका! मलिक सादिक़ यहाँ कहाँ है? दिल नहीं मानता। मैं क्यों कर सब्र करूँ। जो कुछ हो सो हो। जीऊँ या मरूं, अब तो ऐश कर लूँ।" मुबारक ने दिक़ होकर डाँटा कि लड़कपन न करो। अभी एक दम में कुछ का कुछ हो

जाता है। मलिक सादिक़ को दूर जानते हो जो उसका फरमाना नहीं मानते हो? उसने चलते वक्त पहले ही ऊँच-नीच सब समझा दी है। अगर उसके कहने पर रहोगे और सही-सलामत उसको वहाँ तक ले चलोगे तो वह भी पादशाह है, शायद तुम्हारी मेहनत पर तवज्जुह करके तुमही को बख्श दे, तो क्या अच्छी बात होवे! पीत की पीत और मीत का मीत हाथ लगे।

बारे उसके डराने और समझाने से मैं हैरान होकर चुपका हो रहा। दो साँडनियाँ खरीद कीं और कुजाओं पर सवार होकर मलिक सादिक़ के मुल्क की राह ली। चलते-चलते एक मैदान में एक आवाज़ गुल-शोर की आने लगी। मुबारक ने कहा, ''शुक्र खुदा का! हमारी मेहनत नेक लगी! यह लश्कर जिनों का आ पहुँचा।'' बारे मुबारक ने उनसे मिल-जुल कर पूछा कि कहाँ का इरादा किया है? वो बोले कि बादशाह ने तुम्हारे इस्तक़बाल के वास्ते हमें तायनात किया है। अब तुम्हारे फरमाँबरदार हैं। अगर कहो तो एक दम में रूबरू ले चलें। मुबारक ने कहा, ''देखो! किस-किस मेहनतों से खुदा ने बादशाह के हुजूर में हमें सुर्खरू किया। अब जल्दी क्या ज़रूर है? अगर खुदानख्वास्ता कुछ खलल हो जावे तो हमारी मेहनत अकारत हो और जहाँपनाह की ग़ज़बी में पड़ें।'' सभों ने कहा, इसके तुम मुख्तार हो। जिस तरह जी चाहे चलो। अगरचे सब तरह का आराम था पर रातदिन चलने से काम था।

जब नज़दीक जा पहुँचे मैं मुबारक को सोता देखकर उस नाज़नीन के क़दमों पर सिर रखकर, अपने दिल की बेक़रारी और मलिक सादिक़ के सबब से लाचारी निहायत मिन्नत-ओ-ज़ारी से कहने लगा कि जिस रोज़ से तुम्हारी तस्वीर देखी है, ख्वाब-ओ-खूरिश और आराम मैंने अपने ऊपर हराम किया है। अब जो खुदा ने यह दिन दिखाया तो महज़ बेगाना हो रहा हूँ। फरमाने लगी कि मेरा भी दिल तुम्हारी तरफ मायल है कि तुमने मेरी खातिर क्या-क्या हरज़-मरज़ उठाया और किस-किस मशक्क़तों से ले आये हो। खुदा को याद करो। और मुझे भूल न जाइयो। देखो तो पर्दा-ए-ग़ैब से क्या ज़ाहिर होता है। यह कहकर ऐसी बेइख्तियार डाढ़ मार कर रोई कि हिचकी लग गई। इधर मेरा यह हाल, उधर उसका वह अहवाल! इसमें मुबारक की नींद टूट गई। वह हम दोनों मुश्ताकों का रोना देखकर रोने लगा और बोला, ''खातिर जमा रक्खो! एक रौग़न मेरे पास है। इस गुलबदन के बदन में मल दूँगा। उसकी बूसे मलिक सादिक़ का जी हट जाएगा। ग़ालिब है कि तुम ही को बख्श दे।''

मुबारक से यह तदबीर सुन कर दिल को ढारस हो गई। उसके गले से लग कर लाड किया और कहा, ''ऐ दादा! अब तू मेरे बाप की जगह है। तेरे बाईस

मेरी जान बची। अब भी ऐसा कर जिसमें मेरी जिन्दगानी हो। नहीं तो इस ग़म में मर जाऊँगा। उसने ढेर-सी तसल्ली दी। जब रोज़ रौशन हुआ, आवाज़ जिनों की मालूम होने लगी। देखा, कई ख्वास मलिक सादिक़ के आए हैं और दो सिरेपाव हमारे लिए लाए हैं। और एक चौडूल मोतियों की तोड़ पड़ी हुई उनके साथ है। मुबारक ने नाज़नीन को वह तेल मल दिया और पोशाक पहना, बनाव करवा कर मलिक सादिक़ के पास ले चला। बादशाह ने देखकर मुझे बहुत सरफ़राज़ किया और इज्ज़त और हुरमत से बिठाया और फरमाने लगा कि तुझसे मैं ऐसा सलूक करूँगा कि कसू ने आज तक कसू से न किया होगा। बादशाहत तो तेरे बाप की मौजूद है। अलावा अब तू मेरे बेटे की जगह हुआ। ये तवज्जोह की बातें कर रहा था, इतने में वह नाज़नीं भी रूबरू आई। उस रोग़न की बू से यक-ब-यक दिमाग़ परागन्दा हुआ। और हाल बेहाल हो गया। ताब उस बास की न ला सका। उठकर बाहर चला गया। और हम दोनों को बुलवाया और मुबारक की तरफ मुतवज्जोह होकर फ़रमाया कि क्योंजी! खूब शर्त बजा लाए!

मैंने खबरदार कर दिया था कि अगर खयानत करोगे तो ख़फ़गी में पड़ोगे। यह बू कैसी है? अब देखो तुम्हारा क्या हाल करता हूँ! बहुत जिज़बिज़ हुआ। मुबारक ने मारे डर के अपना ईज़ारबन्द खोल कर दिखा दिया कि पादशाह सलामत! जब हुज़ूर के हुक्म से इस काम के हम मुतैय्यन हुए थे, ग़ुलाम ने पहले ही अपनी अलामत काटकर, डिबिया में बन्द करके सर ब-मुहर सरकार के खज़ाँची के सिपुर्द कर दी थी। और सुलेमानी मरहम लगाकर रवाना हुआ था। मुबारक से यह जवाब सुनकर मेरी तरफ आँखें निकाल के घूरा और कहने लगा तो यह तेरा काम है! और तैश में आकर मुँह से बुरा-भला बकने लगा। उस वक्त उसके बतकहाव से यह मालूम होता था शायद जान से मुझे मरवा डालेगा। जब मैंने उसके बुशरे से यह दरयाफ्त किया अपने जी से हाथ धो कर और जान खोकर सर-ए-गिलाफ मुबारक की कमर से खींच कर मलिक सादिक़ की तोंद में मारी। छुरी के लगते ही निहुड़ा और झूँमा। मैंने हैरान होकर जाना कि मुक़र्रर मर गया। फिर अपने दिल में खयाल किया कि जख्म तो ऐसा कारी नहीं लगा। यह क्या सबब हुआ! मैं खड़ा देखता था कि वह ज़मीन पर लोट-लाट गेंद की सूरत बन कर आसमान की तरफ उड़ चला। ऐसा बुलन्द हुआ कि आखिर नज़रों से ग़ायब हो गया। फिर एक पल के बाद बिजली की तरह कड़कता और गुस्से में कुछ बे-मानी बकता हुआ नीचे आया और मुझे एक लात मारी कि मैं त्यौरा कर चारों शाने चित गिर पड़ा और जी डूब गया। खुदा जाने कितनी देर में होश आया। आँखें खोलकर जो देखा तो एक ऐसे जंगल में पड़ा हूँ कि जहाँ सिवाए कीकड़, टेंण्टी और झड़बेरों

के दरख्तों के कुछ और नज़र नहीं आता। अब उस घड़ी अक्ल कुछ काम नहीं करती कि क्या करूँ और कहाँ जाऊँ। ना-उमीदी से एक आह भर कर एक तरफ की राह ली। अगर कहीं कोई आदमी की सूरत नज़र पड़ती तो मलिक सादिक़ का नाम पूछता। वह दीवाना जान कर जवाब देता कि हमने तो उसका नाम भी नहीं सुना।

एक दिन पहाड़ पर जाकर मैंने भी इरादा किया कि अपने तईं गिराकर ज़ाया करूँ। जो मुस्तैइद गिरने का हुआ, वही सवार साहब-ए-जुलफिक़ार बुरक़ापोश आ पहुँचा। और बोला कि क्यों तू अपनी जान खोता है? आदमी पर दुख-दर्द सब होता है। अब तेरे बुरे दिन गए और भले दिन आए। जल्द रूम को जा। तीन शख्स ऐसे ही आ गए हैं। उनसे मुलाक़ात कर और वहाँ के सुलतान से मिल। तुम पाँचों का मतलब एक ही जगह मिलेगा। इस फ़कीर की सैर का यह माजरा है जो अरज़ किया। बारे, बशारत से अपने मौला मुश्किलकुशा की मुर्शिदों के हज़ूर में आ पहुँचा हूँ और पादशाह-ए-ज़िल उल्लाह की भी मुलाज़िमत हासिल हुई। चाहिए कि अब सब की खातिर जमा हो।

ये बातें चार दरवेश और बादशाह आज़ादबख्त में हो रही थीं कि इतने में एक मोहल्ली पादशाह के महल में से दौड़ा हुआ आया और मुबारकबाद की तसलीमें बादशाह के हुज़ूर में बजा लाया और अर्ज़ की कि इस वक्त शाहज़ादा पैदा हुआ कि आफताब और महताब उसके हुस्न के रूबरू शरमिन्दा हैं। पादशाह ने मुतअज्जिब होकर पूछा कि ज़ाहिर में तो कसू को हमल न था, यह आफताब किस के बुर्ज-ए-हमल से नमूद हुआ? उसने इल्तिमास किया कि माहरू खवास, जो बहुत दिनों से ग़ज़ब-ए-पादशाही में पड़ी थी, बेकसों के मानिन्द एक कोने में रहती थी। और मारे डरके उसके नज़दीक कोई न जाता, न अहवाल पूछता था। उस पर यह फ़ज़ल-ए-इलाही हुआ कि चान्द-सा बेटा उसके पेट से पैदा हुआ।

पादशाह को ऐसी खुशी हासिल हुई कि शायद शादी-ए-मर्ग हो जाएगी। चारों फक़ीरों ने भी दुआ दी कि भला बाबा! तेरा घर आबाद रहे और उसका क़दम मुबारक हो। तेरे साये के तले बूढ़ा-बड़ा हो। बादशाह ने कहा, यह तुम्हारे क़दम की बरकत है। ओइल्लाना, अपने तो सान गुमान में भी यह बात न थी। इजाज़त हो तो जाकर देखूँ। दरवेशों ने कहा, ''बिस्मिल्ला! सिधारिए।'' पादशाह महल में तशरीफ ले गए। शहज़ादे को गोद में लिया और शुक्र परवरदिगार की जनाब में किया। कलेजा ठण्डा हुआ। वोंही छाती से लगाए हुए लाकर फक़ीरों के क़दमों पर डाला। दरवेशों ने दुआएँ पढ़कर झाड़-फूँक दिया। पादशाह ने जश्न की तैयारी की। दोहरी नौबतें झड़ने लगीं। खज़ाने का मुँह खोल दिया। दाद-ओ-

दहिश से एक कौड़ी के मोहताज को लखपति कर दिया। अरकान-ए-दौलत जितने थे, सब की दो चन्द जागीर-ओ-मनसब के फरमान हो गए। जितना लश्कर था उन्हें पाँच बरस की तलब इनाम हुई। मशायख और अकाबिर को मदद-ए-मआश और आल तमग़ा इनायत हुआ। बेनवाओं के मयते और टुकड़गदाओं के चमले अशरफी और रूप्यों की खिचड़ी से भर दिये। और तीन बरस का खजाना रैयत को मुआफ किया कि जो कुछ बोएँ और जोतें दोनों हिस्से अपने घरों में उठा ले जाएँ।

तमाम शहर में, हज़ारी-बाज़ारी के घरों में, जहाँ देखो वहाँ तई-थई नाच हो रहा है। मारे खुशी के हर एक अदना-आला बादशाह-ए-वक्त बन बैठा। ऐन शादी में एकबारगी अन्दरून-ए-महल से रोने-पीटने का ग़ुल उठा। खवासे और तुर्किनियाँ और उर्दाबेगनियाँ और मुहल्ली खोजे सर में खाक डालते हुए बाहर निकल आए और बादशाह से कहा कि जिस वक्त शहज़ादे को नहला-धुलाकर दाई की गोद में दिया, एक अब्र का टुकड़ा आया और दाई को घेर लिया। बाद एक दम के देखें तो अंगा बेहोश पड़ी है और शहज़ादा ग़ायब है। यह क्या क़यामत टूटी? बादशाह यह सब तअज्जुबात सुनकर हैरान हो रहा और तमाम मुल्क में वावेला पड़ी। दो दिन तलक कसू के घर हाँडी न चढी। शहज़ादे का ग़म खाते और अपना लहू पीते थे।

ग़रज़ ज़िन्दगानी से बेज़ार थे जो इस तरह जीते थे। जब तीसरा दिन हुआ, वही बादल फिर आया और एक पिनघोला, जड़ाव मोतियों की तोड़ पड़ी हुई, लाया। उसे महल में रखकर आप हवा हुआ। लोगों ने शहज़ादे को उसमें अंगूठा चूसते हुए पाया। पादशाह बेगम ने जल्दी बलाएं लेकर, हाथों में उठाकर छाती से लगा लिया। देखा तो कुर्ता आब-ए-रवाँ का, मोतियों का दर दामन टका हुआ गले में है। और उस पर शलूका तमामी का पहनाया है। और हाथ-पाँव में खडवें मुरस्सा के और गले में हैकल नौरतन की पड़ी है। और झुँझुना, चुसनी, चट्टे-बट्टे जड़ाव धरे हैं। सब मारे खुशी के वारी-फेरी होने लगीं और दुआएँ देने लगीं कि तेरी माँ का पेट ठण्डा रहे और तू बूढ़ा आढ़ा हो।

बादशाह ने एक बड़ा महल नया तामीर करवा कर, और फर्श बिछवा, उसमें दरवेशों को रक्खा। जब सलतनत के काम से फराग़त होती तब आ बैठते। और सब तरह से खिदमत और खबरगीरी करते। लेकिन हर चान्द की नवचन्दी जुमेरात को वही पारा-ए-अब्र आता और शहज़ादे को ले जाता। बाद दो दिन के, तोहफे, खिलौने और सौग़ातें हर एक मुल्क की और हर एक क़िस्म की शहज़ादे के साथ ले आता जिनके देखने से अक्ल इंसान की हैरान हो जाती। इसी क़ाइदे से शहज़ादे

ने खैरियत से सातवें बरस में पाँव दिया। ऐन सालगिरह के रोज़ पादशाह आज़ादबख्त ने फक़ीरों से कहा कि साईं अल्लाह! कुछ मालूम नहीं होता कि शहज़ादे को कौन ले जाता है और फ़िर दे जाता है! बड़ा ताज्जुब है। देखिए अंजाम इसका क्या होता है। दरवेशों ने कहा : एक काम करो। एक शुक्का शौक़िया इस मज़मून का लिखकर शहज़ादे के गहवारे में रख दो कि तुम्हारी मेहरबानगी और मुहब्बत देखकर अपना भी दिल मुश्ताक़ मुलाकात का हुआ है। अगर दोस्ती की राह से अपने अहवाल की इत्तिला दीजिए तो खातिर जमा हो और हैरानी बिलकुल दफ़ा हो। बादशाह ने मुआफिक़ सलाह दरवेशों के अफशानी काग़ज पर एक रुक्का इसी इबारत का तरक़ीम किया और महदे-ज़र्री में रख दिया।

शहज़ादा बमूजिब क़ाइदा-ए-क़दीम के गायब हुआ। जब शाम हुई, आज़ादबख्त दरवेशों के बिस्तरों पर आकर बैठे और कलमाकलाम होने लगा। एक काग़ज़ लिपटा हुआ पादशाह के पास आ पड़ा। खोलकर पढ़ा तो जवाब उसी शुक्के का था। ये ही दो सतरें लिखी थीं कि हमें भी अपना मुश्ताक़ जानिए। सवारी के लिए तख्त जाता है। इस वक्त अगर तशरीफ लाइए तो बेहतर है। बाहम मुलाक़ात हो। सब असबाब ऐश-ओ-तरब का मुहय्या है। साहब ही की जगह खाली है। पादशाह आज़ादबख्त दरवेशों को हमराह लेकर तख्त पर बैठे। वह तख्त हज़रत सुलेमान के तख्त के मानिन्द हवा पर चला। रफ्ता-रफ्ता ऐसे मकान पर जा उतरे कि इमारत-ए-आलीशान और तैयारी का सामान नज़र आता है। लेकिन यह मालूम नहीं होता कि यहाँ कोई है या नहीं। इतने में कसू ने एक-एक सलाई सुलेमानी सुरमे की उन पाँचों की आँखों में फेर दी। दो-दो बूंदें आँसू की टपक पड़ीं। परियों का अखाड़ा देखा कि इस्तिक़बाल की खातिर गुलाबपाशें लिए हुए और रंगबिरंग के जोड़े पहने हुए खड़ा है।

आज़ादबख्त आगे चले तो दो रूप्या हजारों परीज़ाद मुअद्दब खड़े हैं। और सदरमें एक तख्त ज़मर्रद का धरा है। उस पर मलिक शहबाल शाहरुख का बेटा तकिए लगाए, बड़े तुज़क से बैठा है। और एक परीज़ाद लड़की रूबरू बैठी शहज़ादा-ए-बख्तयार के साथ खेल रही है और दोनों बगल में कुरसियाँ और सन्दलियाँ क़रीने से बिछी हैं। उन पर उमदा परीज़ाद बैठे हैं। मलिक शहबाल पादशाह को देखते ही सर-ओ-क़द्द उठा और तख्त से उतरकर बग़लगीर हुआ और हाथ में हाथ पकड़े अपने बराबर तख्त पर लाकर बिठाया और बड़े तपाक और गर्मजोशी से बाहम गुफ्तगू होने लगी। तमाम रोज़ हँसी-खुशी, खाने और मेवे और खुशबुओं की ज़ियाफ़त रही। और राग-रंग सुना किए। दूसरे दिन जब फिर दोनों पादशाह जमा हुए, शहबाल ने पादशाह से दरवेशों को साथ लाने की कैफ़ियत पूछी।

बादशाह ने चारों बेनवाओं का माजरा जो सुना था मुफस्सल बयान किया और सिफारिश की और मदद चाही कि इन्होंने इतनी मेहनत और मुसीबत खींची है और अब साहिब की तवज्जोह से अगर अपने-अपने मक़सद को पहुँचें तो सवाब-ए-अज़ीम है, और यह मुखलिस भी तमाम उम्र शुक्रगुज़ार रहेगा। आप की नज़र-ए-तवज्जोह से इन सब का बेड़ा पार होता है। मलिक शहबाल ने सुनकर कहा, बसरोचश्म, मैं तुम्हारे फरमाने से क़ासिर नहीं। यह कहकर निगाह-ए-गर्म से देवों और परियों की तरफ देखा। और बड़े-बड़े जिन, जो जहाँ सरदार थे उनको नामे लिखे कि इस फरमान के देखते ही अपने तईं हुजूर-ए-पुरनूर में हाज़िर करो। अगर किसी के आने में तवक्कुफ होगा तो अपनी सज़ा पावेगा और पकड़ा हुआ आवेगा। और आदमज़ाद ख्वाह औरत, ख्वाह मर्द, जिसके पास हो उसे अपने साथ लिए आवे। अगर कोई पोशीदा कर रक्खेगा और सानी-उल-हाल ज़ाहिर होगा तो उसका ज़न ओ बच्चा कोल्हू में पैरा जाएगा और उसका नामनिशान बाक़ी न रहेगा।

यह हुक्मनामा लेकर देव चारों तरफ मुतय्यन हुए। यहाँ दोनों बादशाहों में सुहबत गर्म हुई और बातें इख्तिलातकी होने लगीं। उसमें मलिक शहबाल दरवेशों से मुखातिब होकर बोला कि अपने तईं भी बड़ी आरजू लड़के होने की थी और दिल में यह अहद किया था कि अगर खुदा बेटा दे या बेटी, तो उसकी शादी बनी आदम के बादशाह के यहाँ जो लड़का पैदा होगा, उससे करूँगा। इस निय्यत करने के बाद मालूम हुआ कि बादशाह बेगम पेट से हैं। बारे दिन और घड़ियाँ और महीने गिनते पूरे दिन हुए और यह लड़की पैदा हुई। मुआफिक़ वाइदे के तलाश करने के वास्ते आलिम-ए-जिन्नियात को मैंने हुक्म किया। चार दाँग दुनिया में जुस्तजू करो। ज़िस बादशाह या शहंशाह के यहां फरजन्द पैदा हुआ हो उसको ब जिन्स एहतियात से जल्द उठाकर ले आओ। वोंही ब मोजिब फरमान के परीज़ाद चारों समत परागन्दा हुए। बाद देर के इस शहज़ादे को मेरे पास ले आए।

मैंने शुक्र खुदा का किया और अपनी गोद में ले लिया। अपनी बेटी से ज्यादह इसकी मुहब्बत मेरे दिल में पैदा हुई। दिल नहीं चाहता कि एकदम नज़रों से जुदा करूँ। लेकिन इस खातिर भेज देता हूँ कि अगर इस के माँ-बाप न देखेंगे तो उनका क्या अहवाल होगा। लिहाज़ा हर महीने में एक बार मँगा लेता हूँ। कई दिन अपने नज़दीक रखकर फिर भेज देता हूँ। इनशा-अल्लाताला अब हमारे-तुम्हारे मुलाक़ात हुई। उसकी कतखुदाई कर देता हूँ। मौत-हयात सबको लगी पड़ी है। भला जीतेजी उनका सेहरा देख लें।

पादशाह आज़ादबख्त ये बातें मलिक शहबाल की सुनकर और उसकी खूबियाँ देखकर निहायत महजूज़ हुए और बोले, पहले हमको शहज़ादे के गायब हो जाने

और फिर आजाने से अजब-अजब तरह के खतरे दिल में आते थे। अब साहिब की गुफ्तगू से तसल्ली हुई। यह बेटा अब तुम्हारा है। जिस में तुम्हारी खुशी हो कीजिए। ग़रज़ दोनों बादशाहों की सोहबत मानिन्द शक्कर-शीर के रहती और ऐश करते। दस-पाँच दिन के अरसे में बड़े-बड़े बादशाह गुलिस्तान-ए-इरम के और कोहिस्तान के और जज़ीरों के जिनकी तलब के खातिर लोग ताइनात हुए थे सब आकर हुज़ूर में हाजिर हुए। पहले मदिक़ सादिक से फरमाया कि तेरे पास जो आदमज़ाद है, हाज़िर कर। उसने निपट ग़म-गुस्सा खाकर, लाचार उस गुल-ए-ईज़ार को हाज़िर किया। और विलायत-ए-अम्मान के बादशाह से शहज़ादी जिन को, जिसके वास्ते शहज़ादा मुल्क नीमरोज़ का गाव सवार होकर सौदाई बना था, माँगी। उसने भी बहुत-सी उज्र माज़िरत करके हाज़िर की। जब बादशाह फरंग की बेटी और बहज़ादखाँ को तलब किया, सब मुनकिर पाक हुए और हज़रत सुलेमान की क़सम खाने लगे।

आखिर दर्या-ए-कलज़म के पादशाह से जब पूछने की नौबत आई, तो वह सर नीचा कर के चुप हो रहा। मलिक शहबाल ने उसकी खातिर की और कसम दी और उम्मीदवार सरफराज़ी का किया और धोंस-धड़का भी दिया। तब वह भी हाथ जोड़कर अर्ज़ करने लगा कि पादशाह सलामत! हक़ीक़त यह है कि जब पादशाह अपने बेटे के इस्तिक़बाल की खातिर दर्या पर आया और शहज़ादे ने मारे जलदी के घोड़ा दर्या में डाला, इत्तिफाकन मैं उस रोज़ से सैर-ओ-शिकार की खातिर निकला था। उस जगह मेरा गुज़र हुआ। सवारी खड़ी करके यह तमाशा देख रहा था। इसमें शहज़ादी को भी घोड़ी दर्या में ले गई। मेरी निगाह जो उस पर पड़ी दिल बेइख्तियार हुआ। परीज़ादों को हुक्म किया कि शहज़ादी को बमै घोड़ी ले आओ। उसके पीछे शहज़ादखाँ ने घोड़ा फेंका। जब वह भी गोते खाने लगा, उसकी दिलावरी और मर्दानगी पसन्द आई। उसको भी हाथों-हाथ पकड़ लिया। उन दोनों को लेकर मैंने सवारी फेरी। सो वे दोनों सही-सलामत मेरे पास मौज़ूद हैं।

यह अहवाल कहकर दोनों को रूबरू बुलाया और सुलतान-ए-शाम की शहज़ादी की तलाश बहुत की और सभों से बसख्ती व मुलाइमत इस्तिफसार किया, लेकिन कसू ने हामी न भरी और न नाम-ओ-निशान बताया। तब मलिक शहबाल ने बताया कि कोई बादशाह या सरदार ग़ैरहाज़िर भी है या सब आ चुके? जिनों ने अर्ज़ की कि जहाँपनाह! सब हज़ूर में आए हैं मगर एक मुसलसल जादू जिसने कोहकाफ़ के पर्दे में एक क़िला जादू के इल्म से बनाया है, वह अपने ग़ुरूर से नहीं आया है। और हम ग़ुलामों को ताक़त नहीं जो बज़ोर उसको पकड़

लावें। वह बड़ा क़ल्ब मकान है और वह खुद भी बड़ा शैतान है।

यह सुनकर मलिक शहबाल को तैश आया और लड़ाकी फौज जिनों और इफरीतों और परीज़ादों की ताईनात की और फरमाया, अगर रास्ती में उस शहज़ादी को साथ लेकर हाज़िर हो, फबाहा व इल्लाना, उसको ज़ेर-ओ-ज़बर करके मुश्कें बाँधकर ले आओ। और उसके गढ़ को और मुल्क को नेस्त-नाबूद करके, गधे का हल फिरवा दो।" वोंही हुक्म होते ही ऐसी कितनी फौज रवाना हुई कि एक-आध दिन के अरसे में वैसे जोश-खरोश वाले सरकश को हल्का-ब-गोश करके पकड़ लाए और हुज़ूर में दस्तबस्ता खड़ा किया। मलिक शहबाल ने हरचन्द सरज़निश करके पूछा लेकिन उस मग़रूर ने सिवाय ना-नूह के हाँ न की। निहायत गुस्से होकर फरमाया कि इस मरदूद के बन्दबन्द जुदा करो और खाल खींचकर भुस भरो। और परीज़ाद के लश्कर को तैय्युन किया कि कोह-ए-काफ़ में जाकर ढूंढ-ढाँढ़कर पैदा करो। वह लश्कर-ए-मुतैय्यना शहज़ादी को भी तलाश करके ले आया और हुज़ूर में पहुँचाया। उन सब असीरों ने और चारों फ़क़ीरों ने मलिक शहबाल का हुक्म और इनसाफ देखकर दुआएं दीं और शाद हुए। पादशाह आज़ादबख्त भी बहुत खुश हुआ। तब मलिक शहबाल ने फरमाया कि मर्दों को दीवान-ए-खास में और औरतों को पादशाही महल में दाखिल करो और शहर में आईनाबन्दी का हुक्म करो। और शादी की तैयारी जल्दी हो। गोया हुक्म की देर थी!

एक रोज़ नेक साअत और मुबारक महूरत देखकर शहज़ादा बख्तयार का अक्द अपनी बेटी रौशन अख्तर से बाँधा। और ख्वाजाज़ादा यमन को दमश्क़ की शहज़ादी से ब्याहा। और मुल्क फारस के शहज़ादे का निकाह बसरे की शहज़ादी से कर दिया। और अजम के बादशाहज़ादे को फरंग की मलिका से मनसूब किया और नीमरोज़ के बादशाह की बेटी को बहजादखाँ को दिया। और शहज़ादा-ए-नीमरोज को जिन की शहज़ादी हवाले की। और चीन के शहज़ादे को, उस पीर मर्द-ए-अजमी की बेटी से, जो मलिक सादिक़ के कब्ज़े में थी, कतखुदा किया। हर एक नामुराद, बदौलत मलिक शहबाल के, अपने-अपने मक़सद और मुराद को पहुँचा। बाद इसके चालीस दिन तलक जश्न फरमाया और ऐश-ओ-आराम में रात-दिन मशग़ूल रहे।

आखिर मलिक शहबाल ने, हर एक पादशाहज़ादे को तोहफे और सौग़ातें और माल-असबाब दे-दे कर अपने-अपने वतन को रुखसत किया। सब बखुशो-ओ-खातिरजमई रवाना हुए और बखैर-ओ-आफ़ियत जा पहुँचे और बादशाहत करने लगे। मगर एक बहज़ादखाँ और ख्वाजा-ज़ादा यमन का अपनी खुशी से बादशाह आज़ादबख्त की रिफ़ाक़त में रहे। आखिर यमन के ख्वाजाज़ादे को खाँसामाँ

और बहज़ादखाँ को मीर बख्शी शहज़ाद ए-साहब-ए-इक़बाल याने बख्तयार का फौज का, किया। जब तलक जीते रहे, ऐश करते रहे। इलाही! जिस तरह ये चारों दरवेश और पाँचवाँ बादशाह आज़ादबख्त अपनी मुराद को पहुँचे, इसी तरह हर एक नामुराद का मक़सद-ए-दिली अपने करम और फज़ल से बर ला, बतुफैल पंजतन पाक, द्वाज़दह इमाम, चहारदह मासूम अलेहुम अस्सलवात व अस्सलाम के--आमीन या इलहउल आलमीन।

जब यह किताब फज्ल-ए-इलाही से इख्तिताम को पहुँची, जी में आया कि इसका नाम भी ऐसा रक्खूँ कि उसी में तारीख निकले। जब हिसाब किया तो बारह सौ पन्द्रह हिजरी के आखिर साल में कहना शुरू किया था। बाइस-ए-अदम-ए-फुरसत के बारह सौ सतरह सन की इबतिदा में अंजाम हुई। इस फिक्र में था कि दिल ने कहा, 'बाग़-ओ-बहार' अच्छा नाम है कि हमनाम ओ-हम तारीख इसमें निकलती है। तब मैंने यही नाम रक्खा। जो कोई इसको पढ़ेगा गोया बाग की सैर करेगा। बलिक बाग को आफत-खिज़ाँ की भी है और इसको नहीं। यह हमेशा सरसब्ज़ रहेगा—

मुरत्तब हुआ यजब यह 'बाग़-ओ-बहार'
थी सन बारह सौ सतहदर-शुमार
करो सैर अब इसकी तुम रात-दिन
कि है नाम-ओ-तारीख 'बाग़-ओ-बहार'
खज़ाँ का नहीं इसमें आसेब कुछ
हमेशा तर-ओ-ताज़ा है यह बहार
मेरे खूने-दिल से यह सैराब है
और लख्ते-जिगर के हैं सब बर्ग-ओ-बार
मुझे भूल जावेंगे सब बादे-मर्ग
रहेगा मगर यह सुख यादगार
इसे जो पढ़े याद मुझको करे
यही कारियों से मेरा है क़रार
खता गर कहीं हो तो रखियो मुआफ़
कि फूलों में पोशीदा रहता है खार
है इनसाँ मुरक्कब जसहू-ओ-खता
यह चूकेगा हरचन्द हो होशियार
मैं इसके सिवा चाहता कुछ नहीं

यही है दुआ मेरी ऐ कर्दगार!
तेरी याद में मैं रहूँ दम-बदम
कटे इस तरह मेरा लैल-ओ-निहार
न पुरसिश की सख्ती हो मुझपर कभी
न शब गोर की और न रोज़े-शुमार
तो कोनैन में लुत्फ़ पर लुत्फ़ रख
खुदाया! बहक्के रसूल-ए-किबार।

शब्दावली

अ

अबूजहल	हज़रत मुहम्मद साहब के समय का एक नास्तिक जो हज़रत का प्रतिद्वन्द्वी और दुश्मन था। नाम अबूजहल निपट जहालत का प्रतीक है।
अजान	बेजान।
अछवानी	अजवाइन के शीरे को छोंक देकर,सोंठ मिला कर जच्चा को दिया जाने वाला पेय।
अहदी	सिपाही, अकबर के ज़माने में बनाई गई सुरक्षा-सेना का नाम।
अकाबिर	बड़े।
असाग़िर	छोटे।
अग़लब	मुमकिन,बहुधा।
अरकान	रुकन,बड़े अफसर।
अस्थान	विशेष स्थान।
अधार	आधार।
अदक़चा	कीमती चादर।
अफ़शानी कागज	विशेष सुनहरी क़ागज़।
अलुमरफ़ोक़ उलअदब	हुक्म का दर्जा अदब से बड़ा है।
अलुजूअ	भूख।
अलमास	हीरा।
अलंग	दिशा,किले की दीवार।
अनार-दाऊदी	वह अनार जिससे गुलदाऊदी फूल झड़ें।
अनचित	अचानक।
अंगा	दाया।
अंगुश्तरी	अंगूठी
अनगिना महीना	हमल का आठवां महीना।
अज़म	ईरान।
अजल	मौत।
अज़चे बेहतर	इससे अच्छा क्या?
अतफ़ाल	बच्चे।
अमरद	लड़का, लौंडा।
अयां रा चे बयान	स्पष्ट क्या बयान।
अयाल	बीवी।
अशरफुल मखलूकात	श्रेष्ठ प्राणी,मानव।
अशरफुल बलाद	बड़ा शहर।
अलामत	निशानी,लिंग।
अद्धी	आधी दमड़ी
अलीउल इतलाक़	बिना ताल्लुक,बिना शर्त।
अमल	हुकूमत
अमू	चचा

आ

आक़िबत	अंत,मृत्यु,परिणाम।
आक़िलां खुद दानन्द	अक़्लमंद ख़ुद जानते समझते हैं।

आबदार-ख़ाना	पानी रखने का मकान।
आबशोरा	खट्टा पानी, जलज़ीरा या पन्ना।
आज़र	मूर्तिकार
आजिज़	फ़िदवी, दीन
आबे-रवां	बारीक मलमल, डोरिया, बहता पानी
आठों जाम	आठोंयाम
आदीना	जुमा, शुक्रवार
आल	परिवार
आदांत सुखी	आद्यंत सुखी, हमेशा सुखी
आफ़्ताबा	दस्तीवाला सुराहीनुमा लोटा
आलतमग़ा	इनाम के तौर पर बख़्शी गई जागीर की सनद
आवेज़ाह	कान का बुंदा
आसी	गुनहगार (मैं)
आस्ताना बोसी	क़दमबोसी, विनम्रता
आहिनी	लोहे का मज़बूत

इ-ई

इज़तराबी	बेचैनी
इज़दिहाम	भीड़, हजूम
इश्तियाक़	शौक़, प्रेम
इलतिमास	प्रार्थना
इहतियाज	हाजत, ज़रूरत
इस्तादे	तम्बू या शामियाने के पोल, बल्ली या बांस
इन्सिराम	इन्तिज़ाम
इल्मे-हिकमत-ओ-तसख़ीर	जादू-टोना, तंत्र-मंत्र का ज्ञान
इल्ला वा	वरना, नहीं तो
इमकान	संभावना
इश्क-मुश्क	मुहब्बत की गंध (छिप-छिप कर मिलना)
इस्तिफ़सार	पूछ-ताछ, इसरार
इफ़रीतों	देवों

उ-ऊ

उपराला	मदद, उपाय
उतारा	वह स्थान जहां परियां उतरती हैं, पड़ाव
उम्मीदे-क़वी	प्रबल आशा
उल्शे-खास	ख़ास लोगों का जूठन
उस्तुख़्वान	हड्डी
उरदाबेगनी	मर्दाने वेश में सशस्त्र पहरा देने वाली औरतें
उकत	क्षमता
उलाक़	सवारी, चौकी का घोड़ा
ऊलूलअज़्म	बड़े इरादे वाला
ऊंट चढ़े कुत्ता काटे	असंभव बात के लिए कहा जाता है। या इस अर्थ में कि जब शामत आती है तो कोई बचाव नहीं हो पाता
ऊपची	पांचों हथियार बांधे सिपाही।
उम्दा	रईस, सरदार
ऊद	अगरधूप
ऊदसोज़	अगर धूप जलाने की अंगीठी

क

काज़िब	झूठा
कावे देना	घोड़े को करतब से घुमाना
कयाफा	चेहरा
काहिला	बीमार
कब	कवि
कतख़ुदा करना	निकाह (शादी) करना
कुजावाह	ऊंट की काठी
कचकोल	फ़क़ीरों का कासा
कधो	कभी
करछाल	चौकड़ी

करोंबियां	फरिश्ते
कुरियाल	बाज़ू सहलाना, मज़े करना
कुरियाल में गुलेला लगना	रंग में भंग
कसब	हुनर
कफ़े-दस्त मैदान	हाथ की हथेली जैसा साफ़ (बिना पेड़-झाड़ी) मैदान
कलझवां	सांवला
कुंदला	खैमा
कवाकिब	कोकब का बहुवचन-सितारे
कोट बांधकर बैठना	पलथी मारकर बैठना
कूर	अंधा
कोका	हमशीर भाई
कोला	गोद
कैंचली सी डाल दी	कायापलट हो गई
कीकड़	कीकर, बबूल
कैफ़ी	नशे में मस्त
क़हबा	बदकार औरत
क़बीला	बीवी, ख़ानदान
क़बाहत	बुराई
क़बूली	चने की दाल की खिचड़ी
क़ाफिला बाशी	काफ़िले की सरदारी
क़राउल	लश्कर के आगे चलने वाला बंदूकची
कुरबान	पीठ पर तरकश बांधने का तसमा
क़िता	टुकड़ा
क़लब	ऊबड़-खाबड़ रास्ता
क़लमरो	सल्तनत
क़लमाक़नी	हथियारबंद हब्शी औरत पहरेदार
क़लिया	सादा सालन
क़लियान	हुक़्क़ा
कुवत	खुराक
क़दमरंजा होना	पधारना
क़ज़ाकार	संजोग से
क़ारून्	कुबेर-जैसा धनी, मूसा का भाई
क़ारी	कुरान पढ़ने वाला
क़ारूरा	मूत्र
क़िब्लगाह	बड़ा, पिता
क़िब्ला	मक्का शरीफ़, बड़ा
क़िब्ला-ए-आलम	जगत् पिता परमात्मा, बादशाह
क़िसास	खून का बदला खून
कुलंजरोग	पेट की बीमारी
कुस-ओ-कून	योनि और गुद
कोह-ए-काफ़	काकेशस पर्वत

ख

खातिम	अंगूठी
ख़ालस बरदार	बंदूकधारी अग्रिम सिपाही
ख़ागीना	अंडे का आम्लेट
ख़ानाज़ाद	घर का गुलाम
ख़रीत	संदेश रखने की थैली
ख़िश्त	ईंट
ख़ुम	मटका
ख़्वाब-ए-खरगोश	गाढ़ी नींद, बेखबरी
ख़ुदरूद	खुद उगने वाला, स्वयंभू
ख़्वासपुरा	नौकरों के रहने का महल का हिस्सा
ख़ुरजी	झोला

ख़ूज़ादी	स्वाभाविक सुन्दरी
ख़ूगीर	नमदा जो घोड़े की काठी से नीचे रखा जाता है
ख़लल-ए-अज़ीम	बड़ी रुकावट
ख़ता	खीतान देश
ख़ालिक-ओ-राज़िक़	सृष्टिकर्ता व पालनकर्ता
ख़िलवत	पोशाक
खुदा-न-खास्ता	खुदा न करे
खुमार-शिकनी	नशा टूटना
खुसिया	अंडकोश

ग

गजमोती	बड़ा कीमती मोती
गावदीदा	शीरमाल गोल रोटी
गावज़बान	शीरमाल लम्बोतरी रोटी
गुरसंगी	भूख
गुरमाबा	हमाम
गुज़रबान	बाहरी रास्तों के पहरेदार
गुज़री	रहगुज़र (फुटपाथ) पर लगने वाला बाज़ार
गलतकिया	छोटा गोल तकिया
गमत	टोली, संगत
गंजीफ़ा	ताश की तरह का एक खेल
गोशपेच	पगड़ी का तुर्रा
गोखरू	मुड़ा हुआ गोटा
गीदी	बेग़ैरत
ग़ट	भीड़
गुराब	जहाज़
गुर्रा	चांद की पहली रात, प्रतिपदा
गुलाम काफ़िरी	काफ़िर कौम का गुलाम
ग़ौरपरदाख्त	देखभाल
ग़ैबानी	बदकार औरत
ग़ालिब	बलवान, हावी
ग़िज़ा	ख़ुराक, अन्न
गिरिया	रुदन
गुफ़्तार	बोलचाल
गोरिस्तान	कब्रिस्तान

घ

घर घालना	घर तबाह करना
घर सेना	घरघुसा, काहिल निकम्मा

च

चार आईना	चार तख्तियों की ज़िरह बख्तर
चारकुब	अमीर-उमराव की लिबास
चाव-चोज़	लाड-प्यार
चिबल्ला	छिछोरा
चुटला	चोटी के पीछे लगाने का सोने-चांदी का गफ्फा
चरितर	चालाकी का आचरण
चरणबरदारी	चाकरी, सेवा
चढ़वाँजूता	ऊंची ऐड़ी का जूता
चिल्ला	चालीस दिन का समय, प्रत्यंचा
चुमाक़	लोहे की गदा
चंदे	चंद दिन
चंगीर	फूलों की टोकरी
चौजुगी	चार युग पुराना
चौडोल	चोकोर पालकी
चौगोशा	चारकोने वाली बड़ी किश्ती
चूचहा	तेज़ सुर्ख़ रंग
चीला	शाही गुलाम
चे खुश	क्या खूब !
चिर्म	चमड़ी, चर्म
चहारदह	चौदह

छ

छपतख्ती सुडौल, सुन्दर डील डौल
छड़ियां छड़ियों का मेला
छूछो पोतड़े धोने वाली

ज

जाही जूही, ज़मेली जैसा फूल, आतिशबाज़ी जिसमें से ऐसे फूल गिरते हैं।
जुर्राह नरबाज़ पक्षी
जिज़बिज़ होना नाक-भौं चढ़ाना
जल्द-दस्त तेज हाथ चलाने वाला
जिलव साथ
जोगनी को पीठ देना बुरी घड़ी बचाना
जोंरा-भौंरा तहखाना
ज़ादभूम जन्मभूमि
ज़रगरी सुनार का काम
ज़ेरान्दाज़ हुक्के या चिलमची के नीचे रखने का कपड़ा
ज़िल्ल साया
ज़िल्ल-ए-सुबहानी खुदा का साया-बादशाह
ज़िना व्यभिचार
जिमा संभोग
ज़ोअफ़ जुऊफ़ कमज़ोरी
जुमला वाक्य
जुस्त-ओ-जू तलाश, खोज
ज़ेर-ओ-ज़बर नीचे-ऊपर, डांवाडोल

झ

झाड़ा-झटक पाखाना
झलाबूर जगमगाता
झलम ज़ंजीरों की नक़ाब

ट

टुंडियां कसना बाहें जकड़ देना
टेंटी टींड, झाड़ी के फल जिनका अचार डाला जाता है

ठ

ठीप आग रखने का ठीकरा
ठुड्डियां चना आदि के बिना खिले सख्त दाने

ड

डोरयाना घोड़े को डोरी (लगाम) लगाना

ढ

ढलियत ढालधारी (चौकीदार)

त

तालीक़ा तालिका, सूची
ततुरी आवारा औरत
तखतानरू चार पांसों से खेलने का एक खेल
तिरपोलिया तीन दरवाजों का बड़ा फाटक
तरक़ीम लिखना
तसदीअ तकलीफ
तग़स्सन बदबू
तग़ैयर तबादला, ट्रांस्फर
तफ़ाऊत फ़र्क़
तक़ैयद ताकीद
तक्कश तरकश
तकिया फ़कीरों का डेरा
तकीनी छोटा तकिया
तग-ओ-दू दौड़-धूप

तमामी	धारीदार रेशमी कपड़ा
तमल्लुक़	खुशामद
तुनकी	खस्ता पतली रोटी
तुंगियाना	टंगियाना, घोड़े को टांग से ऐड़ लगाना
तवाज़ा किया	बख्शा, दिया
तल	टीला
तुवंगर	मालदार
तोड़	पालकी का परदा, झालर
तूरा	पकवान
तवक्कुफ़	ठहरना, कोताही
तहपोशी	पेटीकोट
ताक़-ए-कसरा	बादशाह नोशेरवां का प्रसिद्ध महल
ताक़-ए-कसरा का जुफ़्त	नोशेरवानी महल जैसा
तआमब.ख्श	करछी, बड़ा चमचा
तिलाबाफ़ी	सुनहरी तारों का बेलबूटेदार कपड़ा
तलब	तनख्वाह
तअम्मुल	सोचविचार, देर
तक़य्युद	प्रबंध, बंदोबस्त
तक़रीब	विशेष अवसर, त्यौहार

द

दाद-ए-इलाही	परमात्मा की देन
दाद-ओ-दिहिश	दान-धर्म, सख़ावत
दार-उल-शिफ़ा	हस्पताल, शफ़ाखाना
दारू-दरमन	दवा-दारू
ददा	दाई, धाया
दरखर्ची	फ़िज़ूलखर्ची
दरदामन	गोट, झालर
दिरमाहा	तनख़्वाह
दिसा करना	सफ़र करना
दस्त बसर करना	सलाम करना
दस्तपनाह	चिम्टा
दस्तकी	पाकेट-बुक, डायरी
दस्तगीर करना	गिरफ़्तार करना
दश्त-ए-क़िबचाक़	लुटेरे तुर्कों का जंगल
दलदा पेशगीर	छोटा जालीदार परदा, मसहरी
दिल चला कर	हिम्मत बाँधकर
दल्क़	फकीरों की गुदड़ी
दलबादल-सा	बहुत बड़ा-सा, फौजी
दिलगीर	उदास
दुलमियां	रुपयों की थैली
दमपुख़्त	दम लगाकर पकाया गया
दो प्याज़ा	प्याज़ भूनकर पकाया मांस
दो जी से होना	गर्भवती होना
दूध बढ़ाना	बच्चे का दूध छुटाना
दिहरा	मंदिर, देव-स्थान, मकान
दीदारू	दर्शनीय, सुन्दर
देरीना	पुराना, बड़ा-बूढ़ा
दय्या	धाया, दाई
दीवारगीरी	दीवार सजाने का कपड़ा
दह-यक्की	दस प्रतिशत

ध

धर मारना	पेशाब की धार मारना
धौल-छक्कड़	घूंसा-लात, मारपीट

न

नाफ़रमान	ऊदेरंग का लाला-जैसा फूल
नाशुदनी	बदनसीब, नालायक़
नाफ़े-शहर	शहर के बीचोंबीच
नाकतखुदा	निकाह न किया हुआ
नजिस-उलऐन	जो कभी पाक न हो सके
निझाना	ग़ौर से देखना
नरसिंगा	बजाने का सींग जैसा बिगुल
नरगाऊ	बैल
नआलबंदी	ख़राज देना
नूअमान	अरब का एक प्रसिद्ध बादशाह
नफ़र	साइस
नक़्श कालहजर	पत्थर की लकीर
नकघिसनी	नाक रगड़ना, खुशामद
नख	नाख़ून
नमश	रबड़ी
नमगीरा	छोटा तंबू
नंगिया लेना	छीन लेना
निवाड़ा	छोटी किश्ती
नवल	किराया
निहड़कर	झुककर
नयाबत करना	गायब होना
नैय्यर-ए-आज़म	सबसे बड़ा सितारा-सूरज
नेड़े	पास, निकट
नीम-आस्तीन	जाकेट

प

पटली	चौड़ी किश्ती
पटरी	छोटी तंग पगडंडी
पारा	टुकड़ा
पाखर	घोड़े का ज़िराबख़्तर
पज़ीरा हुआ	क़बूल हुआ
परछा होना	भीड़ का छंटना
पिछल पाई	डायन, चुड़ैल
पलवार	बड़ी किश्ती
पलास	मोटा कपड़ा, टाट
परवानगी	इजाज़त
पंडतख़ाना	कैदखाना
पंढलाना	फुसलाना
पैजाज़	जूते
पिंघोला	पालना, झूला

फ

फांकड़ा	फक्कड़, मुसटंडा, लफंगा
फुसाहंदा	बदबूदार, भौंडा
फ़ानूस-ए-खयाल	बच्चों को हाथी-घोड़ों की सवारी का चक्कर
फ़बह	बहुत खूब !
फ़हवाए-कलाम	बातचीत का अंदाज़
फर्द	फहरिस्त, सूची
फरसीख़	तीन मील का कोस
फिलजुमला	थोड़ी सी
बहा	क़ीमत

ब

बादिला	सोने-चांदी के तार, गोटा-जरी-रेशमी तारों से बुना कपड़ा
बाल बांधी कोड़ी मारना	अचूक निशाना लगाना
बूज़र	सुगंधित चीजें, लोबान आदि।
बदरह	थैली
बालापोश	पलंगपोश
बाइस हुआ	आग्रह किया।
बाक़रखानी	खस्ता तंदूरी रोटी, शीरमाल।

बादिया	प्याला,जंगल।
बारह-अभरण	बारह आभरण (जेवर)- हाथ-पांव, कमर, गला, नाक, कान,मस्तक आदि बारह अंगों के ज़ेवर।
बारीदार	पहरेदार,दरबान।
बाशा	एक शिकारी पक्षी।
बिलफेल	फिलहाल,इस वक्त।
बावबतास	भूत-प्रेत का साया।
बावर	यक़ीन
बुर्क़	ढकने का पर्दा।
बदतालेअ बदटू	बदनसीब लुटेरे
बरकंदाज़	बंदूकची
बिसाई	बिसात,ताकत
बसीख	आदत,स्वभाव।
बुशरा	चेहरा
बुक़चा	कपड़ों की गठरी।
बकाउल	बावरची
बकावली	तश्तरी।
बलदा	शहर।
बनोंत	ऊनी कपड़ा।
बंदौड़	नीच बांदी।
बनखण्डी	बनवासी साधु।
बूज़ना	बंदर
बूक़लमूं	रंग बरंगा।
बूज़ाफ़रोश	शराबफरोश।
बोल	पेशाब
बेबहा	बेशक़ीमत
बेचोबा	बिना कीलों का खेमा
बेसर	बिना सरदार के
बेसरोपाई	हैरानी परेशानी
बिलल्ली	बेवकूफ
बेमुहाबा	बिना सोचे-विचारे।
बेवसवास	बेखटके।
बैल न कूदा,कूदी गौन	जिसे बोलना या काम करना चाहिए,वह न करे,दूसरा करे।

भ

भगतिया	स्वांगी,नाचने वाला
भगना	भाई
भूचंपा	आतिशबाजी।
भंवरकली	गले में बाँधने का पट्टा
भूंडपैरी	मनहूस
भूई	कहार।

म

मआश	रोज़गार
मक़दूर	ताकत,शक्ति
मबादा	कहीं ऐसा न हो
मुबाफ़	चोटी में लगाने का रिबन (फ़ीता)
मुतअर्रिज	रोकने वाला
मुतआं	कुछ समय तक का निकाह
मुतंजन	स्वाद मीठा पलाव
मुतनफ्फिस	जीव,इन्सान।
मिशकाल	साढ़े चार माशे का वज़न
मुजराई	मुजरा देखने वाले,दरबारी
मुजव्विज़	जाइज रखने वाला
मुजव्विज़ होता था	इसरार करता था
महबूसखाना	कैदख़ाना
महरम	राज़दार
मुहस्सिल	महसूल (लगान) वसूलने वाला
महल्ली	ख़्वाजासरा
मुख़लिसी	रिहाई
मदार-उल-मिहाम	वह जिस पर सल्तनत के काम निर्भर हैं।
मरदक	छोटा आदमी

मुरफ़्फ़ा-उल हाल	मालदार
मसका	मक्खन
मुशरिफ़	मीरमुंशी
मुशक़ाब	बड़ी प्लेट
मुसम्मम	मज़बूत
मसनूअ	मख़लूक़,बनावटी
मुग़र्रक़	जगमगाता हुआ
मुकत्ता	काट-छांट कर साजा-संवारा
मुक़ल्लिब-उल-कलूब	दिलों का फेरने वाला (खुदा)
मुकैश	सोने-चांदी के तार
मकर-चकर	हीला-बहाना
मलग़ूबा	मिली-जुली मिक्सचर
मलिक-उल-तज्जार	ताजिरों का राजा
मिन्नतदार	कृतज्ञ
महद	पालना
मुहीब	डरावना
मीर शिकार	शिकार की निगरानी का सरदार
मीर बख़्शी	बड़ा ख़जांची
मीना	प्याला,रकाबी
मैमून	बंदर
मेवड़ा	नौकर मेव
मज़ाहिम	रुकावट,रोड़ा
मयनोशी	शराब पीना
मह	चांद
मुइज़्ज़ी	ईजा करने वाला
मुअल्लिम	शिक्षक,मौलवी
मुक़तज़ा	आवश्यक
मुजर्रिद	केवल
मुज़ाइका	बाधा,कठिनाई
मुतकल्लिम	कलाम करना,बोलना
मुबाशरत	संभोग
मुर्शिद	गुरु
मुसब्बत-उल-असबाब	मुख्य सबब
मुस्तफ़ैज़	लाभान्वित
मुसम्म	मज़बूत

य

यख़नी पलाव	मसालेदार पलाव
यसाऊल	चोबदार
यक्का	अकेला
याजूज़-माजूज़	दो राक्षसों के नाम

र

रातिब	खुराक
रास्त आना	ठीक होना,बन आना
रज़ा	आशा,उम्मीद
रांदे हुए	धुत्कारे-फटकारे हुए
रहम	चावलों का हलवा
रिक़्क़त आना	दिल भर आना
रम्माल	ज्योतिषी
रमक़	थोड़ा-सा,ज़रा-सी जान
रंगतरा	संगतरा
रण्डी	नारी
रूबकार	रूबरू,ज़ाहिर
रूमाली	दुपट्टा
रवत्रा	नौकर
रूहत	ताज़गी,चेहरे की रौनक़
रहवार	घोड़ा
रेश	दाढ़ी
रेवढ़ी का फेर	निनान्वे का फेर
रैय्यत परवर	प्रजापालक
रफ़ीक़	मित्र,साथी

राज़-ओ-नयाज़	प्रेमालाप
रूम	तुर्किस्तान

ल

लचका	छोटी किश्ती
लख़लख़ा	दिमाग तर कर देने वाली सुगंधी
लात-मनात	बुत विशेष
लप	दोनों हाथों को मिला कर बनाया प्याला
लुतरे	चुग़लखोर
लम्बोट	लम्बी किश्ती
लनतरानी	शेखी बघारना
लंगरी	लगन
लोथ	लाश
लोज़ियात	बादाम का हलवा
लादावा	अपना दावा (Claim) छोड़ना
लाहौल ला कुव्वत इल्ला बिल्ला	ईश्वर के सिवा कोई दूसरी ताक़त नहीं। बुराई को देखकर आश्चर्य प्रकट करते हुए शैतान को भगाने का एक मंत्र।

व

वाजिबुल क़त्ल	जिसे मारना उचित हो।
वाइल्लाना	वगरना, वरना
वाम	क़र्ज़
वक़ूफ़	समझ, शऊर
वली-नेमत	मालिक

श

शायद कि बाशद	शायद हो
शबदेग	रात भर पकाया क़ोरमा
शालबाफ़ी	सुर्ख़ शाल
शागिर्द पेशा	खिदमतगार, सेवक
शातिर	चालाक
शबनम	बारीक मलमल
शबीह	तस्वीर
शतरंजी	दरी
शुक्का	रुक्का, ख़त
शिकारबंद	शिकार को घोड़े के साथ बांधने का तसमा
शूरबूर	सराबोर
शलीता	टाट का बड़ा थैला
शिल्लक	तोप या बंदूक की आवाज़
शूला	पतली खिचड़ी या शोरबा
शहरपनाह	शहर का परकोटा
शीर ब्रंज	खीर
शबेक़द्र	भाग्योदय की रात
शबे-बरात	पैग़म्बर के अर्श पधारने की रात
शादी-ए-मर्ग	खुशी की मौत
शुतर	ऊंट

स

सरू	एक पेड़-साइप्रेस
सग	कुत्ता
साबित ख़ानी	सशस्त्र सिपाही
सानी-उलहाल	बाद में, उसके बाद
साक़े-ऊरूस	एक तरह की मिठाई
सामी	बुलंद, ऊंचा
सत्तार	अवगुण चित्त न धरने वाला (परमात्मा)
सतवांसा	सातवें महीने का पैदा बच्चा

सथवारा	संठवारा, ज़च्चा के लिए सोंठ-मेवा से बनाया मीठा
सऊद	मुबारक
सरापरदा	क़नात, शाही खैम्म
सराचाह	ख़ेमा
सरपेच	पगड़ी
सरज़निश करना	झिड़कना, डांटना
सरवाह	पगड़ी
सरेसरवाह	सरदार
सरूचरागां	सरूके पेड़ पर जलाए चिराग़
सरूक़द उठना	सीधा उठना
सिरेपाव	सरोपा, ख़िलअत
सुखपाल	गद्देदार पालकी
सलुख़	पहले चांद का दिन
सलुसबील	जन्नत की एक नहर
संजाफ़	गोट, बार्डर
संगत	जमा होने की जगह, डेरा
संगसार करना	पत्थरों से मार डालना
सीर होना	जी भरना
सूज़नी	फर्श या पलंग की गद्देदार बेलबूटे वाली चादर
सैफ़	तलवार
सीली	काली रेशम या धागे की माला या लड़ी
सी वड़ा सर छूल	सर के बाल सफाचट साधू-संन्यासी
साफ़ी	छानने का कपड़ा, छलना
साफ़ीनामा	तसदीक का ख़त, करारनामा
सानेअ	बनाने वाला, कर्तार
सुबहखेज़ा	सुबह-सवेरे का चोर
सद-ओ-बीस्त	एक सौ बीस
सनदली	कुर्सी, तिपाई
संग	पत्थर
सअदत	सुख, आनंद
सतर	लाज
सर-ए-मू	बाल बराबर
सबक़त	पहल, बढोतरी
सलख़	अमावस्या
सख़ावत	उदारता
सखुनगो	कवि
सजूद	सजदा, प्रार्थना
सासी	सुनने वाला
सिफ़्त-ओ-सना	तारीफ व बंदगी
सुमरा	समर, फल
सैयदी	हबशी

ह

हाज़िरी	सुबह का नाश्ता
हाज़िरात	भूतप्रेत, जिन बुलाना
हबाब	बुलबुला, कमल की शक्ल का शराब का प्याला
हिसार	क़िला
हज़	मज़ा
हैस-बैस	बहस
हथफूल	फूलझड़ी
हदाया	तोहफ़े
हरज-मरज	परेशानियां
हरचे बादाबाद	जो हो सो हो
हरना	काठी का अगला हिस्सा
हरीसा	गेहूं-गोश्त का दलिया
हज़ारी-बज़ारी	खास-ओ-आम
हफ्तक़लम	सात हुनर वाला
हलबलाना	हड़बड़ाना

हमयानी	रुपयों की छोटी थैली
हवाव	हिम्मत, शीशे
हज़ दह हजार	अठारह हज़ार
हैकल	गले की हंसली या हार
हेला	धक्का
हक़ीक़ी	सच्चा
हज़	संभोग
हत्तूल मक़दूर	यथाशक्ति
हातिम	हातिम ताई, एक प्रसिद्ध उदार अरब
हलबी	सीरिया का रहने वाला